西南交通大学经管教研集刊
(2018)

黄登仕　主编
朱宏泉　副主编

中国经济出版社
CHINA ECONOMIC PUBLISHING HOUSE
·北京·

图书在版编目(CIP)数据

西南交通大学经管教研集刊.2018／黄登仕主编.
—北京:中国经济出版社,2019.6
ISBN 978-7-5136-5623-8

Ⅰ.①西… Ⅱ.①黄… Ⅲ.①经济管理—教学研究—高等学校—文集 Ⅳ.①F2-53

中国版本图书馆 CIP 数据核字(2019)第 063115 号

责任编辑 耿 园 余静宜
封面设计 华子图文
责任印制 巢新强

出版发行 中国经济出版社
印 刷 者 北京九州迅驰传媒文化有限公司
经 销 者 各地新华书店
开 本 710mm×1000mm 1/16
印 张 18.5
字 数 271 千字
版 次 2019 年 6 月第 1 版
印 次 2019 年 6 月第 1 次
定 价 58.00 元
广告经营许可证 京西工商广字第 8179 号

中国经济出版社 **网址** www.economyph.com **社址** 北京市西城区百万庄北街 3 号 **邮编** 100037
本版图书如存在印装质量问题,请与本社发行中心联系调换(联系电话:010-68330607)

编委会成员

主　编

黄登仕

副主编

朱宏泉

编　委（按姓氏拼音排序）

耿黎辉　郭　强　蒋玉石　李海波　李　军　聂佳佳

单承戈　史本山　唐春勇　武　俊　杨　平　叶　勇

周嘉南

目录

CONTENTS

经济理论篇

金融研究篇

财务与会计篇

经营与管理篇

组织与人力资源篇

经济理论篇

地区腐败对企业资本结构的影响研究
——基于A股市场的分析①

朱宏泉　李茂兰

摘　要：本文从企业所处的外部环境出发，考察地区的腐败程度对企业资本结构的影响。本文手工收集了2003—2015年我国各省、自治区、直辖市的腐败案件立案数，并以此作为地区腐败程度的测度指标。实证结果表明：地区腐败程度与企业资本结构之间呈现非线性“U”形关系，即随着地区腐败程度的增加，企业的资产负债率表现出先降后升的趋势。进一步分析发现，这种“U”形关系在非国有企业、高成长性企业以及现金持有量低于有息资产负债率的企业中表现得更明显。研究结果对企业权衡外部环境与资本结构决策有一定的借鉴意义。

关键词：地区腐败；资本结构；企业属性；A股市场

0. 引言

自1958年Modigliani和Miller提出公司价值与资本结构无关的MM理论以来，资本结构一直是公司财务领域的研究热点。学术界针对影响资本结构的因素进行了大量的理论研究与实证分析。现有的研究结论认为，影响资本结构的因素主要包括企业特征、行业、制度和宏观经济[1~3]。近年来，也有学者开始关注公司所在地的地域环境和社会文化对资本结构的

---

① 基金项目：国家自然科学基金资助项目（71473206，71773100）。作者简介：朱宏泉（1963—　），男，西南交通大学经济管理学院教授、博士生导师，研究方向为资产定价、金融市场与机构、行为金融等；李茂兰（1992—　），女，西南交通大学经济管理学院硕士研究生，研究方向为公司金融，E-mail：shzlimaolan@163.com。

影响[4,5]。

中国证券市场自1990年年末成立以来，经过20多年的快速发展，现已成为继美国证券市场之后的第二大证券市场，为公司的发展筹集了大量的资金。不可否认的是，与境外成熟的证券市场相比，中国的证券市场，特别是债券市场，在运行机制等方面存在较大的差异，无论是权益融资还是债务融资均需经过政府的严格审批。因此，银行信贷仍是企业获取资金最重要的渠道[6]。然而，大多数企业，特别是非国有企业融资难一直是困扰中国经济发展的难题。如何化解这一难题？田国强[7,8]认为，在从计划经济向市场经济转型的过程中，中国的企业家除需要具备传统的企业家能力外，与政府交往的能力对企业的发展也至关重要。本文的研究结果发现，地区腐败在一定程度上影响到企业的融资，进而影响其资本结构。

腐败是指利用政府资产或资源去获取私人收益[9]。在过去的数十年中，学术界关于腐败对经济增长与社会发展的影响与后果，分别从宏观和微观层面进行了大量研究，主要形成了有效腐败论、有害腐败论和腐败中性论三类观点，其核心是腐败与经济增长之间的关系[10~12]。在信贷方面，地区政府官员的腐败作为一种外部环境，会对企业的债务融资产生影响。一方面，地区腐败会提高债权人无法收回投资的风险[13]，风险的增加会使银行不愿意向企业提供贷款或提高信贷的标准，导致企业从银行获得贷款的成本增加、贷款数量减少[14]；另一方面，由于腐败的存在，企业可以通过贿赂政府官员或银行管理者，干预银行贷款决策，从而获得银行贷款[15,16]。因此，理论上，地区腐败与企业信贷之间，既可能正相关，也可能负相关。在中国证券市场上具体是哪种关系需要实证检验。而就笔者所知，目前国内外尚无类似的研究。

基于此，本文以2003—2015年的A股上市公司为样本，通过手工收集的我国各省、自治区和直辖市分年度的腐败案件立案数，探讨地区的腐败程度对地区内企业资本结构的影响，并进一步区分地区腐败程度对国有企业与非国有企业、高成长性企业与低成长性企业以及资金需求迫切企业与资金需求不迫切企业的资本结构的影响差异。本文的贡献主要体现在：第一，基于中国特殊的政治、经济与市场环境，考察了地区腐败程度对企业资本结构的影响。结果表明，地区腐败程度与企业资本结构间存在非线性“U”形关系，即随着腐败程度的增加，企业的负债融资比率呈现出先降后升的趋势。第二，由于国内长期以来存在的对非国有企业的信贷歧视，本文进一步考察了地区腐败对国有企业和非国有企业资本结构的影响差异。结果显示，地区腐败程度与资本结构间的非线性“U”形关系，主要存在于非国有企业。第三，由于企业在生命周期的不同阶段对资金的需求存在差异，本文进一步将样本划分为高成长性企业与低成长性企业。结果发现，地区腐败程度与资本结构间的“U”形关系在高成长性企业中表现得更明显。第四，如果企业年末的现金持有量低于其有息资产负债率，企业迫于还债的压力，迫切需要通过信贷融资来偿还债务。为此，以年末企业的现金持有量是否大于有息资产负债率将样本分为两组，结果发现，地区腐败程度与资本结构间的“U”形关系在资金需求迫切的企业中表现显著，在资金需求不迫切的企业中表现不显著。

本文以下的结构是：第一部分为理论分析和假设的提出，第二部分是研究设计，包括样本选择、变量定义及模型的构建，第三部分为实证结果与分析，第四部分为稳健性检验，第五部分为结论。

1. 理论分析与研究假设

腐败被认为是影响资源配置和企业行为的关键因素[4]，特别是在制度不健全、法律保护力度弱的国家或地区[17]。一方面，地区腐败程度越高，针对债权人的法律保护力度越弱，债权人无法收回资金的风险会增加[13]，较高的风险使得银行不愿意提供信贷资金，即使提供信贷资金也会提高信贷标准，从而导致企业从银行获得信贷的成本增加、信贷资金量减少[17]。De Carvalho[14]基于巴西市场、Weill[13]基于俄罗斯市场，均得出了腐败会导致企业的银行信贷受阻的结论。另一方面，企业可以向政府官员行贿，进而干预银行的贷款决策。虽然我国的银行业近年来有了很大的发展，但国有商业银行，特别是工、农、中、建四大国有商业银行仍是信贷的主体[18]。即使是在市场经济条件下，国有商业银行或国家控股银行的高级管理人员的任命及重大战略决策，也仍然由政府来决定。因此，银行管理者作出的信贷决策与行为必然以服从政府意愿为首要任务[19]。并且，国有商业银行通常不存在因破产而被清算的可能，银行的管理者自然不会违背政府或政府官员的意愿[15]。因此，企业可以通过与政府搞好关系以及行贿政府官员，而获得需要的银行贷款[15,16]。

进一步地，Weill[20]的研究表明，虽然腐败会导致企业获取信贷资金的成本增加、信贷数量减少，但随着银行风险厌恶程度的增加，腐败对银行信贷的阻碍作用会降低。由于更高的风险厌恶意味着银行会拒绝更多的贷款申请，企业通过行贿获取银行信贷的动机会随着银行风险厌恶程度的增加而增加。另外，随着腐败程度的增加，一些企业也会因参与信贷竞争的企业数的减少而获得更多的信贷资源[21]。Lui[22]构建了一个排队的非合作博弈模型来解释腐败，得到腐败会减少排队的等待成本，从而减少管理中的无效率。Nye[23]的研究也显示，存在一个正的最大化产出的腐败水平，即产出与腐败程度间存在非线性的相关性。因此本文推测，随着地区腐败程度的增加，企业从银行获取的信贷资金会呈现先下降后上升的趋势。

虽然我国证券市场在过去的20多年有了长足发展，但企业要想在证券市场上通过股权或债权融资仍十分困难，需要得到证监会等政府部门的审批，时间周期长、手续烦琐，常常是“远水解不了近渴”，因此企业大多只能通过银行贷款获得融资[6]。地区政府官员的腐败会通过影响企业的银行贷款，从而影响企业的资本结构。为此，本文提出假设1。

假设1：地区腐败程度与企业的资本结构之间呈现非线性“U”形相关关系。

长久以来，国有企业由于天生的身份优势，以及与政府的千丝万缕的联系，能够较容易地从政府手中获取更多的经济资源，同时政府官员出于经济稳定、就业，以及个人政治前途等诸多因素的考虑，当国有企业资金面临紧张时，也会要求银行提供更多的信贷支持[24,25]。相反，非国有企业在信贷资金获取方面的劣势，迫使它们不得不通过贿赂政府官员来获取资源。Chen等[26]研究表明，腐败是非国有企业获得融资的一个重要约束条件，那些经营业绩良好且善于贿赂政府官员的企业能更加容易地从银行获得贷款。因此，在腐败越严重的地区，非国有企业为了获取信贷资金，越有可能与政府官员进行权钱交易。为此，本文提出假设2。

假设2：与国有企业相比，地区腐败程度对非国有企业的资本结构影响更大。

根据企业生命周期理论，当企业处于快速发展期时，企业会加大投资、增加产能，以扩大市场份额，因而需要更多的资金支持。同时，处于快速发展期的企业自有资金量十分有限，加之中国证券市场发展滞后，企业通过证券市场获取资金的可能性低，因而企业只能通过向银行借款来满足资金的需求。因此，与低成长性企业相比，高成长性的企业为了获取企业发展所需的资金，只能借助银行的信贷支持，因而受地区腐败程度的影响更大。为此，本文提出假设3。

假设3：与低成长性的企业相比，高成长性企业的资本结构受地区腐败程度的影响更大。

同样，如果企业的现金持有量低于有息资产负债率，企业迫于还债的压力，即使腐败带来的融资成本较高，企业也必须从银行寻求信贷支持，以解燃眉之急。相反，如果企业的现金持有量高于有息资产负债率，则表明企业还债的压力不大，对资金的需求也就没有那么强烈，考虑到地区腐败带来的融资成本的增加，企业此时可能会暂缓或放弃采用负债融资。为此，本文提出假设4。

假设4：与高现金持有量的企业相比，现金持有量低于有息资产负债率的企业的资本结构受地区腐败程度的影响更大。

2. 研究设计

2.1 样本选取与数据来源

本文以2003—2015年的沪深A股上市公司为样本，并作如下筛选：①考虑到资本结构等方面的差异，剔除了金融行业上市公司；②剔除了存在数据缺失的样本。文中所使用的地区腐败数据手工收集于《中国检察年鉴》和各省区市公布的检察院工作报告，公职人员数据来源于《中国统计年鉴》，金融发展数据来源于《中国金融年鉴》，资本结构和控制变量数据均来源于CSMAR数据库。为消除极端值的影响，与Fan等[4]类似，对非0/1

变量进行了上下1%的缩尾处理。

2.2 变量定义

2.2.1 被解释变量

资本结构的衡量方法主要包括以下3种：负债总额占资产总额的比重、长期负债总额占资产总额的比重、有息负债总额占资产总额的比重。前面的分析表明，银行出于风险规避的考虑，更愿意提供短期信贷资金。为此，参考苏冬蔚和曾海舰[27]、李莉等[28]的做法，选取负债总额占资产总额的比重和有息负债总额占资产总额的比重来衡量企业的资本结构。其中，有息负债总额=短期借款+一年内到期的非流动负债+长期借款+应付债券+应付票据，衡量了企业主动负债程度的大小。

2.2.2 解释变量

由于腐败行为的隐蔽性和非法性，准确度量腐败程度存在一定的困难。关于地区腐败程度的度量，国际上应用较广泛的是“透明国际”发布的全球清廉指数。但该指数只是调查了受访者对各国腐败程度的心理感受，主观性较强。另外，该指数限于国家宏观层面，对探讨一国内不同地区腐败程度的差异对企业资本结构的影响缺乏可操作性。目前国内用来衡量地区腐败程度的客观测量指标，主要是地区腐败案件的数量。例如，吴一平和芮萌[29]采用了每万人腐败案件数量，刘勇政和冯海波[30]、何轩等[31]采用了每万名公职人员腐败案件立案数来衡量地区腐败的程度。参考刘勇政和冯海波[30]、何轩等[31]的做法，本文同样采用每万名公职人员腐败案件立案数作为解释变量来衡量地区腐败的程度。

2.2.3 控制变量

影响企业资本结构的因素众多，参考Fan等[4]、苏坤和金帆[32]等的做法，本文选取企业的规模、盈利能力、成长机会、固定资产比例、股权集中度、非债务税盾、产品独特性，地区的金融发展程度、地区生产总值增长率作为控制变量，同时控制行业和年度的差异对结果可能产生的影响。各变量的定义如表1所示。

表1　变量定义

变量名	符号	定义
总资产负债率	*TLEV*	负债总额÷资产总额
有息资产负债率	*ILEV*	有息负债总额÷资产总额
地区腐败	*CORRP*	每万名公职人员腐败案件立案数（自然对数值）
公司规模	*SIZE*	总资产（自然对数值）
盈利能力	*ROA*	总资产收益率
成长机会	*GROW*	托宾Q值（自然对数值）
固定资产比例	*TANG*	固定资产÷总资产
股权集中度	*LHOLD*	第一大股东持股比例
非债务税盾	*NDTS*	（折旧+摊销）÷总资产
产品独特性	*UNIQ*	销售费用÷主营业务收入
金融发展水平	*FIN*	（金融机构各项存款余额+金融机构各项贷款余额）÷地区生产总值
经济周期	*GDPG*	地区生产总值的年增长率

2.3　模型构建

为了探讨地区腐败与企业资本结构的相关性，构建如下计量模型。其中下标 i、j、t 分别代表公司、地区和年度，地区腐败程度滞后于资产负债率一期，其余控制变量与资产负债率同期。

$$TLEV_{ijt}\ (ILEV_{ijt}) = \beta_0 + \beta_1 CORRP_{jt-1} + \beta_2 CORRP^2_{jt-1} + \beta_3 SIZE_{ijt} + \beta_4 ROA_{ijt} + \beta_5 GROW_{ijt} + \beta_6 TANG_{ijt} + \beta_7 LHOLD_{ijt} + \beta_8 NDTS_{ijt} + \beta_9 UNIQ_{ijt} + \beta_{10} FIN_{jt} + \beta_{11} GDPG_{jt} + Ind\ \&\ Year\ Fixed\ Effects + \varepsilon_{ijt} \quad (1)$$

3. 实证结果与分析

3.1　描述性统计

表2为各变量的描述性统计分析。在样本期间内，地区腐败程度的均值为25.123，标准差为9.346①，说明每万名公职人员中腐败案件立案数平均约为25件。总资产负债率均值为0.500，标准差为0.210，1/4分位数

① $E(X)=e^{\mu+\frac{1}{2}\sigma^2}$，$SD(X)=e^{\mu+\frac{1}{2}\sigma^2}\sqrt{e^{\sigma^2}-1}$，其中，$\mu$ 为 $\ln X$ 的平均值，σ 为 $\ln X$ 的标准差。

(Q3) 和3/4分位数 (Q3) 分别为0.342和0.646，有息资产负债率的均值为0.265，标准差为0.253，Q1和Q3分别为0.121和0.390。总体上我国上市公司的资产负债率适度，但公司之间存在较大的差异。

表2　描述性统计

变量名称	样本量	均值	中位数	标准差	Q1	Q3
CORRP	20111	3.159	3.197	0.360	2.993	3.374
TLEV	20111	0.500	0.500	0.210	0.342	0.646
ILEV	20111	0.265	0.253	0.172	0.121	0.390
SIZE	20111	3.379	3.244	1.199	2.512	4.097
ROA	20111	0.034	0.032	0.058	0.010	0.063
GROW	20111	2.397	1.843	1.696	1.329	2.812
TANG	20111	0.260	0.231	0.175	0.121	0.377
LHOLD	20111	0.363	0.342	0.151	0.240	0.478
NDTS	20111	0.016	0.013	0.015	0.003	0.025
UNIQ	20111	0.056	0.033	0.068	0.013	0.069
FIN	20111	3.675	3.283	1.727	2.663	3.889
GDPG	20111	0.109	0.110	0.027	0.090	0.130

3.2　回归分析

表3是地区腐败与企业资本结构的回归结果。表中前三列为地区腐败与总资产负债率的回归结果，从表中数据可知，无论是否控制其他影响因素，地区腐败程度的一次项与总资产负债率均在1%的水平下显著负相关，二次项与总资产负债率均在1%的水平下显著正相关。表中后三列为地区腐败与有息资产负债率的回归结果，从表中数据可知，地区腐败程度的一次项与有息资产负债率同样在1%的水平下显著负相关，二次项与有息资产负债率在1%的水平下显著正相关，这说明地区腐败程度与企业的资本结构之间存在非线性“U”形关系。假设1得到验证。

与社会环境、法律保护等外部环境类似[17]，地区腐败与企业的融资成本、投资效率等相关。随着地区腐败程度的增加，企业的融资成本会增加，为了降低运营成本，企业会减少债务融资的比例；但当地区腐败程度增加到一定程度时，一方面，参与债务融资的企业会减少[21]，另一方面，企业行贿付出的单位成本可能会低于获得的信贷资源的好处，导致企业的资产负债率随腐败程度的增加而增加，出现非线性的“U”形关系。

从控制变量的回归结果来看，公司规模、固定资产比例及地区生产总值增长率与企业的资本结构均显著正相关。企业的盈利能力、第一大股东持股比例、产品独特性、非债务税盾及地区金融发展水平与资本结构均显著负相关。这些结果与苏冬蔚和曾海舰[27]、Fan 等[4]、李莉等[28]的结论相一致。

表 3　地区腐败与资本结构的回归结果

变量	*TLEV*			*ILEV*		
	(1)	(2)	(3)	(1)	(2)	(3)
常数项	0.541*** (10.31)	0.309*** (15.36)	0.430*** (8.37)	0.258*** (5.96)	0.190*** (11.50)	0.313*** (7.40)
CORRP	−0.113*** (−3.28)		−0.106*** (−3.50)	−0.055* (−1.92)		−0.094*** (−3.76)
CORRP^2	0.024*** (4.11)		0.020*** (3.98)	0.015*** (3.00)		0.017*** (4.03)
SIZE		0.067*** (45.81)	0.067*** (45.82)		0.042*** (34.62)	0.042*** (34.58)
ROA		−1.582*** (−69.92)	−1.581*** (−69.91)		−1.058*** (−56.77)	−1.057*** (−56.73)
GROW		0.034*** (9.69)	0.034*** (9.79)		−0.018*** (−6.38)	−0.018*** (6.33)
TANG		0.044*** (4.63)	0.046*** (4.90)		0.191*** (24.55)	0.192*** (24.70)
LHOLD		−0.044*** (−5.19)	−0.044*** (−5.20)		−0.055*** (−7.79)	−0.055*** (−7.78)
NDTS		−0.852*** (−8.03)	−0.875*** (−8.24)		−0.945*** (−10.81)	−0.960*** (−10.97)
UNIQ		−0.243*** (−13.03)	−0.242*** (−12.94)		−0.240*** (−15.57)	−0.239*** (−15.53)
FIN		−0.032*** (−8.36)	−0.027*** (−5.81)		−0.035*** (−11.10)	−0.034*** (−8.84)

续表

变量	TLEV			ILEV		
	(1)	(2)	(3)	(1)	(2)	(3)
GDPG		0.326*** (4.18)	0.306*** (3.91)		0.217*** (3.38)	0.198*** (3.08)
年份固定效应	控制	控制	控制	控制	控制	控制
行业固定效应	控制	控制	控制	控制	控制	控制
样本量	20111	20111	20111	20111	20111	20111
调整 R^2	0.093	0.347	0.348	0.077	0.339	0.339

注：***、**、*分别表示在1%、5%、10%的水平下显著，括号中的值为T值。

考虑到国有企业与非国有企业在信贷融资待遇上的差异，表4给出了区分产权性质后地区腐败与资本结构的回归结果。前两列为地区腐败与总资产负债率的回归结果，从表中数据可知，在非国有企业中，地区腐败与总资产负债率之间存在显著的非线性“U”形关系；但在国有企业中，二者的相关性不显著。后两列为地区腐败与有息资产负债率的回归结果，从表中数据可知，地区腐败与有息资产负债率之间的非线性“U”形关系在非国有企业中表现得更加明显［一次项系数（绝对值）和二次项系数的取值更大，显著性水平更高］，这与以总资产负债率作为企业资本结构度量指标的结果一致。

国有企业由于天生的身份优势和与政府千丝万缕的联系，能够相对容易地从银行获得信贷资金[24]。相反，非国有企业由于信贷歧视等方面的原因，常常难以从银行获得资金的支持，迫使它们不得不通过与政府官员搞好关系，甚至行贿等方式来获取资源。因此，与国有企业相比，地区腐败对非国有企业资本结构的影响更大。假设2得到验证。

表4　地区腐败、产权性质与资本结构的回归结果

变量	TLEV		ILEV	
	国有企业	非国有企业	国有企业	非国有企业
常数项	0.638*** (8.19)	0.207*** (3.03)	0.429*** (7.20)	0.202*** (3.33)

续表

变量	TLEV		ILEV	
	国有企业	非国有企业	国有企业	非国有企业
CORRP	−0.145*** (−3.21)	−0.013 (−0.32)	−0.110*** (−3.19)	−0.067* (−1.87)
$CORRP^2$	0.026*** (3.39)	0.006 (0.87)	0.019*** (3.22)	0.013** (2.18)
SIZE	0.079*** (30.81)	0.056*** (31.10)	0.053*** (27.31)	0.038*** (23.95)
ROA	−1.513*** (−43.20)	−1.560*** (−53.53)	−0.995*** (−37.16)	−1.114*** (−43.03)
GROW	0.063*** (11.74)	0.014*** (2.99)	0.003 (0.66)	−0.039*** (−9.30)
TANG	0.006 (0.34)	0.072*** (6.54)	0.171*** (13.41)	0.213*** (21.81)
LHOLD	−0.046*** (−3.22)	−0.035*** (−3.28)	0.001 (0.12)	−0.058*** (−6.16)
NDTS	−0.428** (−2.25)	−1.245*** (−10.12)	−0.202 (−1.39)	−1.245*** (−11.40)
UNIQ	−0.315*** (−11.90)	−0.162*** (−6.21)	−0.270*** (−13.38)	−0.232*** (−10.03)
FIN	−0.015* (−1.90)	−0.031*** (−5.60)	−0.025*** (−4.06)	−0.036*** (−7.33)
GDPG	0.136 (0.99)	0.265*** (2.91)	0.115 (1.09)	0.249*** (3.08)
年份固定效应	控制	控制	控制	控制
行业固定效应	控制	控制	控制	控制
样本量	8987	11124	8987	11124
调整 R^2	0.354	0.338	0.338	0.349

注：***、**、*分别表示在1%、5%、10%的水平下显著，括号中的值为T值。

为验证地区腐败对资金需求更迫切的企业的资本结构影响更大，本文将样本再细分为高成长性企业和低成长性企业。衡量企业成长性的指标较多，本文参考周萍和蔺楠[33]，选取能够代表企业规模扩张的总资产增长率来衡量企业的成长性。如果企业的总资产增长率大于所有样本企业的总资产增长率的中值①，即为高成长性企业，否则为低成长性企业。

表5为控制了企业的产权性质和成长性后，地区腐败与总资产负债率的回归结果。表中前两列为非国有企业中高成长性与低成长性企业的回归结果，后两列为国有企业中高成长性与低成长性企业的回归结果。从表5中的数据可知，在非国有企业中，无论是高成长性企业还是低成长性企业，地区腐败程度与资本结构均呈现出非线性“U”形关系，但相对于低成长性企业，高成长性企业腐败程度的一次项系数（绝对值）和二次项系数更大；而在国有企业中，无论是高成长性企业还是低成长性企业，地区腐败与资本结构之间的相关性均不显著。

表5　地区腐败、产权性质、成长性与总资产负债率（*TLEV*）的回归结果

变量	非国有企业		国有企业	
	高成长性企业	低成长性企业	高成长性企业	低成长性企业
常数项	0.841*** (6.75)	0.442*** (4.76)	0.175* (1.76)	0.255*** (2.88)
CORRP	-0.180** (-2.52)	-0.089* (-1.65)	-0.052 (-0.89)	0.046 (0.87)
$CORRP^2$	0.029** (2.38)	0.019** (2.07)	0.013 (1.39)	-0.005 (-0.58)
SIZE	0.078*** (16.20)	0.069*** (24.28)	0.052*** (17.83)	0.052*** (24.45)
ROA	-1.471*** (-28.47)	-1.497*** (-26.71)	-1.695*** (-41.44)	-1.594*** (-33.61)
GROW	0.096*** (10.64)	0.014** (2.02)	0.029*** (4.09)	-0.015** (-2.52)
TANG	0.068*** (2.68)	-0.050** (-2.34)	0.157*** (9.59)	-0.013 (-0.92)

① 如果每年分行业计算总资产增长率，来确定高成长性企业与低成长性企业，则其结果没有质的差异。

续表

变量	非国有企业		国有企业	
	高成长性企业	低成长性企业	高成长性企业	低成长性企业
LHOLD	-0.140*** (-5.81)	0.036** (2.24)	-0.057*** (-3.58)	-0.005 (-0.38)
NDTS	0.029 (0.10)	-0.810*** (-3.28)	-1.268*** (-7.18)	-1.070*** (-6.51)
UNIQ	-0.319*** (-7.63)	-0.280*** (-8.79)	-0.096** (-2.56)	-0.219*** (-6.40)
FIN	-0.035*** (-2.73)	0.008 (0.85)	-0.030*** (-3.65)	-0.029*** (-4.14)
GDPG	-0.022 (-0.10)	0.234 (1.44)	0.325** (2.39)	0.135 (1.19)
年份固定效应	控制	控制	控制	控制
行业固定效应	控制	控制	控制	控制
样本量	4144	4843	5680	5444
调整 R^2	0.352	0.415	0.316	0.427

注：＊＊＊、＊＊、＊分别表示在1%、5%、10%的水平下显著，括号中的值为T值。

表6为控制了企业的产权性质和成长性后，地区腐败与有息资产负债率的回归结果。从表6中的数据可知，在非国有企业中，高成长性企业腐败程度的一次项系数（绝对值）和二次项系数更大。而在国有企业中，仅高成长性企业对应的腐败程度的系数在5%的水平下显著。综合表5和表6的数据可知，与低成长性企业相比，地区腐败对高成长性企业的资本结构影响更大。验证了本文的假设3。

表6　地区腐败、产权性质、成长性与有息资产负债率（*ILEV*）的回归结果

变量	非国有企业		国有企业	
	高成长性企业	低成长性企业	高成长性企业	低成长性企业
常数项	0.554*** (6.06)	0.332*** (4.36)	0.195** (2.31)	0.204** (2.36)
CORRP	-0.116** (-2.21)	-0.098** (-2.22)	-0.100** (-2.00)	-0.023 (-0.44)

续表

变量	非国有企业		国有企业	
	高成长性企业	低成长性企业	高成长性企业	低成长性企业
$CORRP^2$	0.019** (2.13)	0.017** (2.32)	0.019** (2.30)	0.005 (0.61)
SIZE	0.059*** (17.10)	0.043*** (18.39)	0.039*** (15.94)	0.033*** (15.74)
ROA	-0.963*** (-25.42)	-1.176*** (-25.60)	-1.174*** (-33.88)	-1.311*** (-28.26)
GROW	0.019*** (2.90)	-0.011* (-1.94)	-0.033*** (-5.44)	-0.039*** (-6.58)
TANG	0.186*** (10.06)	0.165*** (9.45)	0.225*** (16.17)	0.013*** (15.53)
LHOLD	-0.078*** (-4.39)	0.063*** (4.82)	-0.060*** (-4.44)	-0.053*** (-4.19)
NDTS	0.087 (0.42)	-0.369* (-1.82)	-1.161*** (-7.76)	-1.125*** (-6.99)
UNIQ	-0.246*** (-8.04)	-0.266*** (-10.19)	-0.175*** (-5.51)	-0.280*** (-8.37)
FIN	-0.025*** (-2.67)	-0.019** (-2.51)	-0.036*** (-5.06)	-0.033*** (-4.83)
GDPG	0.026 (0.16)	0.172 (1.27)	0.176 (1.52)	0.298*** (2.68)
年份固定效应	控制	控制	控制	控制
行业固定效应	控制	控制	控制	控制
样本量	4144	4843	5680	5444
调整 R^2	0.342	0.377	0.329	0.400

注：***、**、*分别表示在1%、5%、10%的水平下显著，括号中的值为T值。

为验证假设4，本文以年末企业的现金持有量是否大于有息资产负债率为标准，将样本分为两组，企业的现金持有量（*CASH*）=期末现金及现金等价物余额÷总资产，回归结果如表7所示。表7前两列为地区腐败与总资产负债率的回归结果。当企业的现金持有量低于有息资产负债率时，地区腐败的一次项、二次项与总资产负债率显著相关；当现金持有量高于有息资产负债率时，地区腐败与总资产负债率之间不存在显著的相关关系。表7后两列为地区腐败与有息资产负债率的回归结果。当企业的现金持有量低于有息资产负债率时，地区腐败的一次项、二次项与有息资产负债率显著相关；当现金持有量高于有息资产负债率时，仅地区腐败的一次项与有息资产负债率在10%的水平下显著相关。

这表明当企业面临较大的还债压力而迫切需要信贷资金支持时，更有动力去和政府搞好关系，甚至贿赂政府官员，从而导致企业的资本结构受地区腐败的影响更大①。验证了本文的假设4。

表7　地区腐败、资金需求量与资本结构的回归结果

变量	*TLEV*		*ILEV*	
	CASH < *ILEV*	*CASH* ≥ *ILEV*	*CASH* < *ILEV*	*CASH* ≥ *ILEV*
常数项	0.639*** (10.85)	0.099 (1.24)	0.410*** (8.41)	0.161*** (3.98)
CORRP	-0.115*** (-3.39)	-0.025 (-0.53)	-0.057** (-2.05)	-0.043* (-1.81)
$CORRP^2$	0.020*** (3.61)	0.007 (0.86)	0.011** (2.37)	0.006 (1.48)
SIZE	0.049*** (29.74)	0.067*** (27.92)	0.033*** (24.17)	0.011*** (8.94)
ROA	-1.393*** (-56.73)	-0.759*** (-18.55)	-0.840*** (-41.39)	-0.190*** (-9.15)
GROW	0.052*** (12.70)	0.031*** (5.91)	-0.003 (-0.89)	-0.012*** (-4.59)
TANG	-0.038*** (-3.86)	-0.067*** (-3.52)	0.103*** (12.82)	0.026*** (2.70)
LHOLD	-0.018* (-1.90)	-0.042*** (-3.13)	-0.029*** (-3.71)	-0.042*** (-6.18)

① 与表5和表6类似，如果再细分国有企业与非国有企业，结果没有质的差异。限于篇幅，文章中未列出详细的数据，但可向作者索取。

续表

变量	TLEV		ILEV	
	CASH < ILEV	CASH≥ILEV	CASH < ILEV	CASH≥ILEV
NDTS	−0.836***	−0.441**	−0.901***	−0.235**
	(−7.56)	(−2.29)	(−9.85)	(−2.39)
UNIQ	−0.087***	−0.201***	−0.149***	−0.083***
	(−3.97)	(−7.69)	(−8.21)	(−6.24)
FIN	−0.033***	0.016**	−0.027***	−0.007*
	(−6.52)	(2.06)	(6.50)	(−1.67)
GDPG	0.172**	0.571***	0.167**	0.190***
	(2.07)	(4.31)	(2.43)	(2.82)
年份固定效应	控制	控制	控制	控制
行业固定效应	控制	控制	控制	控制
样本量	14237	7022	14237	7022
调整 R^2	0.261	0.299	0.211	0.189

注：***、**、*分别表示在1%、5%、10%的水平下显著，括号中的值为T值。

4. 稳健性检验

为了验证实证结果的可靠性，本文进行了如下稳健性检验：

①党的十八大后，以习近平同志为核心的党中央，加大了对腐败的惩处力度，导致各省区市一大批政府官员落马；同时，更严厉的监管与约束机制，使企业的行贿和政府官员的受贿行为大为收敛。考虑到外部环境的不一致性，本文去除2013—2015年的数据，重复前面的分析工作，发现结果没有质的差异。

②本文在实证分析中将地区腐败程度滞后于资本结构一期，如果采用当期的地区腐败数据与企业的资本结构进行回归分析，则结果也没有质的差异。

③本文以每万名公职人员腐败案件立案数作为地区腐败程度的度量指标，如果采用王小鲁等[34]编制的中国分省企业经营环境指数中的“政府廉洁”指数作为地区腐败的代理变量，结果也无质的差异。限于篇幅，文章

中没有列出具体的数据，但可向作者索取。

5. 研究结论

本文通过手工收集2003—2015年我国各省、自治区和直辖市的腐败案件立案数，并以此作为地区腐败程度的度量指标，探讨了地区腐败对企业资本结构的影响，以及对不同产权性质和不同特征的企业资本结构的影响差异。

研究发现：地区腐败与资本结构之间存在非线性“U”形关系，即企业的资产负债率随地区腐败程度的增加呈现出先下降后上升的趋势。进一步分析发现，非国有企业受到的信贷歧视，导致非国有企业为获取信贷资金，更需要与政府保持良好的关系，从而导致地区腐败与非国有企业资本结构间的“U”形关系更明显。另外，与低成长性企业相比，高成长性企业由于发展所需的资金量较大，更需要向银行寻求信贷资金；与年末现金持有量高于有息资产负债率的企业相比，年末现金持有量低于有息资产负债率的企业对资金的需求更迫切。因而，地区腐败对高成长性企业、年末现金持有量低于有息资产负债率的企业资本结构的影响也更大。

本文的研究方法与结论，既拓展了企业资本结构的研究工作与研究范围，将基于发达国家的研究工作拓展到了发展中国家，又丰富了对影响企业资本结构的外部因素分析。习近平总书记在党的十九大报告中明确指出：“当前，反腐败斗争形势依然严峻复杂，巩固压倒性态势、夺取压倒性胜利的决心必须坚如磐石。”腐败能够通过影响企业资本结构从而对市场与经济运行效率产生影响，因此，本研究对反腐工作也具有一定的理论支持与政策参考意义。

参考文献

[1]Korajczyk R A, Levy A. Capital structure choice: Macroeconomic conditions and financial constraints [J]. Journal of Financial Economics, 2003, 68(1): 75 - 109.

[2]韩廷春,王宝玉.影响中国企业资本结构因素的实证研究[J].科研管理,2009,30(3):124 - 131.

[3]伍中信,张娅,张雯.信贷政策与企业资本结构——来自中国上市公司的经验证据[J].会计研究,2013(3):51 - 58 + 96.

[4]Fan J, Titman S, Twite G. An international comparison of capital structure and debt maturity choices [J]. Journal of Financial & Quantitative Analysis, 2012, 47(1): 23 - 56.

[5] Smith J D. US political corruption and firm financial policies [J]. Journal of Financial Economics, 2016, 121(2): 350 - 367.

[6]龚强,张一林,林毅夫.产业结构、风险特性与最优金融结构[J].经济研究,2014,49(4):4 - 16.

[7]田国强.内生产权所有制理论与经济体制的平稳转型[J].经济研究,1996(11):11 - 20.

[8]田国强.一个关于转型经济中最优所有权安排的理论[J].经济学(季刊),2001(1):45 - 70.

[9]Aidt T. Corruption, institutions, and economic development [J]. Oxford Review of Economic Policy, 2009, 25(2): 271 - 291.

[10]Aidt T, Dutta J, Sena V. Governance regimes, corruption and growth: theory and evidence[J]. Journal of Comparative Economics, 2008, 36(2): 195 - 220.

[11] Swaleheen M. Economic growth with endogenous corruption: An empirical study [J]. Public Choice, 2011, 146(1): 23 - 41.

[12] Dong B, Torgler B. Causes of corruption: Evidence from China [J]. China Economic Review, 2013, 26(26): 152 - 169.

[13] Weill L. How corruption affects bank lending in Russia [J]. Economic Systems, 2011a, 35(2): 230 - 243.

[14] De Carvalho A G D. The effect of institutions on the external financing of Brazilian firms [J]. Revista Brasileira De Finanças, 2009, 7(1): 1 - 27.

[15] 田利辉.国有产权、预算软约束和中国上市公司杠杆治理[J].管理世界,2005(7):123 - 128 + 147.

[16]沈红波,张广婷,阎竣.银行贷款监督、政府干预与自由现金流约束——基于中国上市公司的经验证据[J].中国工业经济,2013(5):96 - 108.

[17]La Porta R, Lopez - de - Silanes F, Shleifer A, Vishny R W. Legal determinants of external finance [J]. Journal of Finance, 1997, 52(3): 1131 - 1150.

[18]王艳艳,于李胜.国有银行贷款与股价同步性[J].会计研究,2013(7):42 - 49 + 96.

[19]江伟,李斌.制度环境、国有产权与银行差别贷款[J].金融研究,2006(11):116 - 126.

[20]Weill L. Does corruption hamper bank lending? Macro and micro evidence [J]. Em-

pirical Economics, 2011b, 41(1): 25 – 42.

[21] Garmaise M J, Liu J. Corruption, firm governance, and the cost of capital [Z]. working paper, 2005.

[22] Lui F T. An equilibrium queuing model of bribery [J]. Journal of Political Economy, 1985, 93(4) : 760 – 781.

[23] Nye J S. Corruption and political development: A cost – benefit analysis [J]. American Political Science Review, 1967, 61(2): 417 – 427.

[24] Firth M, Lin C, Wong S M L. Leverage and investment under a state – owned bank lending environment: Evidence from China [J]. Journal of Corporate Finance, 2008, 14(5): 642 – 653.

[25] 李广子,刘力. 债务融资成本与民营信贷歧视[J]. 金融研究,2009(12):137 – 150.

[26] Chen Y, Liu M, Su J. Greasing the wheels of bank lending: Evidence from private firms in China [J]. Journal of Banking & Finance, 2013, 37(7): 2533 – 2545.

[27] 苏冬蔚,曾海舰. 宏观经济因素与公司资本结构变动[J]. 经济研究,2009,44(12):52 – 65.

[28] 李莉,闫斌,顾春霞. 知识产权保护、信息不对称与高科技企业资本结构[J]. 管理世界,2014(11):1 – 9.

[29] 吴一平,芮萌. 地区腐败、市场化与中国经济增长[J]. 管理世界,2010(11):10 – 17.

[30] 刘勇政,冯海波. 腐败、公共支出效率与长期经济增长[J]. 经济研究,2011,46(9):17 – 28.

[31] 何轩,马骏,朱丽娜,李新春. 腐败对企业家活动配置的扭曲[J]. 中国工业经济,2016(12):106 – 122.

[32] 苏坤,金帆. 制度环境、产权性质与资本结构[J]. 证券市场导报,2012(8):36 – 43.

[33] 周萍,蔺楠. 创业导向企业的成长性:激励型与监督型公司治理的作用——基于中国创业板上市公司的实证研究[J]. 经济管理,2015,37(3):44 – 55.

[34] 王小鲁,余静文,樊纲. 中国分省企业经营环境指数2013年报告[M]. 北京:中信出版社,2013.

THE IMPACT OF REGIONAL CORRUPTION ON CORPORATE CAPITAL STRUCTURE: EVIDENCE FROM CHINESE A - SHARE

ZHU Hong - quan, LI Mao - lan

Abstract: Based on the external environment of enterprises, this paper examines the impact of regional corruption on the capital structure in firm. Through collecting the annual number of corruption cases in each province from 2003 to 2015 as a measurement index of the degree of corruption, the empirical results show that there is a nonlinear U - shaped relationship between the regional corruption and the capital structure. That is to say, the asset - liability ratio firstly decreased and then increased with the increase of the regional corruption. Further analyses find that the U - shaped relationship is stronger in the non - state - owned enterprises, growth - oriented enterprises and enterprises with cash holdings lower than the interest - bearing asset - liability ratio. This study has a certain reference for enterprises to balance the external environment and capital structure decision - making.

Key words: Regional corruption; Capital structure; Firms' characteristics; A - share market

四川省产业结构高级化测度及其影响因素分析
——基于分位数回归方法①

曹 洪 徐 瑜

摘 要：本文测算了2000—2015年四川省及省内18个地市州的产业结构高级化水平，构建了分位数回归模型，对2000—2015年四川省产业结构高级化的影响因素进行了实证分析。结果表明：整体产业结构高级化的强影响因素为城市化发展水平、社会需求、人力资本，弱影响因素为金融发展水平、对外开放程度、技术创新水平；从区域来看，产业结构高级化水平高的区域的主要影响因素为人力资本、金融发展水平、城市化发展水平，中高水平区域的主要影响因素为城市化发展水平、人力资本、社会需求、对外开放程度，中低水平区域的主要影响因素为技术创新水平、社会需求、城市化发展水平。根据实证结果，本文提出了有效推动四川省产业结构高级化的政策建议。

关键词：产业结构高级化；测度；影响因素；分位数回归方法

0. 引言

产业结构高级化是经济发展的实质，是经济发展的根本动力。产业结构高级化也叫产业结构高度化。产业结构高度的提升能促进要素资源的流动，提高资源配置效率。实现高质量的经济发展，必须重视产业结构高级化发展。

① 作者简介：曹洪（1975— ），男，重庆忠县人。应用经济学博士，西南交通大学公共管理与政法学院副教授。主要从事产业结构、区域经济研究。E-mail：156751980@qq.com。徐瑜（1989— ），女，四川成都人。西南交通大学经济管理学院理论经济学硕士研究生。主要从事产业经济学、区域经济学研究。E-mail：273714661@qq.com。

当前，四川省正处于产业结构调整的关键时期，产业结构发生了很大的变化，产业结构高级化存在多种问题，加快产业结构高级化发展势在必行。

国外关于产业结构的研究开始较早。Arthur（1986）[1]提出，在产业结构高度化进程中技术创新是很有必要研究的影响因素。Timmer（2000）[2]、Beck（2002）[3]与Peneder（2003）[4]等不断探索东亚的经济与产业之间的关系。这类研究表明，二者之间存在相互推动的关系，产业结构能通过改变三大产业之间的结构组合来推动经济的增长。Asgari、Nagamatsu（2003）[5]认为，R&D活动和功能开发的良性循环产生的技术溢出效应能够使日本高科技进步，从而加速日本产业结构实现变化。Thabet（2015）[6]对全要素生产率衡量的产业结构对区域经济增长的影响进行了案例研究。Zdrazil等（2016）[7]研究了产业结构与创新能力之间的关系，认为应用创新的增加对产业结构调整非常重要。

国内在研究产业结构高级化上取得了较多成果。梁树广（2014）[8]认为，人力资本、城市化发展水平、产业政策等多种影响因素对产业结构升级具有重要作用。郭佳等（2015）[9]利用向量自回归模型，对产业结构相关因素进行实证分析，结果证明社会需求、技术进步程度、劳动生产率、人口素质是影响云南省产业结构发展的重要因素。林勇、李艳超（2016）[10]对产业结构高度化进行研究，认为产业结构高度化的提升需要全社会配合，城镇化建设水平和劳动者成本是产业结构高度化的主要影响因素，各个地区产业结构高度化的影响因素不同，需明确各自的影响因素。韩立达等（2016）[11]基于四川省2000—2015年数据，认为产业结构升级、经济增长和人口城镇化具有相互促进作用，应加快产业结构升级。程兰芳、黄皓（2018）[12]在供给侧改革的背景下，运用面板数据空间计量模型研究产业结构升级的影响因素，认为财政支出、居民收支、金融发展等对产业结构高度化影响显著。

虽然国内外对产业结构高级化进行了较为深入的研究，但在实证方面基本采用面板数据模型，使用最小二乘法进行分析，这种方法只能测度影响因素的“平均影响”，没有考虑产业结构高级化在不同条件分布下自变量的影响差异，因此存在一定的缺陷性。本文使用分位数回归方法，可以很好地解决这个问题，使估计结果更加稳健、刻画更加细致。

1. 产业结构高级化水平的测度

1.1 测度方法与指标选择

测度产业结构高级化水平的方法有层级法、More 结构变动值、产业结构年均变动值、产业结构超前系数等，但这些方法都仅考虑三大产业的产业结构比例，而产业结构高级化应该包括产业结构比例和劳动生产率两个方面，前者是产业结构高级化的“量”的方面，后者是“质”的方面。本文采用刘伟等[13]、张辉和任抒杨[14]等对产业结构高级化的测度方法，将这两个方面包括进来，即产业结构高度 H 为

$$H = \sum_{i=1}^{n} \nu_{it} \times LP_{i}, n = 1, 2, \ldots, n \tag{1}$$

其中，产业结构高级化程度即产业结构高度用 H 表示；ν_{it}代表三大产业间的比例关系；LP_{it}代表劳动生产率，即 t 时间内产业 i 的劳动生产率。这个公式表明，在一个经济当中，劳动生产率越高，其所占的份额越大，则产业结构高度 H 越大。

对劳动生产率量纲处理，进行标准化，一方面可以使其与产业结构的比值保持一致，另一方面还可与国际进行比较。我们采用如下公式来进行标准化：

$$LP_{it}^{N} = \frac{LP_{it} - LP_{ib}}{LP_{if} - LP_{ib}} \tag{2}$$

其中，LP_{it}^{N}是标准化后的产业 i 的劳动生产率，它表示 t 时间内产业 i 的标准化劳动生产率；LP_{if}表示工业化完成时产业 i 的劳动生产率，它表示工业化完成时，t 时间内产业 i 的劳动生产率；LP_{ib}表示工业化开始时产业 i 的劳动生产率，它表示工业化开始时或刚进入工业化时，t 时间内产业 i 的劳动生产率；LP_{it}是原始的、直接计算的 t 时间内产业 i 的劳动生产率，其公式为

$$LP_{ib} = \frac{VA_{i}}{L_{i}} \tag{3}$$

其中，VA_{i}表示产业 i 的增加值；L_{i} 表示就业人数。

LP_{ib}、LP_{if}需要找出一定的指标进行衡量，我们运用钱纳里的标准结构模型标准化中的基准数据[15]。原文中以1970年美元计算，工业化起点是人均收入140美元，而终点是人均收入2100美元。本文采用张辉和任抒扬的计算方法，首先找到2015年与1970年之间的换算因子。查阅世界银行提供的美国CPI数据可知，换算因子为6.11。本文中其他美元数据都折合为2015年美元，然后根据2015年人民币与美元的汇率折算成2015年人民币，2015年美元与人民币的汇率是6.2248。以此换算过后的工业化起点为人均收入855美元，工业化终点为人均收入12831美元。在这一时点后，经济也将跨进发达经济阶段，这与世界银行2015年划分的发达与不发达国家的经济指标非常接近。具体指标见表1。

表1　工业化进程中的劳动生产率参考指标

指标		劳动生产率（1970年美元）	劳动生产率（2015年美元）	劳动生产率（2015年人民币元）
工业化起点：人均收入855美元（2015年美元）	第一产业	70	428	2666
	第二产业	292	1784	11111
	第三产业	340	2077	12936
工业化终点：人均收入12831美元（2015年美元）	第一产业	1442	8811	54878
	第二产业	3833	23420	145869
	第三产业	1344	8212	51148

资料来源：Chenery H B, Robinson S, Syrquin M, et al. Industrialization and growth: A comparative study [M]. New York: Oxford University Press, 1986: 591－596.[15]

1.2　产业结构高级化测度结果

选取2000—2015年四川省及省内18个地市州的数据进行产业结构高度的测度，基础数据来源于2000—2015年《四川统计年鉴》及各地市州历年国民经济和社会发展统计公报。考虑到后续实证研究数据的可获得性，由于甘孜州、阿坝州、凉山州三地的数据缺失严重，本文研究范围不包括此三地。产业结构高级化测度结果见图1。

由图1可知，整体来看，2000—2015年四川省及各地市州的产业结构高度呈逐年上升趋势。

截至2015年，四川省及省内18个地市州中共有5个地区产业结构高度超过 1，进入工业化完成时期，剩余 14 个地市州还未完成工业化。其中，需要特别指出的是，四川省产业结构高度 H 在 1997 年大于 0，表明进入工业化进程，2015 年大于 1，表明 2015 年达到工业化完成时期水平。

具体来看，到 2015 年，四川省、成都市、攀枝花市、德阳市、乐山市 5 地进入工业化完成时期，H 大于 1，可被划分为高水平区域；自贡市、泸州市、绵阳市、遂宁市、内江市、眉山市、宜宾市、广安市、雅安市、资阳市、南充市、达州市共 12 地产业结构高度水平大体一致，完成了产业结构高度的 60% ~95%，可被划分为中高水平区域；广元市、巴中市 2 地的产业结构高度为同一水平，完成了产业结构高度的 40% ~50%，可被划分为中低水平区域。

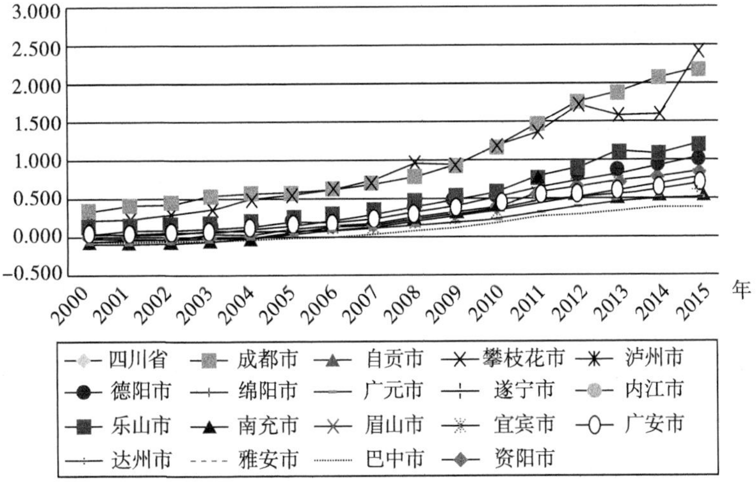

图 1　2000—2015 年四川省及省内 18 个地市州产业结构高度演进

2. 数据、方法与模型

2.1　数据来源

本文选用的变量数据主要来源于 2001—2016 年的《四川统计年鉴》《中国城市统计年鉴》、各地市州的国民经济和社会发展统计公报。数据处理遵循以下原则：①数据收集过程中，部分地区的个别年份数据缺失，针对缺失数据，采取平滑指数法及平均年增长算法添加。②本文实证研究共包括 19 个研究区域，即四川省整体及其 18 个地市州。

2.2 分位数回归方法

分位数回归方法（Quantile Regression）最早由 Koenker 和 Bassett 在 1978 年提出，使加权的残差绝对值之和最小，以此来估计回归参数[16,17,18,19]。这一方面弥补了传统模型估计方法的不足，另一方面扩展和改进了最小二乘法。该方法利用被解释变量分位建立模型，使得解释变量能解释被解释变量在不同分位数下的情况。当分位数为 0.5 时即为中位数回归。本文中，对于处于不同产业结构高度化水平的区域来说，影响产业结构高度的主导因素可能不同。例如，低产业结构高度化水平区域可能主要受能源利用率、技术进步等因素的影响，而高产业结构高度化水平区域则可能主要受金融发展、人力资本等因素的影响。

与传统的最小二乘法相比，分位数回归的优势在于：第一，对样本的假设条件要求不高，即使误差项不是正态分布，也能进行有效分析；第二，针对不同的分位点，可以回归出不同的自变量参数估计值，既能解释一般规律，又能解释特殊规律，更加全面细致；第三，适用于异方差而不受影响，因此估计结果更为稳健可靠；第四，最小二乘法是使残差平方和最小，分位数回归是在最小二乘法的基础上，使加权的残差绝对值之和最小进行估计。

假设随机变量的分布函数 $F(y)=Prob(Y\leqslant y)$，Y 的 τ 分位数的定义为满足 $F(y)\geqslant\tau$ 的最小 y 值，即

$$Q(\tau)=\inf\{y:F(y)\geqslant\tau)\},0\leqslant\tau<1 \quad (4)$$

其中，当 $\tau=0.5$ 时，中位数表示为 $Q(0.5)$。对于任意的 $0\leqslant\tau<1$，定义检验函数

$$\rho_\tau(\mu)=[\tau-I(\mu<0)]\mu \quad (5)$$

其中，$I(z)=0$ 是指示函数；z 是条件关系式，当 z 为真时，$I(z)=1$，当 z 为假时，$I(z)=0$；μ 为反映检验函数的参数；$\rho_\tau(\mu)$ 表示被解释变量 y 的样本点处于 τ 分位数以下和以上时的检验函数关系。假设分位数回归模型为

$$y_i=x_i{}'\beta(\tau)+\varepsilon(\tau) \quad (6)$$

在具体估计过程中，可假定 $\mu=1$，则对 τ 分位数的样本分位数进行线

性回归就是使加权误差绝对值之和最小，即

$$\min\{\sum_{i;y_i \geqslant x_i\beta(\tau)} \tau \mid y_i - x_i\beta(\tau) \mid + \sum_{i;y_i \geqslant x_i\beta(\tau)} (1-\tau) \mid y_i - x_i\beta(\tau) \mid\} \quad (7)$$

可将式（7）等价表示为

$$\min \sum_{\beta} \rho_{\tau}[y_i - x_i\beta(\tau)] \quad (8)$$

此时，$\beta(\tau) = \arg\min \sum_{\beta} \rho_{\tau}[y_i - x_i\beta(\tau)]$ (9)

在线性条件下，给定 x 后，y 的 τ 分位数函数为

$$Q(\tau \mid x) = x'\beta(\tau) \quad (10)$$

τ 不同，表示分位数不同，所得到的分位数函数也不相同。τ 在 0 ~ 1 这个区间，有所有 y 在 x 上的条件分布轨迹。因此，利用较前沿的分位数回归方法，能够更加全面、深入地对不同因素对四川省产业结构高度在不同水平下的影响程度、影响方向以及趋势变动进行考察。

2.3 模型构建及变量说明

本文选用金融发展水平、人力资本、社会需求、对外开放、城市化发展水平、技术进步6个影响因素，同时利用前沿的分位数回归方法进行实证研究。多因素多视角研究，与以往针对四川的单因素单视角研究相比更具优势。利用分位数回归方法，测量影响因素在各条件分位下对产业结构高度的具体影响大小及影响方向的变化，相比于最小二乘法测出的“平均影响”结果而言，能将结果描绘得更加深入和细致，而不像最小二乘法所展示的那样简单单一，从而揭示出产业结构高级化与影响因素之间更多的联系。构建的条件分位数回归计量模型如下：

$$Q(H_{it} \mid \ln PC_{it},\ldots,\ln RD_{it}) = \beta_0 + \beta_1\ln PC_{it} + \beta_2\ln HR_{it} + \beta_3\ln FIR_{it} + \beta_4\ln Trade_{it} + \beta_5\ln UR_{it} + \beta_6\ln RD_{it} + \mu_{it} \quad (11)$$

式（11）中，H_{it}为地区 i 在 t 时期的产业结构高度化水平；PC_{it}为地区 i 在 t 时期的社会需求；HR_{it}为地区 i 在 t 时期的人力资本；FIR_{it}为地区 i 在 t 时期的金融发展水平；$Trade_{it}$为地区 i 在 t 时期的对外开放程度；UR_{it}为地区 i 在 t 时期的城市化发展水平；RD_{it}为地区 i 在 t 时期的技术创新水平；μ_{it}表示随机干扰项。变量选取情况见表2，描述性统计见表3。

2.3.1 社会需求

社会需求是产业结构高度的内在动因，社会需求通过一定的作用机制影响社会供给，进而影响产业结构。社会需求有几种衡量方式，如人均生产总值等，本文为了避免内生性的问题，选用人均社会消费品零售总额进行衡量，计算公式为社会消费品总额÷地区常住人口。

2.3.2 人力资本

人力资本无论是作为产业结构优化的影响因素还是作为产业结构高度化的影响因素，都已经有大量学者进行了详细研究。人力资本也有多种衡量方法，如地区高等学校在校学生数与地区总人口之比、人均受教育年限等。本文研究地区较多并且地区较小，鉴于数据的可获得性，采用人均受教育经费来衡量，计算公式为受教育经费÷地区常住人口。

2.3.3 金融发展水平

金融发展水平在一定程度上能反映出一个地区的经济发展水平，而经济发展水平与产业结构高度密切相关。金融发展水平指标主要考虑当地金融机构的存款总额、贷款总额，计算公式为金融机构的存贷款总额÷地区生产总值。

2.3.4 对外开放程度

对外开放在很大程度上能促进地区的产业结构转型，尤其是原本比较封闭的地区，进行对外贸易，打开市场，扩大交易范围，将大幅促进当地经济发展。本文采用地区进出口总额与地区生产总值的比值，来考察一个地区的对外开放程度。

2.3.5 城市化发展水平

城市化发展水平与当地经济等各种因素密切相关，是一个非常重要的指标，尤其是对四川省18个地市州的中西部小城市来说，城市化发展水平是衡量一个地区经济发展程度的重要指标。鉴于数据的可获得性，本文采用城市化率来表示城市化发展水平。

2.3.6 技术创新水平

技术创新是产业结构高度化的重要推动力，技术引进和自身的技术创新将大大降低企业的生产成本，降低能耗，提高产能，优化产业发展，提高劳动生产率，进而推动产业发展，促进产业结构向产业结构高度发展。

本文采用四川省及其18个地市州的研究与实验发展内部经费（R&D）占地区生产总值的比重来衡量技术创新。

表2　变量选取

变量	变量名称	变量符号	变量定义
被解释变量	产业结构高度	*H*	产业结构高度测度值
解释变量	社会需求	*PC*	社会消费品零售总额÷地区常住人口
	人力资本	*HR*	受教育经费÷地区常住人口
	金融发展水平	*FIR*	金融机构存贷款总额÷地区生产总值
	对外开放程度	*Trade*	地区进出口总额÷地区生产总值
	城市化发展水平	*UR*	城镇常住人口÷地区常住人口
	技术创新水平	*RD*	R&D÷地区生产总值

表3　主要变量的描述性统计

变量	观测值	均值	标准差	最小值	最大值
产业结构高度（*H*）	304	0.379	0.396	-0.064	2.421
社会需求（*PC*）	304	8.397	0.868	6.524	10.427
人力资本（*HR*）	304	5.677	1.094	1.099	7.654
金融发展水平（*FIR*）	304	1.914	0.634	1.030	4.960
对外开放程度（*Trade*）	304	0.062	0.063	0.002	0.369
城市化发展水平（*UR*）	304	0.362	0.115	0.110	0.710
技术创新水平（*RD*）	304	0.009	0.014	0.001	0.070

3. 实证分析

3.1　单位根检验

本文按照AIC标准进行单位根检验，采用LLC检验、IPS检验、ADF-Fisher检验和PP-Fisher检验4种方法对各变量的时间序列平稳性进行检验，目的是避免伪回归现象。检验结果如表4所示，*FIR*和*PC*两个变量的原数据不平稳，在经过一阶差分后，各变量均通过4种单位根检验，表明所有变量均拒绝原假设，即不存在单位根，各变量同阶平稳。运用EViews 7.0进行相关系数检验，结果显示不存在多重共线性，同时基于上文提到的分位数回归方法的第三点优势，直接进行下一步的回归分析。

表 4　单位根检验结果

变量	LLC	IPS	ADF - Fisher	PP - Fisher
H	-3.31976***	1.80900	29.1090	34.3026
△*H*	-3.65429***	-3.36450***	73.7287***	98.0841***
ln*PC*	-0.62644	0.27823	36.3380	28.2978
△ln*PC*	-6.72201***	-5.90506***	108.474***	116.896***
ln*HR*	-6.60537***	-3.78946***	81.1209***	37.4127
△ln*HR*	-10.0448***	-7.30586***	131.596***	182.292***
ln*FIR*	-0.64344	2.63218	33.5048	31.0692
△ln*FIR*	-7.03048***	-5.45655***	108.719***	176.267***
ln*Trade*	-8.38771***	-3.94360***	86.0855***	65.7828**
△ln*Trade*	-10.1850***	-7.02174***	132.793***	171.881***
ln*UR*	-15.9522***	-6.31837***	132.943***	273.075***
△ln*UR*	-10.5854***	-6.86139***	123.248***	117.168***
ln*RD*	-3.66362***	-2.12432**	62.6910**	61.0495**
△ln*RD*	-17.1220***	-14.6806***	247.478***	345.842***

注：*、**、***分别表示在10%、5%、1%的水平下显著。

3.2　实证结果

首先进行 F 检验与 Hausman 检验。本文采用 EViews 7.0 进行检验与回归分析。本文选择变截距与变系数，通过 F 检验；选择变系数，通过 Hausman 检验，拒绝原假设。因此，通过两种检验，最后确定选择固定效应变系数模型。在通过上述的检验及模型判断后，运用 EViews 7.0 软件进行分位数回归。在进行分位数回归时，首先，将被解释变量取 10 个分位数(quantile)，对应的分位数为 $\tau = 0.1$、0.2、0.3、0.4、0.5、0.6、0.7、0.8、0.9。其次，分位数回归系数的标准差算法，采用自举法（bootstrap）重复抽样 200 次求得[20]。由 EViews 7.0 取 10 分位的回归估计结果如表 5 所示，10 分位回归系数点估计和区间估计结果如图 2 所示。

表 5　分位数回归估计结果

变量	OLS回归	分位数回归								
		0.1	0.2	0.3	0.4	0.5	0.6	0.7	0.8	0.9
ln*PC*	0.319*** (11.372)	0.249*** (11.360)	0.266*** (11.970)	0.255*** (10.350)	0.263*** (10.340)	0.249*** (9.695)	0.244*** (9.788)	0.239*** (7.762)	0.199*** (4.309)	0.056 (0.924)
ln*HR*	0.153** (2.37)	−0.003 (−0.574)	−0.002 (−0.280)	0.003 (0.311)	0.008 (0.795)	0.018* (1.621)	0.020* (1.625)	0.029** (2.310)	0.047*** (3.107)	0.078*** (6.050)
ln*FIR*	0.047 (1.402)	0.014 (0.865)	0.004 (0.240)	0.012 (0.706)	0.014 (0.678)	0.005 (0.195)	0.019 (0.689)	0.030 (0.419)	0.030 (0.484)	0.174* (1.802)
ln*Trade*	0.543* (1.803)	−0.320 (−1.428)	−0.149 (−0.672)	−0.144 (−0.659)	0.041 (0.166)	0.262 (1.159)	0.339* (1.626)	0.455 (1.459)	0.859* (1.865)	−0.198 (−0.265)
ln*UR*	0.801** (2.210)	0.289** (2.121)	0.314* (1.889)	0.423** (2.288)	0.349* (1.835)	0.384* (1.877)	0.487** (2.319)	0.552** (2.272)	1.148*** (2.835)	2.233*** (4.500)
ln*RD*	0.022 (0.798)	0.044*** (4.585)	0.035** (1.997)	0.030 (1.413)	0.006 (0.260)	0.008 (0.494)	0.014 (0.772)	0.015 (0.726)	0.002 (0.081)	0.038 (0.620)
常数项	−1.583*** (−4.955)	−1.945*** (−13.200)	−2.07*** (−15.394)	−2.03*** (−15.488)	−2.09*** (−15.387)	−2.00*** (−15.403)	−2.01*** (−16.899)	−2.03*** (−16.501)	−1.93*** (−8.276)	−1.39*** (−3.781)
R^2	0.772	0.612	0.607	0.632	0.656	0.627	0.640	0.637	0.665	0.647

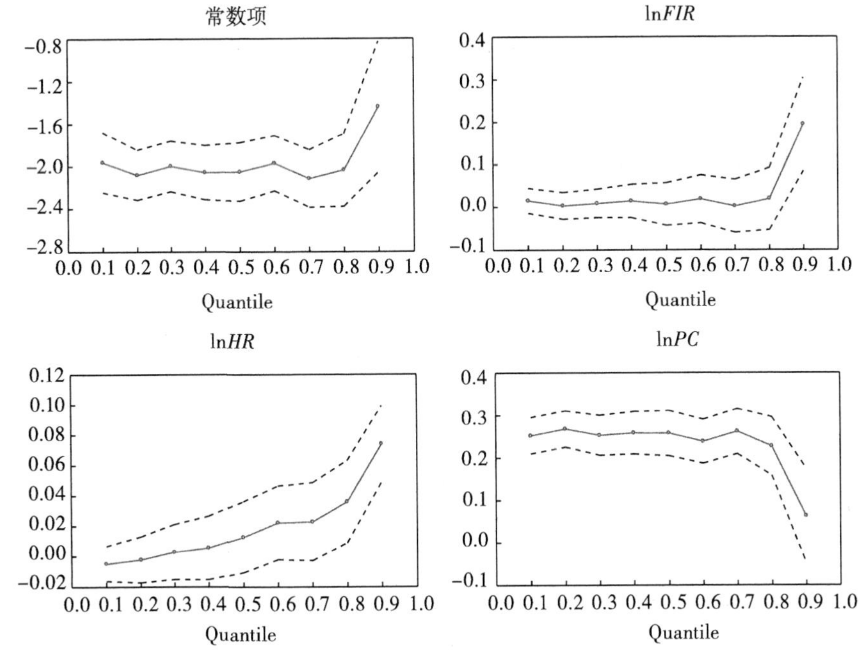

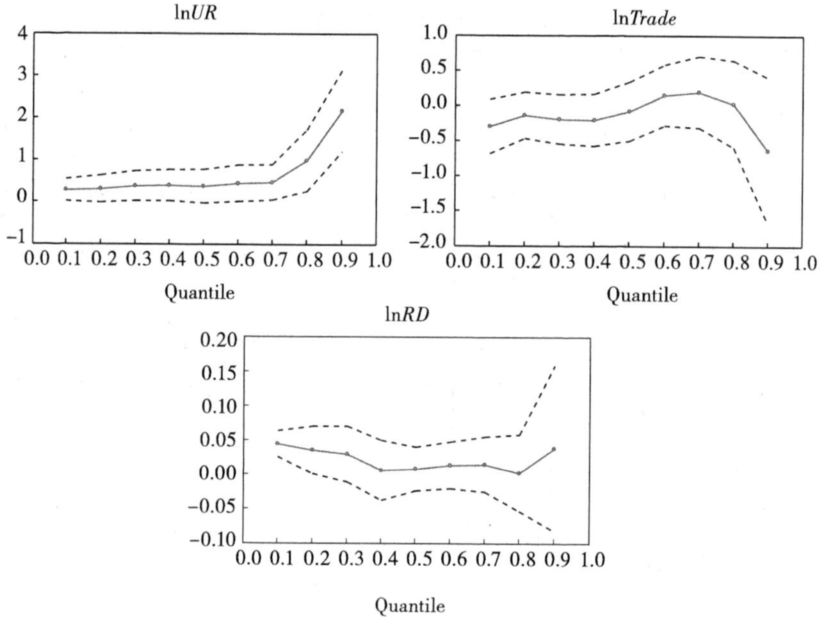

图 2　10 分位回归系数点估计和区间估计结果

3.3　实证结果分析

首先，10 分位分位数回归估计法与面板数据 OLS 回归法的比较。表 5 的数据显示，分位数回归与 OLS 回归得到的结果具有显著差别，具体表现为不同分位数上对应的回归结构差异很大。如表 5 和图 2 所示，当产业结构高度化水平从 10% 的较低水平向 90% 的高水平变化时，影响产业结构高度化的各因素的回归系数和显著性都在变化。由此表明，产业结构高度化与各因素之间的关系并不像 OLS 回归解释得那么单一，而是在不同水平部分具有不同的表现形式。

其次，不同解释变量系数估计值的差异分析。在产业结构高度化的某个具体分位数水平下，各影响因素对产业结构高度提升的影响大小都不相同。在分位数回归估计下，各个变量的系数估计值随着条件分位的变化而变化。如表 5 所示，在产业结构高度的各个水平下，ln*FIR*、ln*PC*、ln*UR*、ln*RD* 的系数全部为正，其中，按绝对值大小来看，ln*UR* 的系数最大，ln*PC*、ln*FIR*、ln*RD* 次之，按显著程度来看，ln*PC*、ln*UR* 在不同的产业结构高度水平下均很显著（除 lnPC 在 0.9 分位时的系数，可能是数据统计导致），表明社会需求、城市化发展水平是强影响因素。lnRD 在低分位区系数为正且显著，表明技术创新在低分位区具有正向促进作用；在高分位区不显著，可能的原因在于技术创新投入不够、投入产出效应不明显、投入方式不科学等。lnFIR 只在高分位下（$\tau=0.9$）显著，说明金融发展水平在高分位区的影响大于在低分位区的影响，总体来说对产业结构高度化属于弱影响因素。由此表明，城市化发展水平、社会需求是强影响因素，而金融发展水平、技术创新水平是弱影响因素。而 lnHR 在 $\tau=0.6$、0.7、0.8、0.9 分位显著，系数为正且不断变大，表明人力资本在高分位区的影响大；在低分位区（$\tau=0.1$、0.2），人力资本回归系数为负且不显著，表明在低分位区人力资本在一定程度上起着抑制作用，可能的原因是教育投入具有很大的滞后性，低分位区经济不发达，短期对教育的投入会减少对提高经济增长其他方面的投入，降低经济发展速度，从而使产业结构无法升级；在 $\tau=0.3$、0.4、0.5 时，回归系数为正但不显著，表明在中分位区，人力资本对产业结构高度化起着正向作用但没有凸显出来。对外开放程度在 $\tau=0.1$、0.2、0.3 时，回归系数为负但不显著，表明虽没有凸显出来，但存在一定的抑制作用，在中高、中低分位区，对外开放程度回归系数为正，但兼有显著和不显著，表明对外贸易在高分位区表现出正影响，但仍应加大对外贸易的发展力度。

最后，相同解释变量系数值的变化情况。针对不同的产业结构高度水平，相同解释变量对产业结构高度的影响强度并不一样。如图 2 所示，点估计为中间的一条曲线，区间估计为上下两条曲线所示范围。在这里我们只进行点估计分析。FIR 在 $\tau=0.1$、0.2、0.3、0.4、0.5、0.6 分位上基本为平滑曲线，变动不大，在高分位区回归系数增长较快，凸显出较大的影响力，说明 FIR 在高、中高分位区影响大，在中低、低分位区影响较小。人力资本点估计曲线从低分位区到高分位区表现出不断上升的趋势，在 0.1 ~0.2 分位区回归系数为负，表明在低分位区起负向影响作用，而在 0.3 ~0.9 水平上，系数从 0.003 直接上升到 0.08，表明产业结构高度化水平越高，人力资本发挥的影响作用越大。社会需求整体处于较高水平，在中低及中高分位区回归系数较大，展现出较强的拉动力，而在高分位区回归系数呈现下降趋势，但系数值仍较大且显著，说明社会消费水平对中高、中低水平产业结构高度地区的作用大于高水平产业结构高度地区。城市化发展水平的系数由低分位区的0.28变化到高分位区的2.23，系数增长快，且始终显著，表明城市化水平对产业结构高度的推动作用很大，且产业结构高度水平越高，推动作用越大。技术创新水平的点估计图呈“U”形，表明技术创新在低分位区和高分位区影响较大，在中分位区的影响最小。对外开放程度的系数在0.8分位数之前呈现不断上升的趋势，在0.9分位数出现下滑，且回归系数为负，表明对外贸易在中高水平区影响最大。

4. 结论及政策建议

4.1 研究结论

首先，OLS回归与分位数回归结果差异明显。与OLS回归结果相比，分位数回归能够更加深入全面地揭示数据信息：利用2000—2015年四川省及省内18个地市州的相关数据，分位数回归结果显示，在产业结构高度化的某一具体分位数水平下，各影响因素对产业结构高度化的影响大小并不相同，表现为各影响因素作用的差异性。在产业结构高度化的各个分位数水平下，某一影响因素的影响大小也不相同，表现为影响因素作用的波动性。

其次，通过分位数回归分析，从影响因素的整体考察，城市化发展水平、社会需求、人力资本是产业结构高度的强影响因素，金融发展水平、对外开放程度、技术创新水平是产业结构高度的弱影响因素。

最后，中低、中高、高水平产业结构高度的强影响因素和弱影响因素总结和原因分析。第一，影响中低产业结构高度水平的强影响因素为社会需求、城市化发展水平、技术创新水平，弱影响因素为金融发展水平。其中，社会消费提升对产业结构高度低的地区的拉动作用巨大且显而易见；城市化水平的提升能加快四川省各个小城市的配套设施建设，改变居民生活方式，对产业结构高度低的经济落后地区的拉动作用尤为明显；技术创新水平系数在中低产业结构高度水平为正且显著，这与四川省实际相符，在产业结构高度中低水平地区，技术主要靠外来引进，地区产业较小，技术引进对产业结构影响较大，进而使当地产业结构高度变化较大；而金融发展水平在产业结构高度中低水平地区较低，这与四川省实际相符，在边远落后地区，金融发展落后，资金流动缓慢，借贷额较小，金融机构少，金融杠杆作用并没有充分发挥出来，使其对产业结构高度中低水平地区的产业结构高度提升作用较小；人力资本在产业结构高度中低地区实证结果为负，其原因可能是教育投入具有很大的滞后性，低分位区经济不发达，短期对教育的投入会减少对提高经济增长其他方面的投入，降低经济发展速度，减少对其余第二产业和第三产业的投入，从而使产业结构无法得到提高。

第二，影响中高水平产业结构高度的强影响因素为社会需求、人力资本、对外开放程度、城市化发展水平，弱影响因素为金融发展水平、技术创新水平。其中，社会消费对经济的拉动作用明显，在四川省产业结构高度中高水平地区仍适用；人力资本在产业结构高度中高水平地区的作用较中低水平地区大，这与四川省发展实际相符，在中高水平地区，教育发展水平较中低水平地区高，教育正处于发展阶段，对经济发展、产业结构高度提升具有一定的拉动作用；对外贸易对产业结构高度中高水平地区具有较大的拉动作用，这与四川省中等发展城市实际相符，四川省处于中等发展程度的城市较多，城市之间资源的同质性较强，因此对市场的抢夺较为激烈，对外贸易拓展了城市的市场范围，使得资源流动区域变大，从而使当地经济发展范围变大，进一步使产业结构高度提升较快；技术进步在产业结构高度中高水平地区对产业结构高度提升的作用相较于中低水平地区低，可能的原因在于技术创新投入不够、投入产出效应不明显、投入方式不科学。

第三，影响高水平产业结构高度的强影响因素为金融发展水平、人力资本、城市化发展水平、社会需求，弱影响因素为技术创新水平。在产业结构高度水平高的地区，经济发展水平较高，金融发展水平高，金融杠杆的作用明显，有利于经济发展，进而使得该地区产业结构优化，产业结构高度提升加快；人力资本在产业结构高度水平高的地区发挥着巨大作用，在四川省成都市、绵阳市等地区，人才发挥着重要作用，人才引进成为当地的一大战略，教育发展水平较高，对经济发展起着重大作用，进而使得产业结构高度不断提升；实证中，在产业结构高度水平高的地区，技术进步的作用反而不明显，原因可能是四川省的这些地区产业发展过于依赖技术引进，当地的技术创新能力不够，技术创新的投入较少，使得技术进步的作用短期内并未发挥出来。

4.2 政策建议

依据本文实证结果，为提升四川省的产业结构高级化程度，提出如下政策建议：

4.2.1 加快城市化发展与特色城镇化建设

城市化的发展能促进地区基础设施建设的发展，加大地区对基础设施建设的投入。城市化水平作为强影响因素，对四川省的产业结构高级化程度具有强有力的拉动作用。同时，四川省的省情是成都市“一城独大”，成都市在四川省经济发展中起着重大的拉动作用，是四川省的经济核心，但四川省的发展不能仅仅依靠成都市，应在继续支持成都市发展的基础上，同时加快四川省其他特色城镇建设，发挥周边城市特色，打造科技城、旅游城、生态城等特色城镇，共同提高产业结构高级化程度。

4.2.2 加快高水平地区金融发展，激发中低水平地区金融发展力量

金融发展在产业结构高度高水平地区起着重要的拉动作用，是提升产业结构高度的主要力量。同时，实证显示，金融发展水平在中高水平及中低水平分位区系数符号为正，但并不显著，说明金融发展对这些地区的产业结构高度具有正向推动作用，仅目前尚未凸显。应抓住金融这一力量，激发中低水平地区金融发展的带动力量，一旦金融起到作用，将大幅提高第三产业对第一产业、第二产业的支持作用，促进第一、二产业转型升级，从而提高其劳动生产率，大幅提高产业结构高度水平。

4.2.3 刺激人均需求，提高社会消费

社会需求对产业结构高度的拉动作用明显，在各个水平的产业结构高度上均显著且系数较大，表明社会需求的正向促进作用大。应不断加大中低水平、中高水平区域的社会消费能力提升，同时继续促进高水平产业结

构高度地区的社会消费能力，以高水平地区的需求带动周边地区需求，实现经济的辐射作用。

4.2.4 提高自主创新能力，加大中低水平地区技术创新投入力度

技术创新对中低水平区域的产业结构高度的正向影响作用明显，因此要推动该区域技术创新的发展，要重视技术创新带来的产业结构高度的提升。加大中低水平区域的技术创新投入，发挥技术创新的力量，产生新的推动力。在产业结构高度水平较高的地区，技术创新表现为正向促进作用，但不显著，表明目前该区域技术创新作用尚未凸显，更应推动当地技术创新发展，激发技术创新力量。

4.2.5 提升人力资本，加大教育投入

人力资本在实证中系数为正且显著，说明产业结构高度水平越高的地区，人力资本的推动作用越大。在低水平地区，人力资本不显著，表明在低水平地区，人力资本并没有显示出优越性。应加快高水平地区人力资本发展，继续重视低水平地区的人力资本投入。

4.2.6 扩大对外贸易，积极推进跨区域经济合作

对外开放对中高水平产业结构高度地区的发展具有正向的促进作用，表明大力促进对外开放有利于产业结构高度的提升，对外贸易在扩大市场的同时，能引进先进思想，进一步促进本地技术发展，进而在多方面促进产业结构高度提升。近几年，四川省对外贸易形势大好，在未来还将保持稳定增长，应继续融入“一带一路”建设、自贸区建设，主动参与长江经济带建设，深化和扩大成渝合作，推动成渝经济区、成渝城市群建设，建立多种产业合作园区，积极推进跨区域经济合作。

5. 结束语

本文在考虑劳动生产率的基础上，对产业结构高级化进行了有效测度，丰富了四川省产业结构高级化水平相关研究。该测度方法具有较强的优势，是一种能同时进行横截面和时间序列两方面对比的测度方法，测度结果不仅能与国内产业结构高级化相比较，还能与国外产业结构高级化相比较。在实证研究方法上，通过对比 OLS 回归与分位数回归方法，发现条件分位

数回归方法考虑到了地区的异质性，估计结果更为稳健和有效，所揭示的二者关系更为细致。在未来的研究中，继续探讨产业结构高级化将具有重要的现实意义和理论价值。

参考文献

[1]Arthur W B. Competing technologies, increasing returns, and lock-in by historical events [J]. Equilibrium & Efficiency in Production Economies, 1986, 99(394):116 - 131.

[2]Timmer M P, Szirmai A. Productivity growth in Asian manufacturing:The structural bonus hypothesis examined [J]. Structural Change & Economic Dynamics, 2000, 11(4):371 - 392.

[3]Beck T, Levine R. Industry growth and capital allocation [J]. Journal of Financial Economics, 2002, 64(2):147 - 180.

[4]Peneder M. Industrial structure and aggregate growth [J]. Structural Change & Economic Dynamics, 2003, 14(4):427 - 448.

[5]Asgari B, Nagamatsu A. Virtuous cycle between R&D, functionality development and assimilation capacity for competitive strategy in Japan's high - technology industry [J]. Technovation, 2003(23):879 - 900.

[6]Thabet K. Industrial structure and total factor productivity: The Tunisian manufacturing sector between 1998 and 2004[J]. Annals of Regional Science, 2015, 54(2):639 - 662.

[7]Zdrazil P, Kraftova I, Mateja Z. Reflection of industrial structure in innovative capability [J]. Engineering Economics, 2016, 27(3).

[8]梁树广.产业结构升级影响因素作用机理研究[J].商业研究, 2014, 56(7):26 - 33.

[9]郭佳,扶涛,杨青.我国西部地区产业结构转型升级影响因素分析——以云南省为例[J].中国社会科学院研究生院学报, 2015(2):57 - 61.

[10]林勇,李艳超.西北五省产业结构高度化的影响因素分析[J].重庆工商大学学报(社会科学版),2016,33(5):30 - 36.

[11]韩立达,牟雪淞,闫俊娟.经济增长、产业结构升级对人口城镇化的影响研究——基于四川省数据的分析[J].经济问题探索,2016(10):105 - 112.

[12]程兰芳,黄皓.供给侧改革背景下中国产业结构升级研究——基于面板数据的空间计量模型[J].统计与信息论坛,2018(3).

[13]刘伟,张辉,黄泽华.中国产业结构高度与工业化进程和地区差异的考察[J].经济学动态,2008(11):4 - 8.

[14]张辉,任抒杨.从北京看我国地方产业结构高度化进程的主导产业驱动机制[J].经济科学,2010(6):115－128.

[15]Chenery H B, Robinson S, Syrquin M, et al. Industrialization and Growth: A Comparative Study [M]. New York: Oxford University Press, 1986:591－596.

[16]Koenker R, Bassett G Jr. Regression quanitiles [J]. Econometrica, 1978, 46(1): 33－50.

[17]Chen C, Wei Y. Computational issues for quantile regression [J]. Sankhyā: The Indian Journal of Statistics (2003－2007), 2005, 67(2):399－417.

[18]Martinez－Sanchis E, Mora J, Kandemir I. Counterfactual distributions of wages via quantile regression with endogeneity [J]. Computational Statistics & Data Analysis, 2012, 56(11):3212－3229.

[19]Buchinsky M. Quantile regression with sample selection: Estimating women's return to education in the U. S [J]. Empirical Economics, 2001, 26(1):87－113.

[20]Aerts M, Janssen P, Veraverbeke N. Bootstrapping regression quantiles[J]. Journal of Nonparametric Statistics, 1994, 4(1):1－20.

RESEARCH ON THE MEASUREMENT OF INDUSTRIAL STRUCTURE ALTITUDE AND ITS INFLUENCING FACTORS IN SICHUAN PROVINCE: BASED ON QUANTILE REGRESSION APPROACH

CAO Hong , XU Yu

Abstract: The study calculates the industrial structure index of 18 cities in Sichuan province from 2000 to 2015, and constructs the quantile regression model to study the industrial structure altitude in Sichuan and its influencing factors. The study finds that strong influencing factors of the overall industrial structure altitude are city development level, social demand, human capital, and weak influencing factors are financial development, foreign trade and technological progress; from the regional perspective, the main influencing factors of the high industrial structure altitude area are human capital, financial development, urbanization level, factors of the mid-high altitude area are urbanization level, human capital, social demand and foreign trade, factors of the low altitude area are technological progress, social demand and urbanization level. Based on the empirical results, the effective policy recommendations for promoting the industrial structure of Sichuan province are put forward.

Key words: Industrial structure altitude; Measurement; Influencing factors; Quantile regression approach

四川省产业结构合理化对城镇化影响的实证分析

朱冬梅　王珍琪

摘　要：本文借助面板向量自回归模型分析四川省产业结构合理化程度对城镇化的动态影响，反映城镇化发展的模式及特点，并以城市群为单位进行区域差异对比。结果发现，四川省大部分地区产业结构的不合理变动促进了城镇化的发展，这是非均衡推进城镇化的结果，从长远来看，不利于资源的高效利用和城镇化质量的提升，转型发展的速度有待加快。针对四川四大城市群当前存在的问题，提出促进产业结构合理化、推动城镇化健康发展的建议。

关键词：产业结构；合理化；城镇化

0. 引言

在社会经济发展过程中，我国地区间、城乡间、产业间差距明显，非均衡发展带来的一系列问题，已成为进一步发展的重要障碍。近年来，党和政府多次强调提高资源的利用效率，促进发展的协调可持续：《国家新型城镇化规划（2014—2020 年）》提出，要以城市群为主体形态，推动大中小城市和小城镇协调发展；党的十九大报告中进一步表明以城市群为主体构建大中小城市和小城镇协调发展的城镇格局；2018 年国家发展改革委发布的年度推进新型城镇化建设重点任务中，特别提到加快城乡融合，构建一、二、三产业融合发展体系，促进要素从低质低效领域向优质高效领域流动等。由此可见，城市群建设、产业结构合理化作为提高资源利用效率的重要抓手，既是当前改革的重要任务，又是城镇化的重点任务。一直以来，关于产业结构调整影响城镇化的研究，大多着眼于讨论产业结构升级对城镇化的作用，而对反映资源配置效率的产业结构合理化问题关注较少。

四川省地处我国西南，无论是在整体实力、产业结构层次还是在城镇化水平上，与东部沿海省份均存在一定的差距，但长江经济带建设、成渝城市群发展规划、“一带一路”倡议等历史机遇的重合，又使其今后的发展备受瞩目。数据显示，近20年来，产业结构“非合理化”的现象在川内城市中较为普遍。这会给城镇化推进带来何种影响，又是否会阻碍区域的协调发展？以上情况表明，讨论相关问题具有重要的现实意义。

1. 相关文献研究

“产业结构合理化”是国内学者提出的概念。尽管国外并无此提法，但仍可从一些文献中看到学者们对其的思考。瑞典经济学家 Myrdal（1957）在其著作《经济理论和不发达地区》中提出地理性的二元经济结构理论，阐明了“扩散效应”和“回波效应”的作用，肯定了发展中国家采取非均衡战略的必要性，但也指出，发达地区与欠发达地区的差距不宜过大，应在适当的时机调整发展模式，维护经济的相对平衡[1]。Fei 和 Ranis（1961）构建的人口流动模型强调了农业发展对于经济增长的必要性，修正了刘易斯模型中经济增长可只通过工业扩张来实现的片面观点[2]。Todaro（1969）发现在城市存在大量失业的情况下，农村剩余劳动力仍持续向城市转移，他对这一现象进行了研究，得出重视乡村发展、缩小城乡差距才是解决城市失业问题的关键[3]，同样体现了协调发展的思想，也是我国城乡一体化战略、乡村振兴战略等的理论依据。Shao 和 Zhou（2011）以资源枯竭型城市为研究对象，分析了产业结构转型对城市可持续发展的影响，提出推动城市空间结构、产业结构协调，以及资源枯竭型城市可持续发展的建议[4]。Cheng 和 Zhang（2013）对长春、吉林产业发展现状进行了定量分析，明确了其产业发展的障碍，提出了两市促进产业协调的途径和对策[5]。学者们的研究显示，社会经济的健康发展有赖于产业间、地区间和城乡间的协调，产业结构的合理化是消除二元结构、推动协调可持续发展的有效途径。

讨论产业结构调整对城镇化的影响或者二者相互关系的文章，大多关注的是产业结构升级。Kolko（2010）运用 GMM 模型实证检验了城市化率与第三产业发展水平的关系，认为城市化能推动服务业的快速发展[6]。

Farhana 等（2012）通过实证研究得到，尽管发展中国家城镇化的过程有助于产业结构升级，但其在国际分工过程中长期处于工业链末端，极易陷入“丰收贫困”的情况[7]。韩立达等（2016）的研究显示，产业结构升级对四川省人口城镇化有持续的正向推动作用，但动力输出较小[8]。钱宏胜等（2017）通过计算得到河南产业结构演变对城镇化的响应强度总体呈上升趋势，城镇化对第三产业的响应强度大于第二产业[9]。

当然，也有少部分文献关注到发展过程中产业结构的合理化问题。干春晖等（2011）认为，相较于产业结构高度化而言，应该更重视产业结构合理化，落后地区应结合自身实际推动本地产业结构的合理化而不是一味地发展并不具备比较优势的非农产业[10]。程莉（2014）利用面板数据的实证检验得到，产业结构合理化有助于缩小城乡收入差距，包括收入差距在内的城乡差距的缩小是统筹城乡发展、提升城镇化质量的重要内容[11]。焦勇（2015）通过实证分析指出，劳动力集聚有助于我国产业结构合理化，且人力资本集聚对产业结构合理化的促进作用更强[12]，这对我国加快发展教育事业提出了要求。刘春济等（2014）研究了旅游业结构变迁对旅游经济增长的影响，得到旅游产业结构合理化是推动旅游经济增长的基础动力[13]。学者们的研究显示，产业结构合理化的过程，不仅能够在数量上对城镇化起到促进作用，更能在质量上提升城镇化水平，以促进经济的健康发展、城乡收入差距的缩小。

2. 计量模型

为动态把握产业结构合理化程度对四川省城镇化影响的作用效果，验证假设是否正确，本文将利用四川省历年统计数据进行实证分析，这一过程借助面板向量自回归（PVAR）模型实现。PVAR 模型不仅能分析滞后项对变量的影响，还能根据脉冲函数动态分析变量间短期的互动情况并通过方差分解讨论变量的长期贡献。

2.1 模型设定

$$\boldsymbol{Y}_{i,t}=\boldsymbol{\alpha}_0+\sum_{k=1}^{j}\boldsymbol{\alpha}_k\boldsymbol{Y}_{i,t-k}+\boldsymbol{\varphi}_i+\boldsymbol{\mu}_t+\boldsymbol{\varepsilon}_{i,t} \tag{1}$$

式（1）为面板向量自回归模型的基本形式。其中，$\boldsymbol{Y}_{i,t}$代表包含城镇化率、产业结构合理化指数的两个内生变量；$\boldsymbol{\alpha}_0$表示截距项向量；$\boldsymbol{Y}_{i,t-k}$表示$\boldsymbol{Y}_{i,t}$的k阶滞后项，j为滞后阶数；$\boldsymbol{a}_k$表示系数矩阵；$\boldsymbol{\varphi}_i$为个体效应向量；$\boldsymbol{\mu}_t$为时间效应向量；$\boldsymbol{\varepsilon}_{i,t}$表示随机扰动项。本文的思路是先从全省层面检验产业结构合理化对城镇化的影响，再以城市群为单位进行区域差异分析。

2.2 变量选取

2.2.1 产业结构合理化指数（HL）

干春晖等（2011）在其文章中率先使用泰尔指数来测度产业结构的合理化水平，这一方法既保留了结构偏离度的经济含义和理论基础，又考虑到了不同产业在国民经济中的相对重要性，在此后的研究中得到了较为广泛的应用，见李志翠等（2013）[14]、傅元海等（2016）[15]的文章。本文在进行实证分析时也借鉴此方法，采用泰尔指数测度四川省产业结构的合理化程度，将其命名为产业结构合理化指数，用HL表示。

$$HL=\sum_{i=1}^{n}\left[\left(\frac{Y_i}{Y}\right)\ln\left(\frac{Y_i}{L_i}/\frac{Y}{L}\right)\right] \tag{2}$$

式（2）中，Y表示各市各年的地区生产总值，Y_i（$i=1,2,3$）分别表示第一产业、第二产业、第三产业各年的增加值，L为劳动力总数，L_i（$i=1,2,3$）则表示三次产业历年的劳动力总数。HL实质上是产出结构与劳动力结构偏离度的测量，反映了产出水平与劳动力投入的耦合情况。作为负向指标，HL的值越小，意味着产业间比较劳动生产率差异越小，要素的匹配度越高。

2.2.2 城镇化率（UR）

$$UR_{hj}=\frac{CHJ}{HJZ} \tag{3}$$

城镇化率是反映城镇化水平的核心指标。我国的城镇化率按统计口径的不同可分为常住人口城镇化率和户籍人口城镇化率。由于四川省各市对常住人口的统计从2004年才开始，故为获取更多的样本量，本文选择用户籍人口城镇化率来表征地区城镇化的发展。式（3）中 *CHJ* 代表某时期某地区城镇户籍人口，*HJZ* 则表示该时期该地区的户籍人口总数，二者的比值即为户籍人口城镇化率。

本研究所使用的数据，包括各城市历年三次产业的增加值、就业结构、城镇化率等均来自 1994—2016 年《四川统计年鉴》，研究周期为 1993—2015 年。其中眉山、资阳两市 1993—1996 年缺失的城镇化率数据利用移动平均法估算其增长率补齐，对应年份的产业结构合理化指数数据则通过移动平均法计算。

3. 实证分析

3.1 面板数据的平稳性检验

本文选择 ADF、Breitung、PP、LLC、IPS 5 种检验方法综合判断样本数据的平稳性，当 3 种及以上方法拒绝存在单位根的假设时则认为数据平稳。检验过程通过 EViews 6.0 实现。结果显示，无论是从全省还是从各城市群来看，城镇化率（*UR*）序列存在单位根，而其对数形式（ln*UR*）、差分形式（△*UR*）均为平稳序列，且产业结构合理化指数（*HL*）也是平稳的（见表 1）。为避免差分带来的样本量损失，本文选择以城镇化率的对数值（ln*UR*）来表征城镇化的发展情况。

3.2 最优滞后阶数的确定

对模型进行估计前，首先要确定其滞后阶数。依据 SIC、BIC、HQIC 准则选择统计量最小值所对应的滞后阶数。结果显示，全省及成都平原城市群的最优滞后阶数为 5 阶，川东北城市群为 2 阶，川南城市群及攀西城市群的最优滞后阶数均为 4 阶。

表 1　面板数据的平稳性检验

序列	检验方法	全省		成都平原城市群		川东北城市群		川南城市群		攀西城市群	
		统计系数	p 值	统计系数	p 值	统计系数	p 值	统计系数	p 值	统计系数	p 值
UR	LLC	2. 29	0. 99	5. 57	1. 00	0. 25	0. 60	1. 02	0. 85	-0. 33	0. 37
	Breitung	5. 37	1. 00	1. 10	0. 86	4. 70	1. 00	4. 08	1. 00	2. 44	0. 99
	IPS	0. 56	0. 71	4. 34	1. 00	4. 51	1. 00	0. 30	0. 62	0. 32	0. 63
	ADF	0. 63	0. 73	3. 97	1. 00	4. 65	0. 97	6. 91	0. 55	2. 30	0. 68
	PP	0. 69	0. 71	10. 24	0. 74	3. 49	0. 99	4. 26	0. 83	2. 65	0. 62
△*UR*	LLC	-1. 61	0. 05	-1. 74	0. 04	-10. 04	0. 00	-3. 56	0. 00	-3. 36	0. 00
	Breitung	3. 77	1. 00	3. 67	1. 00	2. 72	1. 00	4. 58	1. 00	2. 18	0. 99
	IPS	0. 89	0. 81	-1. 56	0. 06	-6. 23	0. 00	-3. 48	0. 00	-1. 56	0. 06
	ADF	4. 64	0. 09	30. 21	0. 01	98. 23	0. 00	28. 57	0. 00	15. 46	0. 00
	PP	4. 90	0. 09	48. 50	0. 00	65. 64	0. 00	24. 17	0. 00	15. 66	0. 00
ln*UR*	LLC	-2. 06	0. 02	-11. 41	0. 00	-16. 85	0. 00	-6. 02	0. 00	-2. 91	0. 00
	Breitung	3. 09	1. 00	-0. 09	0. 46	0. 49	0. 69	1. 14	0. 87	2. 37	0. 99
	IPS	-2. 80	0. 00	0. 31	0. 62	-0. 64	0. 26	-0. 67	0. 25	-1. 70	0. 04
	ADF	103. 50	0. 00	98. 83	0. 00	129. 63	0. 00	50. 20	0. 00	11. 76	0. 02
	PP	116. 22	0. 00	99. 41	0. 00	142. 44	0. 00	60. 18	0. 00	13. 21	0. 01

续表

序列	检验方法	全省		成都平原城市群		川东北城市群		川南城市群		攀西城市群	
		统计系数	p 值	统计系数	p 值	统计系数	p 值	统计系数	p 值	统计系数	p 值
HL	LLC	-2.01	0.02	-2.68	0.00	-1.42	0.08	-0.93	0.18	-0.31	0.38
	Breitung	-1.99	0.02	-2.40	0.01	0.25	0.60	-0.39	0.35	-1.45	0.07
	IPS	-3.34	0.00	-2.40	0.01	-1.89	0.03	-1.80	0.04	-2.92	0.03
	ADF	74.39	0.00	28.67	0.01	19.79	0.07	15.75	0.05	6.06	0.02
	PP	49.60	0.20	17.02	0.26	20.21	0.06	14.21	0.08	7.12	0.02

3.3 GMM 估计

为得出各变量的滞后项对自身及其他内生变量当期的影响，初步探讨产业结构合理化程度的变动对城镇化的作用，本文采用广义矩估计法（GMM）估计 PVAR 模型，通过 STATA 13.0 实现，结果如表 2 所示。其中，h_ ln*UR* 和 h_ *HL* 分别为 ln*UR* 和 *HL* 经过 Helmert 变换、消除固定效应后的序列，L_i（i=1，2，3，4，5）表示滞后 i 期。由表 2 可知，从全省来看，以城镇化为被解释变量，滞后 1、3、5 期的城镇化对当期产生了显著的正向影响，而滞后 2、4 期的城镇化对当期的影响在 1% 的水平下显著为负，且正向系数的绝对值大于负向系数，说明四川省的城镇化整体处于惯性发展的状态但表现出波动性，农业人口稳定转移并落户城镇的速度并未随着现代化的步伐加快。此外，滞后 2 期的产业结构合理化指数（*HL*）对城镇化的影响系数为 0.10（在 1% 的水平下显著），说明 *HL* 对 *UR* 具有促进作用，作为负向指标的 *HL* 在样本期内呈现增长趋势，意味着四川省产业结构的非合理化变动在一定程度上推动了城镇化的发展。由于应用向量自回归模型进行实证分析时，其重点是借助脉冲响应函数来分析内生变量变动的冲击对自身及其他内生变量的动态影响[16]，对各城市群 GMM 参数估计的结果不再一一赘述。

表 2　GMM 估计结果

变量	全省		成都平原城市群		川东北城市群		川南城市群		攀西城市群	
	系数	z 值	系数	z 值	系数	z 值	系数	z 值	系数	z 值
h_ lnURL_1	1.00***	19.95	1.01***	20.12	0.66***	12.26	0.99***	12.75	1.30***	6.73
h_ HLL_1	0.00	-0.03	0.13	1.25	0.37**	2.4	-0.38**	-1.9	0.12	0.64
h_ lnURL_2	-0.19***	-4.24	-0.10**	-2.07	0.11***	4.03	-0.36***	-5.65	-0.77***	-3.52
h_ HLL_2	0.10***	2.48	0.027	0.29	0.19**	2.06	0.49**	2.21	0.06	0.85
h_ lnURL_3	0.21***	3.05	0.12*	1.79	—	—	0.24***	2.88	0.32	1.4
h_ HLL_3	-0.02	-0.48	0.07	0.75	—	—	-0.22	-1.42	-0.15	-1.61
h_ lnURL_4	-0.19***	-2.72	-0.18***	-2.91	—	—	0.00	0.05	-0.19	-0.82
h_ HLL_4	0.02	0.39	0.09	0.74	—	—	-0.01	-0.08	0.14	1.36
h_ lnURL_5	0.06**	2.31	0.08***	2.74	—	—	—	—	—	—
h_ HLL_5	-0.02	-0.49	-0.12	-0.89	—	—	—	—	—	—

注：＊＊＊、＊＊、＊分别代表在 1%、5%、10% 的水平下显著。

3.4 因果关系检验

面板向量自回归模型能同时考察所有内生变量相互影响的动态关系。为反映各变量间是否存在明显的因果关系，明确冲击变量和响应变量，有必要进行格兰杰因果关系检验，结果如表3所示。

表3 格兰杰因果关系检验

区域	方程	变量	卡方统计量	P值
全省	ln*UR*	全部	9.89	0.08
	HL	全部	2.30	0.81
成都平原城市群	ln*UR*	全部	9.69	0.09
	HL	全部	3.55	0.62
川东北城市群	ln*UR*	全部	9.69	0.01
	HL	全部	0.30	0.86
川南城市群	ln*UR*	全部	8.58	0.07
	HL	全部	19.45	0.00
攀西城市群	ln*UR*	全部	8.81	0.07
	HL	全部	10.69	0.03

检验结果显示，全省层面的产业结构合理化与城镇化之间呈现单向因果关系，表现为ln*UR*与*HL*的滞后期是ln*UR*方程的联合格兰杰原因，却不是*HL*方程的联合格兰杰原因。成都平原城市群、川东北城市群与全省的检验结果一致。而川南城市群、攀西城市群产业结构合理化程度与城镇化之间构成双向因果关系。本文研究产业结构合理化对城镇化的影响，在模型中以*HL*为冲击变量，ln*UR*为响应变量的设定是合理的。

3.5 脉冲响应函数

在PVAR模型中，某个内生变量的随机扰动项通过一个标准差冲击，可以使脉冲响应函数较为直观地刻画其对所有内生变量的动态影响。考虑到本文中面板数据的时间序列长度，将冲击作用的期限设为8期，通过200次蒙特卡罗模拟得到脉冲响应函数图（见图1）。其中，横轴表示对冲击响应的预测期数，纵轴代表对冲击的响应程度，中间实线代表脉冲响应曲线，上、下两条实线则分别是95%和5%的分位点的估计值。

3.5.1　城镇化对自身冲击的响应

3.5.1.1　全省层面

由图1可知，对于来自自身1个标准差新息的冲击，四川省城镇化（lnUR）在当期即产生0.042的正响应，响应强度随着预测期数的增加逐步减少，反映出四川省城镇化发展依赖自身惯性的情况，前期的城镇化水平对后期的发展具有正向作用。究其原因，主要是人口的集聚为产业发展提供了劳动力和市场，进而推动基础设施建设和城市功能的完善，经济水平、教育水平、医疗水平等逐步提升，人们的物质及精神文化生活显著提高，促使更多的农村居民作出迁移决策。

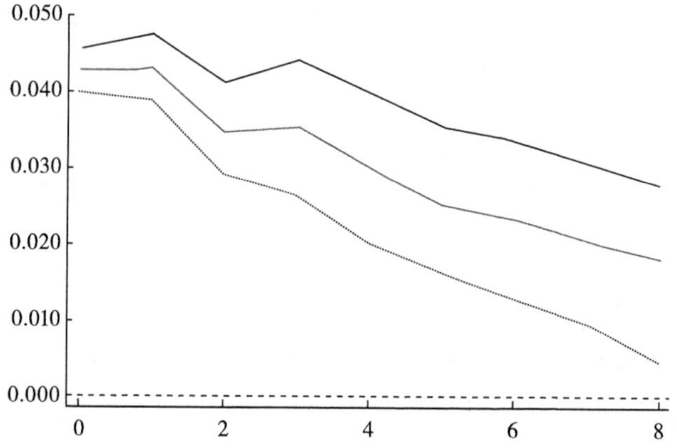

图1　四川省城镇化对自身冲击的脉冲响应

3.5.1.2　城市群层面

从城市群层面来看，各区域城镇化对自身冲击的响应存在一定差异。由图2可知，成都平原、川东北和川南城市群的脉冲响应图整体呈相同走势，城镇化对于前期冲击均产生正响应，说明以上三城市群城镇化的发展也存在惯性，区别主要在响应强度和收敛速度上。对来自城镇化滞后期1个标准差新息的冲击，川南城市群在当期产生了0.058的正响应，接着有一个快速收敛的趋势，响应强度略高于成都平原城市群和川东北城市群，说明前期的城镇化水平对川南地区后期推进影响力更大。攀西城市群城镇化受自身冲击的影响程度明显弱于其他区域，3期时下降至0，后转为负，响应强度也很低，可见该区域内各城市前期的城镇化水平对后期的促进作用较弱，城镇化处于惰性发展阶段。

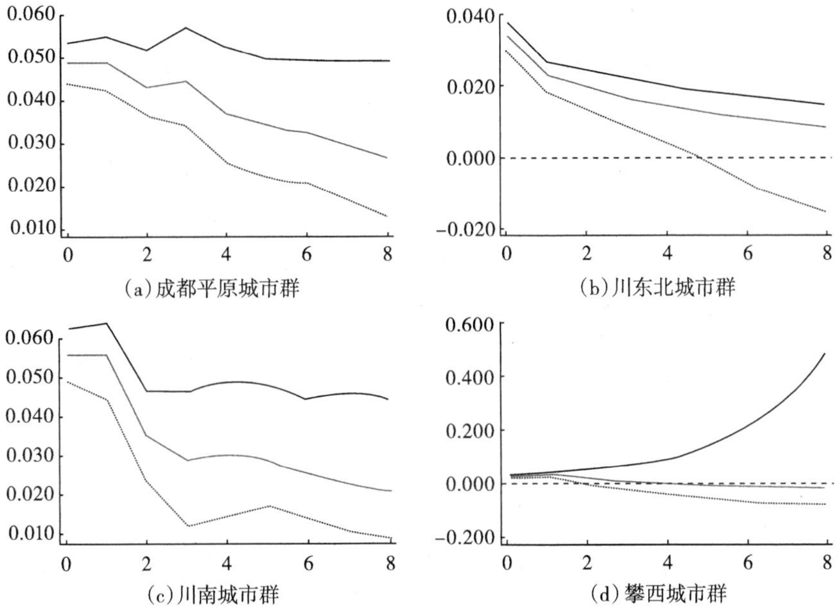

图2　四川省四大城市群城镇化对自身冲击的脉冲响应

3.5.2　城镇化对产业结构合理化冲击的响应

3.5.2.1　全省层面

对于产业结构合理化变动的冲击，四川省城镇化在当期的响应为0，从1期起转为正响应，至第5期响应强度趋于平稳。产业结构合理化指数的调整与城镇化率同向变动。*HL*作为负向指标，反映出研究期内对四川省城镇化发展起到一定促进作用的是产业结构的非合理化，说明资本、劳动力等资源流向特定区域、特定产业的非均衡发展模式是城镇化的主要逻辑。

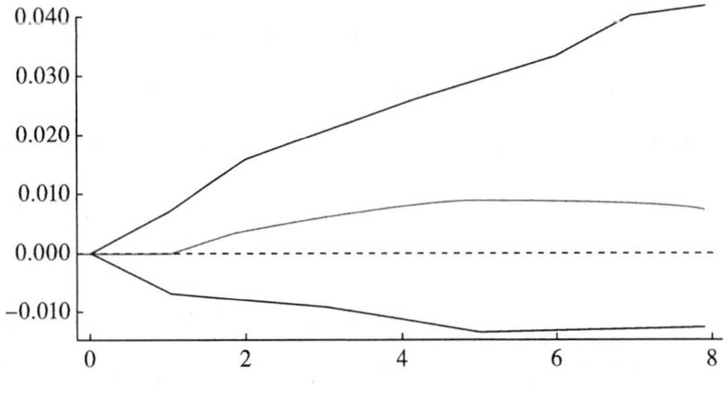

图3　四川省城镇化对产业结构合理化冲击的脉冲响应

3.5.2.2　城市群层面

由图4可知，成都平原城市群、川东北城市群的脉冲响应函数与全省类似，城镇化率（ln*UR*）对产业结构合理化指数（*HL*）的冲击产生了持续的正响应，响应强度高于全省水平，且产业结构的非合理化对川东北城市群城镇化的影响力最大。由此可见，上述区域的城镇化也主要依靠非均衡模式发展，优质资源向特定地区、特定产业的倾斜增加了城市对农村居民、待转移劳动力的吸纳能力。但这样的模式扩大了农业与非农产业、城市与乡村的发展差异，给落后地区尤其是能力有限的农村居民转移带来了障碍，为深入推进城镇化增加了难度。因此，尽管当前产业结构非合理化过程表现出对城镇化的促进作用，但从长远来看不利于城镇化质量的提升，故需及时调整。川南城市群在发展过程中，资本与劳动力向非农部门转移的匹配度较好，促进了产业结构的逐步合理化，ln*UR*对来自*HL*的冲击快速产生负响应，尽管响应强度较弱，但产业结构合理化对其城镇化的发展有持续的积极影响。最后，攀西城市群ln*UR*对*HL*有微弱的正响应，反映出该地区非均衡推进城镇化的发展模式，但由于要素在产业间的流动非常缓慢，经济活力不足，产业结构调整对城镇化的影响十分有限。

3.6　方差分解

通过方差分解，可将PVAR模型中每个内生变量预测误差的方差按照其成因，分解为与各个内生变量相关联的组成部分，从而评估各个冲击对系统中内生变量变化的解释力度和相对重要性。本文通过方差分解进一步分析产业结构合理化对城镇化的影响程度。与脉冲响应函数分析一样，进行蒙特卡洛模拟200次，生成方差分解结果，如表4所示。表4显示了30期的方差分解结果，20期后整个系统基本趋于稳定。从全省来看，30期时，ln*UR*对自身变动的解释能力为94.4%，*HL*则为5.6%，说明尽管产业结构合理化程度的变动对城镇化存在影响，但城镇化整体还是依靠惯性发展。成都平原城市群30期时产业结构合理化程度的变动对城镇化影响的贡献率为20.2%，川东北城市群这一比率则高达82%，反映出川东北城市群产业结构调整对城镇化具有较强的促进作用，但主要通过非均衡的发展实现，不利于优化资源配置。尽管脉冲响应函数显示川南城市群产业结构的

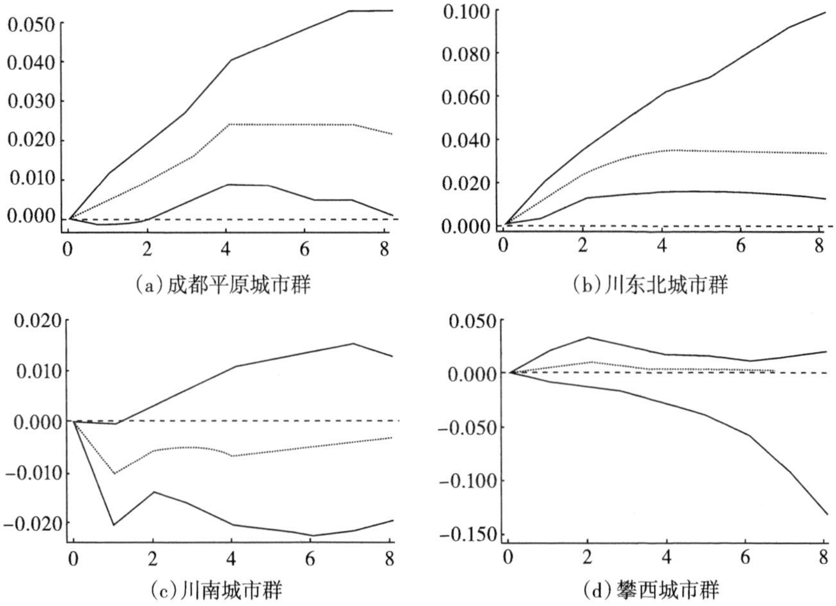

图4　四川省四大城市群城镇化对产业结构合理化冲击的脉冲响应

合理化有助于其城镇化的发展，但根据方差分解结果，*HL* 变动对 ln*UR* 的贡献十分有限。攀西城市群 *HL* 对 ln*UR* 变动的解释能力稳定在6.9%，与全省平均水平比较接近。

表4　30期方差分解结果

区域	期数	ln*UR*	*HL*
全省	10	0.95	0.05
	20	0.94	0.06
	30	0.94	0.06
成都平原城市群	10	0.82	0.18
	20	0.80	0.20
	30	0.80	0.20
川东北城市群	10	0.25	0.75
	20	0.19	0.81
	30	0.18	0.82

续表

区域	期数	ln*UR*	*HL*
川南城市群	10	0.97	0.03
	20	0.97	0.03
	30	0.97	0.03
攀西城市群	10	0.93	0.07
	20	0.93	0.07
	30	0.93	0.07

4. 结论和政策建议

提升经济质量，引导要素从低质低效领域转移到高质高效领域，客观上要求产业的合理化发展，这也是城镇化转型的一项重要任务。本文借助面板向量自回归模型研究了四川省产业结构合理化程度对城镇化的影响。结果显示，四川省城镇化主要依赖自身惯性发展，产业结构非合理化趋势较为普遍，全省城镇化率对产业结构的不合理变动产生了正响应。分区域来看，成都平原城市群和川东北城市群与全省情况比较一致，川南城市群虽然表现出产业结构的合理化推动着城镇化发展，但其作用十分有限。实证结果表明，当前四川主要是以非均衡模式来推进城镇化建设，在全省整体城镇化率较低的情况下，极化模式对于优势产业的快速成长及中心城市的加速发展具有积极影响，但若节点城市发展不足，则可能进一步拉开产业间、城乡间、区域间的差异，进一步推进城镇化的过程很可能面临重重困难，也不利于社会经济高质、高效发展。为扭转四川省产业结构不合理的变动趋势，积极发挥产业结构合理化对城镇化的促进作用，本文提出如下建议：

4.1 资源利用效率提高与产业结构合理化

农业发展过慢、工业就业吸纳能力不足、较多的农村剩余劳动力流入传统服务业等是全省产业结构非合理化发展的重要原因。推动各产业协调，提高资源利用效率，引导人口有序转移，应分别从三次产业的角度进行有重点的调整。

农业方面，应完善基础设施建设，提高机械化与现代化水平，盘活农地资源，培育专业大户，通过农民专业合作社、家庭农场等新型经营主体，促进产业化经营。依据地形、土壤、气候条件等的不同，川东北地区重点发展茶叶、果蔬、竹林、中药材生产及加工，攀西地区发展以花卉、烤烟、水果、蚕茧为代表的特色农业。通过定期的专家培训，向群众普及新技术，增强农村经济活力，提升农业效益，多元促进农民增收，为农民转移积累物质基础，加快区域城镇化进程。

工业方面，要有梯度地推进工业结构升级，科学进行产业分工。成都、绵阳、德阳等地大力发展新一代信息技术、航空航天、新材料、生物医药等先进制造业；乐山、泸州、宜宾等老工业城市积极承接国外产业转移，提升和改造化工、白酒、钢铁等工业，淘汰落后产能；川东北城市群需要延长油气化工、能源开采业的产业链，在提升附加值的同时发挥制造业的就业吸纳作用；攀西城市群区则要在提高资源综合利用效率的情况下，推动钒钛产业、清洁能源产业等的发展，打破钢铁“一业独大”的局面。小城市积极承接中心城市的产业转移，较落后的县城大力推进农产品深加工，将有条件的地区打造为特色产业小镇。通过梯度化的产业结构升级，引导劳动力向中小城市集聚，使各级城市具备良好的产业基础，促进城镇体系的日益完善和城镇化的均衡推进。

服务业方面，要以增强现代服务业就业吸纳能力为重点。成都平原城市群加快现代金融、高技术服务业和科技服务业等的发展；川东北城市群以生态文化旅游为重点，坚持旅游精品化战略，塑造旅游品牌；川南城市群依托长江口岸优势和四川自贸区（川南片区）发展的契机，加快临港产业的布局，建设现代物流基地，为区域导入更多的机会；攀西城市群加快完善交通等基础设施，在环境友好的前提下发展民族文化旅游产业。

4.2 产业融合与城镇化均衡发展

促进农业与工业融合、农业与服务业融合，以产业间的协调带动区域的均衡发展。在经济较为落后的县城、乡镇等要优先发展农业关联度高的产业以降低劳动力转移难度，有条件的地方可在科学的规划下发展乡村休闲旅游业，充分发挥电商平台的作用，为农产品拓宽市场，打通产销环节。临近城镇应积极推动农产品的深加工和精加工，就近提供非农就业岗位，促进农业人口的就近转移，加快小城市、小城镇建设步伐，不断缩小其与中心城市的发展差距。

推进工业与服务业的融合，以工业设计、物流管理、服务外包等为重要领域，加快发展生产性服务业，优化服务业就业结构，提高城市现代化水平。积极推动制造业从以产品为中心向服务增值延伸，扩大岗位创造能力，发挥其对农业转移人口的吸纳作用。产业间的融合发展不仅有助于提升产业间的关联度与协调性，更能够促进要素流动与高效利用，引导劳动力在城乡间、产业间的有序转移，促进城镇化均衡发展。

4.3 城市群建设与城镇体系优化

成都平原城市群建设的重点在于推动绵阳、乐山在规模上向特大城市转化，在功能上成长为区域中心城市，起到以点连线、以线成面的传导辐射效果。此外，为促进成都朝着国际大都市方向发展，周边小城市应积极承接主城区的产业转移，同时加快发展县域经济，培育中小城市，推动资源加工、农产品精加工等劳动密集型产业向中小城市集聚。川东北城市群要加快中心城市特别是“双核”城市的发展，通过引导资源的配置较快提升其集聚能力，将南充打造为区域中心城市，将达州发展为西部重要的天然气能源化工基地，统筹城乡发展，进而形成分工、协作的城市群生态。川南城市群多中心一体化的发展有赖于交通基础设施的完善，各市资源、规模上的高度相似性，意味着城市群建设必须处理好分工与协作的问题，产业规划与发展应突出各地的优势与特色，避免同质化带来的恶性竞争，将内江发展为现代产业基地，将自贡打造为特色文旅城市，泸州、宜宾重点发展临港产业。攀西城市群要优先发展攀枝花、西昌周边的县城，缓解两极分化的城市体系，在保护生态的前提下，小县城通过承接产业转移、发展特色农产品加工、加大旅游及相关产业的投入提升发展质量，壮大城市规模，在加快推进农业人口转移和城镇化的同时，促进产业结构进一步优化。

参考文献

[1]Myrdal G. Economic Theory and Under－Developed Regions [M]. London: Mcthuec & Co. Ltd. 1957.

[2]Fei J, Ranis G. A theory of economic development [J]. The American Economic Review, 1961(57):65 - 70.

[3]Todaro M P. A model of labor migration and urban unemployment in less development countries [J]. The American Economic Review, 1969(59):139 - 147.

[4]Shao J, Zhou J Q. Study on the influences of industry transformation on the sustainable development of resource - exhausted city space [J]. Procedia Engineering, 2011(21):421 - 427.

[5]Cheng S J, Zhang N. Coordinated industrial development of Changchun and Jilin in Chang - Ji - Tu pilot zone [J]. International Business and Management, 2013(7):29 - 33.

[6] Kolko J. Urbanization, Agglomeration, and Coagglomeration of Service Industries [M]. Chicago: University of Chicago Press, 2010.

[7]Farhana K M, Rahman S A, Rahman M. Factors of migration in urban Bangladesh: An empirical study of poor migrants in Rajshahi city [J]. Bangladesh e - Journal of Sociology, 2012(9):63 - 86.

[8]韩立达,牟雪淞,闫俊娟. 经济增长、产业结构升级对人口城镇化的影响研究——基于四川省数据的分析[J]. 经济问题探索,2016(10):105 - 112.

[9]钱宏胜,杜霞,梁亚红. 河南省产业结构演变的城镇化响应研究[J]. 地域研究与开发,2017(1):23 - 28.

[10]干春晖,郑若谷,余典范. 中国产业结构变迁对经济增长和波动的影响[J]. 经济研究,2011(5):4 - 16 + 31.

[11]程莉. 产业结构的合理化、高级化会否缩小城乡收入差距——基于1985—2011年中国省级面板数据的经验分析[J]. 现代财经(天津财经大学学报),2014(11):82 - 92.

[12]焦勇. 生产要素地理集聚会影响产业结构变迁吗[J]. 统计研究,2015(8):54 - 61.

[13]刘春济,冯学钢,高静. 中国旅游产业结构变迁对旅游经济增长的影响[J]. 旅游学刊,2014(8):37 - 49.

[14]李志翠,朱琳,张学东. 产业结构升级对中国城市化进程的影响——基于1978—2010年数据的检验[J]. 城市发展研究,2013(10):35 - 40.

[15]傅元海,叶祥松,王展祥. 制造业结构变迁与经济增长效率提高[J]. 经济研究,2016(8):86 - 100.

[16]蒋勇,杨巧. 城镇化、产业结构与消费结构互动关系的实证研究[J]. 工业技术经济,2015(1):20 - 28.

EMPIRICAL ANALYSIS OF THE IMPACT THAT INDUSTRAL STRUCTURE'S RATIONALIZATION MADE ON URBANIZATION IN SICHUAN PROVINCE

ZHU Dong – mei, *WANG Zhen – qi*

Abstract: To study the pattern and characteristics of urbanization in Sichuan province, based on the PVAR model, this paper analyzed the impact of industrial structure's rationalization on urbanization, then compared the differences among the four urban agglomerations in Sichuan province. Result showed that the irrational changes in industrial structure of many cities have promoted the development of urbanization to a certain extent, which is the result of unbalanced urbanization. In the long run, it is not conducive to the efficient use of resources and the improvement of urbanization's quality. Aiming at the problems existing in Sichuan province, the paper put forward some suggestions to promote the rationalization of industrial structure and the healthy development of urbanization.

Key words: Industrial structure; Rationalization; Urbanization

成都城市集聚效应实证研究

张觉丹　钱志鸿

摘　要：集聚本身是一个复杂的现象，目前对于集聚的研究集中在产业层面，对城市整体集聚效应的研究较少。研究特定地区的集聚现象，对制定有效的城市和区域发展政策十分重要。本文基于成都市10区5县4市2006—2015年的面板数据，实证检验了成都城市集聚效应的存在以及大小。结果表明，成都市不仅具有正的集聚效应，而且集聚效应较大。本文进一步对成都不同圈层的集聚效应作了分析，研究发现主城区存在集聚效应，但集聚效应较小，近郊区集聚效应最大，并且十分显著，远郊区的集聚效应并不显著，说明对成都市近郊区的资源投入带来的经济增长效果更大。

关键词：城市集聚；集聚效应；成都圈层；Segal模型

0. 引言

改革开放以来，中国经济飞速增长，成为世界上经济发展最快的国家之一。中国的发展主要表现为城市数量的快速增长和城市规模的不断扩张，伴随城市增多和扩张的一个显著现象就是集聚经济的形成。从世界经济的表现来看，集聚已经成为世界城市发展过程中的典型化事实。在全球层面，世界银行发布的2016年全球各国的GDP数据显示，美国、中国、日本、德国、英国这5个国家的GDP总量占全球生产总值的53.46%。在国家层面，较为典型的是，巴黎大都市区的土地面积仅占法国总面积的2.2%，却创造了全法国29%的生产总值。这些经验事实表明，集聚效应在经济增长中有所贡献。

集聚本身是一个较为复杂的现象，既随时间的变化而变化，又随区位的变化而变化。从我国国情来看，我国幅员辽阔，地区资源禀赋差异明显，如果从国家层面或者省级层面研究，其研究结果并不能真实反映我国各城市的集聚效应，所以将集聚效应置于特定的环境中进行分析是必要的。研究特定地区的集聚现象，对制定有效的城市和区域发展政策来说十分重要。成都作为四川省的省会，有着悠久的历史文化，商贸、科技等产业发展十分迅猛，是西部地区重要的中心城市。作为国家中心城市，成都的定位是引领西部地区发展，集聚效应是成都与其他城市之间关系的最主要特征。本文将城市集聚效应的研究运用于成都，有助于成都建设国家中心城市的路径探索，具有较强的典型性和启发价值。

1. 相关文献研究

集聚，作为一种经济现象，可以是静态的，指经济活动或生产要素在有限空间内的集中；也可以是动态的，指经济活动或生产要素在地理上集中的过程。例如，人口集聚是指人口在有限空间内的集中现象或者人口趋势性的流动过程；产业集聚是指产业在空间内的集中现象或者企业之间相互靠近的过程。集聚效应，又称集聚经济，在集聚概念的基础上，可以将其理解为经济活动或生产要素在有限空间集中而产生的效益，如经济效益、成本节约、促进创新等，本质上是一种外部性。Marshall 提出了地方性工业的概念，首次系统论述了集聚经济。他认为，生产同种产品的企业在地理上相互临近，能把生产同种产品的企业布局在一起，使生产成本下降；同时，布局在一起的企业掌握着不同的信息量，它们之间相互交流、彼此获利，促进技术创新。前者的经济效应取决于产业的发展规模，被称为外部规模经济，后者的经济效应取决于单个企业的资源量，被称为内部规模经济[1]。“集聚”一词最早是由韦伯在说明工业区位论时所提出的。工业区位论主要是解释运输成本对企业区位选择的重要影响。但是由于劳动力成本或者某种集聚要素可能会影响企业区位选择，因此不会把运输成本作为首要考虑因素。这种集聚要素会使企业节约一定的成本[2]。

集聚效应与城市的形成和发展密不可分，已有不少学者通过建立计量模型的方式对其进行估计。Sveikauskas 对美国制造业部门不同产业分别进行了集聚效应的估计。在 CES 生产函数的基础上建立模型进行分析，结果显示，就业人数增加 1 倍时，其劳动生产率提高 6%。所以，在城市规模较大、就业人口较多的地方，工资标准反而更高[3]。Henderson 对美国制造业部门的集聚效应进行了研究，结果发现，通过产业间联系所获得的集聚效应十分明显，而通过增加要素投入所产生的集聚效应并不显著[4]。Segal 认为，人口规模超过 200 万人的地区较其他地区的集聚效应高 8%[5]。Carlino 在研究就业人口对城市集聚效应的影响的基础上，测算出城市的最佳就业人口规模为 360 万人[6]。Combes 等对法国就业区的集聚效应进行了研究，结果表明，法国就业区存在集聚效应，但是集聚效应较小[7]。

此外，国内学者也对集聚效应进行了相关研究。金相郁和高雪莲参考了 Carlino 模型，对天津市的集聚经济进行了分析，但其研究结果表明，天津市的集聚效应并不明显，甚至在 2003 年，天津市的集聚效应为负数[8]。王良举等认为在中国制造业部门，就业规模增大，生产率会得到提高[9]。韩峰等研究了我国生产性服务业的集聚效应，结果表明，多样化集聚对经济增长的影响更为显著。在东西部对比中发现，东部地区的集聚效应大于西部地区[10]。吉昱华等的研究结果表明，我国非农产业具有明显的集聚效应[11]。

通过对学者们研究成果的回顾可以了解到，学者们对集聚的研究主要集中在产业集聚与工业部门集聚方面，以单个城市作为研究对象的文献较少，已有文献对国家省域层面的分析反映出来的结果也与经验事实不太相符，这可能与地区之间的差异较大、城市经济发展的不稳定性以及非典型性有关。判断一个城市是否存在集聚效应并掌握其影响因素，对城市及区域经济的发展具有重要的理论意义和实践意义。而成都具有自身区域特征，具有政治因素、经济因素、地理因素和交通区位因素优势，本文认为，以成都市为研究对象有一定的区域价值。

2. 计量模型

国内外学者对于用计量模型估计城市集聚效应进行了大量的尝试与探索，目前还未形成统一的计量模型。对函数的选择主要可以分为两类，一类是成本函数法，另一类是生产函数法。从国外学者的研究来看，成本函数法能在计量方面更能具体地体现出集聚效应，但由于国内企业层面的数据难以取得，成本函数法并未在国内学者的研究中被广泛运用，国内学者更多地采用生产函数法对城市集聚效应进行估计。

生产函数法对城市集聚效应的估计是通过估计规模报酬来实现的。在目前的研究中，有3种模型运用较为广泛，分别由Sveikauskas[3]、Segal[5]、Carlino[6]提出。

Sveikauskas模型基于固定替代弹性（CES）生产函数建立计量模型

$$\log(Q/L)_i = a + b\log pop_i + c\log educ_i + \varepsilon \tag{1}$$

其中，Q代表产出；L表示劳动力投入；pop表示人口规模数量；$educ$表示城市的教育水平，以成年人受教育年限的中位数来表示；b为劳均产出对人口规模数量的弹性系数，是衡量集聚效应的指标；ε为随机误差。Sveikauskas运用此模型研究了美国14个工业部门的集聚效应，是对单个行业进行的研究。

Segal的研究对象与Sveikauskas不同，Segal是以整个城市经济体为研究对象，基于柯布—道格拉斯（C－D）生产函数来估计城市的集聚效应。其模型如下：

$$Q_i = AS^{\gamma}C_i^{\delta}K_i^{\alpha}L_i^{\sum_k \beta kq\ itk} \tag{2}$$

其中，Q代表产出；K和L分别表示资本与劳动力投入；C为代表城市特征的虚拟变量；q为代表劳动力特征的虚拟变量；S表示城市规模，其弹性系数γ则是衡量集聚效应的指标。

Carlino模型与Sveikauskas模型一样基于CES生产函数，因为模型的被解释变量是工资，所以又被称为工资函数。其模型如下：

$$W = AQ^{\alpha}L^{\beta} \tag{3}$$

其中，W代表工资；Q代表产出；L为劳动力；α、β分别为产出和劳动力的弹性。$AI = (1+\beta)/(1-\alpha)$用来表示城市集聚效应。$AI > 1$表示存在集聚效应。

实证模型的选择主要基于两个条件：理论模型正确且适用、数据的可靠性。首先，Sveikauskas模型的运用对象是单个行业而非整个城市，不适用于本文的研究对象，不符合本文的研究内容，所以Sveikauskas模型适用度不高。其次，目前国内对于工资的统计仅有国有经济单位，无法取得整个城市的工资规模，在数据可靠性上存在一定的问题，使用 Carlino 模型也存在误差。因此，本文参照 Segal 模型对成都市集聚经济效应进行测度。

数据的原因使得 Segal 模型并不能完全套用于中国城市，特别是难以对劳动力素质进行度量，国内学者在使用此模型时作了相应的改进。吉昱华等修改了 Segal 模型，将劳动力设为同素质的，用就业人数代表城市规模，并加入了虚拟变量 D 和 R，分别表示城市直辖市特性和改革滞后程度，其建立的模型为 $Q = AD^X gR^Y K^\alpha L^\beta$。其中 g 为希克斯中性集聚效应转换因子[12]。

本文的研究对象为成都市区域，不需要考虑城市特性，参考国内学者做法，将劳动力视为同素质的，在柯布—道格拉斯生产函数的基础上，加入集聚效应的相关变量 μ，建立模型如下：

$$Q = A\mu K^\alpha L^\beta \tag{4}$$

式中，Q 表示产出；K 表示资本，α 为资本的弹性；L 表示劳动力，β 为劳动力的弹性；$\alpha + \beta = 1$，表示生产规模报酬不变；A 为常数项；μ 表示希克斯中性的集聚效应转换因子，其函数表现形式为 $\mu = BP^\lambda$。其中，B 为常数项；P 表示城市人口数，用来反映城市规模；$0 < \lambda < 1$，表示生产效率随城市人口增加而上升，但上升速度低于人口增长速度，λ 的估计结果表示城市集聚效应的大小。将希克斯中性因子 μ 的函数形式代入式（4），在方程两边同时取对数，得如下模型：

$$\ln(Q/L) = c + \lambda \ln P + \alpha \ln(K/L) \tag{5}$$

本文采用成都市 10 区 5 县 4 市 2006—2015 年的面板数据，数据来源于《成都统计年鉴》《四川统计年鉴》，并对相关数据作了适当的处理。首先，对以价格表示的地区生产总值 Q 和资本投入量 K 用 GDP 指数进行了调整。其次，对于资本投入量 K，按照永续盘存法，以每年的固定资产投资的增量加上上一年固定资产折旧后的存量计算而得。最后，对于折旧率，根据范巧[13]对固定资产折旧率的文献总结，选择 10% 作为折旧率。基于此，本文利用 EViews 软件对成都城市集聚效应进行了测量。

3. 实证结果分析

3.1 成都市总体集聚效应

一般而言，利用面板数据可以建立 3 种模型：混合效应模型、固定效应模型和随机效应模型。首先，用 F 检验判断是选择混合效应模型还是固定效应模型。其次，采用 Hausman 检验来判断是选择固定效应模型还是随机效应模型。

通过对面板数据进行 F 检验和 Hausman 检验，确定了选择随机效应模型进行最小二乘法回归。回归结果如表 1 所示。

从回归结果中可以看到，R^2 为 0.92，调整 R^2 为 0.92，表明模型对数据的拟合程度较好；各变量系数均通过 t 检验，相对应的 P 值均小于 0.05，表明回归系数是显著的。代表集聚效应弹性的 λ 的估计值为 0.27，并且在 1% 的水平下显著，可以认为成都市城市规模每扩大 1%，城市产出效率提高约 27%，说明成都市不仅具有正的集聚效应，而且集聚效应较大。由于成都市存在较大的集聚效应，人口规模的扩大对城市产出效率的提升有着显著的影响。

表 1　运用 Segal 模型对城市集聚效应的测量

变量	系数	标准差	t 值	P 值
常数项	3.50	0.39	9.03	0.00
$\ln P$	0.27	0.10	2.69	0.01
$\ln(K/L)$	0.52	0.01	44.40	0.00
R^2	0.92			
调整 R^2	0.92			

1990—2015 年，成都市总人口以年均 1.16% 的增长率平稳增长（见图 1）。人口地理集中度 $GPR_i = \frac{Pop_i}{Acr_i} / \frac{\sum Pop_i}{\sum Acr_i}$，是衡量人口要素在某区域集中程度的指标，综合了人口和区域面积等因素，既能反映人口的空间分布，又能衡量某地区在整体区域中的集聚程度。1994—2005 年，成都市总体的人口地理集中度逐年上升，说明成都人口呈现出集聚状态，并且这种状态

在不断加强（见图2）。人口集聚程度加强，带来了就业规模和消费规模的扩张。就业规模扩张，形成劳动力蓄水池，会吸引更多的企业集聚，进而带来中间投入品共享、知识溢出、市场效应，从而提升城市产出效率。大城市人口的集中使人与人之间的交流增加，产生偏好外部性，并且随着生活水平的提高，高消费水平的人群更容易影响较低消费水平的人群，从而使城市的整体消费水平不断提升。2017年，成都放宽人口落户条件，45岁以下人才凭本科毕业证均可落户成都，这不仅对人口规模的扩大十分有利，还使人口素质有了整体提升。2017年，成都市户籍人口增加了36.43万。未来，由于集聚效应的存在，随着成都市人口规模的进一步扩大，城市的产出效率将会得到进一步提高。

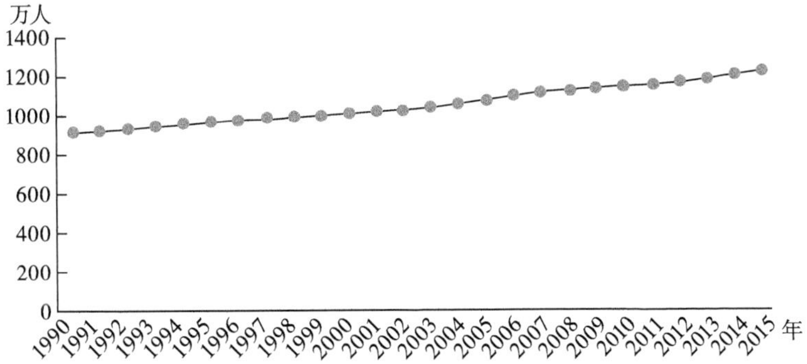

图1　1990—2015年成都人口总规模

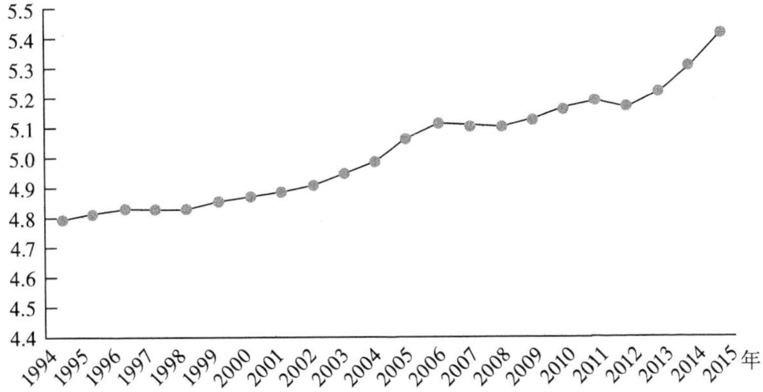

图2　1994—2015年成都人口地理集中度

3.2 成都分圈层集聚效应

但是，以上分析只能说明成都城市整体在2006—2015年存在集聚效应，不能反映成都内部集聚效应的差异。2004年，成都市总体规划将成都市划分为3个圈层：主城区、近郊区和远郊区。成都圈层空间结构如表2所示。

表2 成都城市圈层空间结构

主城区	锦江区、青羊区、金牛区、武侯（含高新区）区、成华区
近郊区	温江区、郫都区、新都区、青白江区、龙泉驿区、新津区、双流区
远郊区	都江堰市、彭州市、邛崃市、崇州市、金堂县、大邑县、蒲江县

成都市按照圈层式结构发展，不同圈层的经济规模、发展状况有一定的差异，不同圈层的集聚效应也可能不同。为此，本文对成都主城区、近郊区、远郊区3个圈层分别作了集聚效应分析，结果如表3所示。

表3 2006—2015年成都市3个圈层集聚效应测度

变量	主城区	近郊区	远郊区
λ	0.04 (2.60)	0.66 (5.27)	0.06 (0.33)
R^2	0.87	0.96	0.94
调整 R^2	0.86	0.96	0.94

注：括号内为t值。

从对不同圈层集聚效应的测度结果中可以得出，近郊区集聚效应最大，达到了0.66，并且十分显著，而主城区的集聚效应只有0.04，远郊区的集聚效应并不显著。

从成都市人口规模及密度分布来看（见图3），远郊区人口增长十分缓慢，占地面积较广，人口密度较小，还需继续扩大人口规模，才可能带来显著的集聚效应。主城区与近郊区人口规模增长较快，主城区增长最快，近郊区次之，但可能由于边际效益递减原则，主城区人口已经接近饱和状态，所产生的集聚效应较小。

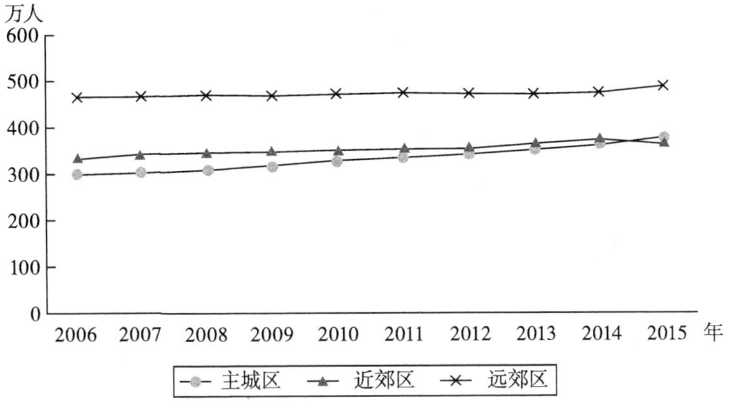

图 3 2006—2015 年成都市 3 个圈层人口规模增长对比

3.3 成都城市空间结构与产业空间布局

城市空间结构与城市的产业空间布局关系密切。20 世纪 20 年代，美国芝加哥学派在城市空间结构形态的研究中提出了同心圆模式、扇形模式和多核心模式这 3 个经典模式，这 3 个模式的提出为城市的产业空间布局提供了一种新的思路。成都市空间结构呈现由轴向扩展到单中心圈层式再到圈层式结构的现象，产业布局也随空间结构的演变而变化。

1949—1959 年为轴向扩展阶段。在这一时期，成都大力发展精密仪器、机械制造及轻工业。随后，成都陆续引进了大批电子、机械、能源等相关企业，主要布局在公路沿线，并且顺着公路由中心城区不断向外延伸。1960—1980 年为轴填充阶段。在这一时期，成都在“变消费性城市为生产性城市”的城市建设思想指导下，对产业的区域分布进行了明显划分，主要分为 5 大板块，成都核心区域为行政办公和商贸管理，东郊形成比较成型的工业发展体系，西郊的风景旅游建设特色凸显。1981—1995 年为轴扩展向单中心圈层式扩展的转换阶段。这一时期为改革开放初期，是我国经济体制转型的关键时期，大量职工“下海”经商，第三产业得到快速发展。但由于我国开始实行土地有偿使用制度，市中心的土地价格纷纷上涨，企业纷纷向外迁移，形成了工业产业逐渐向第二圈层近郊区转移、第三产业在第一圈层主城区集聚的现象。1996—2010 年为轴向组团发展与圈层式扩展时期。1996 年，成都城市总体规划提出，要将城市东部和南部作为城市的副中心，同时对城市周围的7大区域进行了整体布局的调整，城市性质逐渐转变为综合性特大中心城市。在市场经济体制下，主城区的服务业得到了迅速发展，东郊的工业进行了调整，全市的产业进行了升级。2003年发布的城市总体规划，明确提出了走廊轴向式发展与6个城市组团发展的空间结构布局思路。同时，提出了北部商贸城、南部科技商务城、东部科技商务城和西部健康休闲城四大新城发展规划。

2017年，成都市第十三次党代会对城市的空间规划提出了新的优化拓展方略——东进、南拓、西控、北改、中优，覆盖了成都市各方位。同时，《成都市产业发展白皮书》中提到，成都的产业布局也将基于此方针进行重构，在全市布局建设66个产业园区（见表4），涵盖了先进制造业、现代服务业和融合产业、都市现代农业。其中包括14个国家级新区及开发区产业园区、16个先进制造业产业园、30个现代服务业和融合产业集聚区、6个都市现代农业产业园。

表4　成都市66个产业园区域分布

所在圈层	产业园（集聚区）	主导产业	所在区（市）县
主城区	成都中央商业商务集聚区	商业	锦江区
	红星路文化创意集聚区	文化	锦江区
	东大街金融服务集聚区	金融	锦江区
	成都中心金融商务服务集聚区	金融	青羊区
	青羊总部经济集聚区	工业	青羊区
	少城国际文创硅谷集聚区	文化	青羊区
	北部新城商贸商务集聚区	商业	金牛区
	人北商业商务集聚区	商业	金牛区
	环交大智慧商务集聚区	商业	金牛区
	武侯新城电子商务集聚区	电子	金牛区
	人民南路文创金融集聚区	文化	武侯区
	红牌楼现代商务商贸集聚区	商业	武侯区
	成都东客站枢纽经济集聚区	商业	成华区
	东郊文化创意集聚区	文化	成华区
	龙潭新经济产业集聚区	工业	成华区
	成都高新区南部园区	商业	高新区南区

续表

所在圈层	产业园（集聚区）	主导产业	所在区（市）县
	成都天府国际生物城	生物	高新区南区
	成都金融总部商务区	金融	高新区南区
	鹿溪智谷科技创新和高技术产业服务功能区	高新技术	天府新区
	天府中心总部经济功能区	金融	天府新区
	天府中心国际会展功能区	商业	天府新区
近郊区	天府新区双流空港高技术产业园	工业	双流区
	成都双流军民融合产业园	工业	双流区
	成都双流航空服务业集聚区	服务业	双流区
	天府新区南区产业园	工业	新津县
	新津梨花溪文化旅游区	旅游	新津县
	四川农业博览园	农业	新津县
	成都高新西部园区	工业	高新区西区
	成都医学城	医学	温江区
	成都健康服务业集聚区	医学	温江区
	成都都市现代农业高新技术产业园	农业	温江区
	成都经济技术开发区	工业	龙泉驿区
	成都汽车贸易博览集聚区	工业	龙泉驿区
	成都龙泉“梦里桃乡”水蜜桃产业园	农业	龙泉驿区
	郫都中国川菜产业园	农业	郫都区
	郫都智慧科技园	电子	郫都区
	成都创新创业集聚区	商业	郫都区
	新都高新技术产业园	工业	新都区
	新都国际公路物流港集聚区	工业	新都区
	成都先进材料产业园	工业	青白江区
	成都国际铁路港临港服务业集聚区	工业	青白江区
	成都天府国际空港新城	商业	高新区东区
远郊区	简州新城现代装备产业园	工业	简阳市
	简阳空天产业园	工业	简阳市
	简阳西部电子商务集聚发展区	商业	简阳市
	淮州新城智能制造产业园	工业	金堂县
	成都通用航空服务业集聚区	工业	金堂县

续表

所在圈层	产业园（集聚区）	主导产业	所在区（市）县
	天府水城文旅康养集聚区	服务业	金堂县
	成都智能制造产业园	工业	崇州市
	崇州康养旅游服务业集聚区	服务业	崇州市
	成都崇州优质粮油产业园	农业	崇州市
	邛崃绿色食品产业园	农业	邛崃市
	成都邛崃现代农业种业产业园	农业	邛崃市
	天府新区邛崃产业园	工业	邛崃市
	四川都江堰经济开发区	工业	都江堰市
	滨江新区文化娱乐集聚区	文化	都江堰市
	大青城休闲旅游产业园区	旅游	都江堰市
	大邑智能装备产业园	工业	大邑县
	大邑电子信息产业园	工业	大邑县
	安仁文创文博集聚区	文化	大邑县
	中德（蒲江）中小企业合作区	商业	蒲江县
	成都（中德）职教创新集聚区	文化	蒲江县
	成都蒲江特色水果现代农业产业园	农业	蒲江县
	成都航空动力产业园	工业	彭州市
	成都绿色化工产业园	工业	彭州市
	彭州龙门山山地旅游集聚区	旅游	彭州市

由表 4 可以看出，主城区主要布局商业商务、文化创意、金融服务等第三产业；近郊区主要布局制造业、现代农业、高技术产业、物流、健康等产业；远郊区主要布局制造业、旅游、文创、农业、健康等产业。

从产业布局来看，主城区从轴填充阶段就开始布局商贸、行政等第三产业，在轴扩展向单中心圈层式扩展的转换阶段，第三产业快速发展形成集聚，随后主城区服务业得到了迅速发展，逐步布局了商业商务、文化创意、金融服务等第三产业。第三产业的产出效率主要受资本投入、技术、市场等因素的影响，受人口规模的影响并不大，这也可能是本文测算出主城区集聚效应较小的原因。后续研究可以从资本投入的角度来测算主城区的集聚效应。

近郊区在轴填充阶段在东郊形成了比较成型的工业发展体系，之后随着主城区土地价格上涨，工业产业逐渐向近郊区转移。《成都市城市总体规划 2003—2020》明确指出，要将中心城区的工业向外迁移，近郊区逐步形成了制造业、现代农业、高技术产业、物流、健康等产业布局，涵盖了农业、工业和服务业三次产业，其中最主要的是工业制造业。产业转移和升级给近郊区带来了产业集聚，也带来了人口、资本等要素集聚，产生了巨大的集聚效应。

远郊区的产业发展和人口规模增长一样，较为缓慢，正逐步布局制造业、旅游、文创、农业、健康等产业。成都市的产业布局与空间结构都呈现出圈层式结构，产业价值越高的产业部门，越接近市中心，吸引了大量人才、资本向市中心集聚，导致远郊区产业规模不大、分布较散，难以形成集聚，无法产生集聚效应。

从成都产业布局演变过程来看，政府政策导向起着较为关键的作用，那只“看得见的手”也起着城市经济管理的作用。“一带一路”和天府新区的实践发展为成都产业发展带来了机遇。成都是推进亚欧、亚太互联互通和经济贸易一体化的战略支点城市，作为“一带一路”上的重要枢纽，成都可以借助地理优势、投资环境优势和国家政策，依托内陆广阔的市场腹地，实现产业升级、产业布局重构，以组团发展的形式打造成全国重要的高新技术产业、先进制造业、现代服务业基地，发挥引擎带动和支撑作用，辐射带动周边城市经济发展。

4. 政策建议

根据上文对成都城市集聚效应的测度结果及原因分析，本文提出如下城市集聚的调控对策。

4.1 构建城市集聚经济发展新格局，打造组团发展新中心

成都正处于由单中心圈层式结构向多中心结构发展的阶段。根据对成都集聚状态和集聚效应的分析，虽然圈层结构仍然显著，但主城区的一些功能已成功转入近郊区，并且成都“双心”发展结构中的另一“心”——天府新区的发展已初见成效。未来，成都还将打造 8 个区域中心城，建议

依据空间分布的集聚特征以及地理位置的临近性与经济联系性，以发展轴线的方式将区域中心城相连。远郊区的区（市）县应当主动与区域中心城建立经济联系，在空间上组团发展，形成“多轴多心”的空间发展新格局。

4.2 优化产业结构，加强产业园区建设

目前，成都总体产业结构高度化水平较高，三次产业的比例为3.5∶43.7∶52.8。应当继续深化产业结构调整，对传统产业的转型加以指导并提供政策帮助，可将主营业务朝产业链方向延伸，加强产业的前后向联系。同时，抓住新形势下的政策机遇，积极引进新兴产业，促进产业的多样化集聚。对于中心城区来说，应当将不符合自身优势且不影响城市功能的产业向周边区域转移。对于其他区域来说，应当把握自身资源优势，打造优势结合的产业园区，形成产业集聚，并配套发展公共服务，结合对应的商业服务，实现产城一体化发展。

4.3 调控城市密度，引导人口集聚方向

应建立健全产业转移与劳动力转移的制度，避免再转移过程中的秩序混乱；将劳动力密集型产业向外圈层转移；利用区域落户政策、住房限购政策等引导人口的集聚方向，引导人口向近郊区集聚，以产生更大的集聚效应，并且缓解中心城区的压力，防止集聚的负外部性。同时，还应注重人力资源的开发与培养。健全就业服务和培训机制，为农民工或者未就业人员提供就业培训服务，提高劳动力整体素质，并且提供相应的就业信息，促使未就业人员快速实现本地就业。高素质人才集聚与企业集聚是相互影响的，在高素质人才集聚时，相关企业也会集聚，从而形成良好的循环机制。

4.4 加大基础设施投入，改善投资环境

基础设施的建设能直接影响居民生活和企业生产的便利性。政府对基础设施建设的投入，能为在城市中生活的人们提供舒适的居住环境，为企业提供更好的交通运输、用水用电等服务，促使人口和企业在城市集聚。在基础设施项目的建设中，应当多多引进社会资本参与，合作PPP项目。资本的集聚对城市集聚效应也有着巨大影响，应当加快金融体制的改革，与金融投资平台建立良好的合作关系，积极引进银行、保险、证券等金融

机构，建立长期开放的金融投资平台，为区域内的企业、个人提供相应的金融服务。

5. 结束语

本文通过对2006—2015年成都10区5县4市面板数据集聚效应模型分析得到，成都市总体集聚效应弹性 λ 的估计值约为0.27，并且在1%的水平下显著，可以认为，成都市城市规模每扩大1%，城市产出效率将提高约27%，说明成都市不仅具有正的集聚效应，而且集聚效应较大。从不同圈层的集聚效应测度结果可以得出，近郊区集聚效应最大，达到了0.66，并且十分显著，而主城区的集聚效应只有0.04，远郊区的集聚效应并不显著。以上结果说明，成都人口、资本等要素投入的集聚能产生额外的经济效应，特别是对近郊区的投入，带来的额外经济效应更大，主城区趋于饱和状态，过度投入可能会产生负效应。

本文的不足之处在于只考虑了人口规模，未考虑人口素质对集聚效应的影响。高素质人才的集聚带来的知识溢出和技术进步的效应更为显著，所以高素质人才的占比对集聚效应有一定的影响，有必要作进一步研究。

参考文献

[1]Marshall A. Principles of economics [J]. Ethics,1891,31(4):430 -444.

[2]阿尔弗雷德·韦伯. 工业区位论[M]. 北京:商务印书馆,1997.

[3]Sveikauskas L. The productivity of cities [J]. The Quarterly Journal of Economics, 1975(89):393 -413.

[4]Henderson J V. Efficiency of resource usage and city scale [J]. Journal of Urban E-conomies, 1986(19): 47 -70.

[5] Segal D. Are there returns to scale in city size? [J]. The Review of Economies and Statistics,1976(58):339 -350.

[6] Carlino G A. Manufacturing agglomeration economies as return to scale: A production function approach [J]. Papers in Regional Science,1982(50):95 -108.

[7] Combes P P, Duranton G, Gobillon L, Roux S. Estimating agglomeration effects [Z]. CEPR Discussion Paper, 2007.

[8]金相郁,高雪莲. 中国城市聚集经济实证分析:以天津市为例[J]. 城市发展研究,2004(1):42-47.

[9]王良举,陈甬军. 集聚的生产率效应——来自中国制造业企业的经验证据[J]. 财经研究,2013,39(1):49-60.

[10]韩峰,王琢卓,赖明勇. 中国城市生产性服务业集聚效应测度[J]. 城市问题,2015(9):57-67.

[11]吉昱华,马松. 集聚效应条件下的均衡城市规模及政策工具比较研究——一个总量生产函数框架及其模拟分析[J]. 财经研究,2004,30(11):94-105.

[12]吉昱华,蔡跃洲,杨克泉. 中国城市集聚效益实证分析[J]. 管理世界,2004(3):67-94

[13]范巧. 永续盘存法细节设定与中国资本存量估算:1952—2009 年[J]. 云南财经大学学报,2012,28(3):42-50.

THE EMPIRICAL RESEARCH OF AGGLOMERATION EFFECT IN CHENGDU

ZHANG Jue - dan, *QIAN Zhi - hong*

Abstract: Agglomeration is a complex phenomenon, at present most study is concentrated at the industry level, the research to the agglomeration phenomenon of a particular region is limited, which is very important to the effective urban and regional development policy. Based on Chengdu's panel data in 2006 - 2015, the empirical test shows that the Chengdu city agglomeration effect exists, that Chengdu has not only positive but also strong agglomeration effects. Further, this paper analyzes the agglomeration effects of different spheres of Chengdu, the largest agglomeration effect is found in city center, which is very significant, outer suburbs' agglomeration effect is not significant.

Key words: Urban agglomeration; Efficiency of agglomeration; Spheres of Chengdu; Model of Segal

金融研究篇

大股东持股与股东异质性对影子银行业务的影响研究①

——基于国内上市商业银行的分析

沈中华　朱雨辰

摘　要：基于我国16家上市商业银行2008—2016年的年度数据，论述了商业银行开展影子银行业务的演变过程，并分析了商业银行大股东持股与股东异质性对影子银行业务的影响。通过可行性广义最小二乘法（FGLS）分析，研究发现：商业银行第一大股东控股能力、股权集中度与影子银行业务显著负相关，大股东持股比例越高，对影子银行业务的抑制作用越明显；不同性质的股东对影子银行业务的影响存在差异，股东异质性是影子银行规模持续增长的重要原因。

关键词：影子银行业务；大股东持股；股东异质性

0. 引言

美国次贷危机爆发以来，影子银行（Shadow Banking System）吸引了广泛关注，对其的研究也十分丰富。影子银行亦称“平行银行系统”（Parallel Banking System），最早由美国太平洋投资管理公司（PMICO）保罗·麦考利于2007年在美联储年度会议上提出，指游离于金融监管体系外具有流动性转换和期限转换功能的非银行金融机构，强调信用中介职能。我国影子银行2008年以来取得了长足发展。据穆迪发布的报告，2010年以前，中

---

① 基金项目：国家自然科学基金资助项目（71473206）。作者简介：沈中华（1960—　），男，台湾彰化人，教授，教育部长江学者，四川省百人计划教授，西南交通大学讲座教授，博士研究生导师，主要研究方向：公司财务、金融市场、金融机构管理等；朱雨辰（1993—　），女，四川南充人，西南交通大学经济管理学院硕士研究生，研究方向：公司金融，电子邮箱：734420893@qq.com。

国影子银行规模在8万亿元以下，但随后发展迅速，截至2016年年底广义影子银行规模将近64.5万亿元，同比增长21%，高达2016年GDP的1.28倍。

然而，影子银行游离于金融监管体系之外，透明度低、杠杆率高使其易引发系统性风险和监管套利等问题。因此，2017年中国人民银行发布的《中国金融稳定报告（2017）》中特别提出，应强化对影子银行的监管；第五次全国金融工作会议上再次强调影子银行管理对防止发生系统性金融风险的重要意义。因此，强化影子银行监管、提高影子银行透明度仍然是金融管理机构关注的焦点。方先明和谢雨菲[1]以及陈颖等[2]认为，我国影子银行快速扩张的推手是商业银行，此外，各类非银行金融机构也大量参与了商业银行的影子业务，并受到商业银行为其提供的隐性担保，最终导致金融机构间密切的资金同业往来，增加了影子银行与商业银行间系统性风险的传染，增大了系统风险并削弱了金融体系的稳定性。马亚明和王虹珊[3]认为，随着影子银行规模的扩大，我国金融监管政策的实施难度也随之增加。尽管金融部门不断出台种种规范影子银行的措施，但影子银行的规模仍持续增长。艾永芳等[4]认为这与我国银行监管套利、存款脱媒有关，金融创新与社会融资缺口也是影子银行快速发展的重要因素。现有文献对影子银行的研究多从宏观角度出发，对影子银行与金融风险、金融体系稳定性、国家经济发展和信用创造功能之间的关系进行分析研究，如李波和伍戈[5]、毛泽盛和万亚兰[6]、Imbierowicz 和 Rauch[7]。部分学者，如陈剑和张晓龙[8]、裘翔和周强龙[9]分析了影子银行对经济发展、中小企业融资、货币政策、风险传染等方面的影响。值得注意的是，在我国社会融资需求量大于供给量的背景下，商业银行通过表外业务市场绕开信贷规模管制，腾挪信贷指标，向影子银行体系提供资金[9]。关于影子银行与传统商业银行发展、银行绩效、银行系统风险的研究也层出不穷，如王喆等[10]、李从文和闫世军[11]。

尽管上述文献鲜有研究股东异质性对商业银行从事影子银行业务的影响，然而在银行股东结构中，存在国有股东、一般法人股持有者和外资法人股持有者等股东，不同性质股东的行为决策和风险偏好存在极大的差异。

Romano[12]认为，股东之间在信息成本上存在差异，这种情境下公司股东利益同一性的一般假设是不恰当的。汪青松和赵万一[13]认为，不同的股东除在持股数量上具有明显不同外，无论是对公诉的利益诉求，还是对公司的关切度，甚至是其权力行使的方式和途径，都存在明显的差异。汪平等[14]也认为，股东异质性表现出不同性质的股东对公司治理的不同追求，进而呈现出不同的报酬率要求。国有股东代表的主体为国家政府，参股银行是政府进行金融调控的主要手段。政府直接持股作为一种次优手段，抑制了银行资产配置过程中的冒险行为，风险偏好更趋于保守[15]。我国商业银行中，一般法人股持有者更多的是为了获取短期收益而不是经营控制银行，而外资法人股指境外法人持有我国股份公司股份，这类股东参股我国银行一般从长远战略的角度考虑，而不是短期收益。

因此，基于我国 16 家上市商业银行 2008—2016 年的数据，本文利用可行性广义最小二乘法（FGLS）探索我国商业银行的大股东持股、股东异质性与银行的影子银行业务之间的关系，深入分析了金融监管下，商业银行的影子银行业务规模持续增长的原因，对我国影子银行体系的发展和监管具有重要的现实意义。具体而言，本文的创新点体现在以下 3 个方面：首先，从股东异质性的视角分析了不同性质的股东对影子银行业务的影响，阐释了不同性质的股东对银行行为决策和风险偏好的影响；其次，借助已有研究，通过实证分析商业银行大股东对银行经营业务的影响，分析了大股东持股与影子银行业务之间的关系；最后，不同于已有研究，本文从银行内部结构出发，结合股东异质性这一概念，探讨异质性股东对银行的影子银行业务发展的具体影响。研究结果表明，首先，第一大股东控股能力与商业银行的影子银行业务显著负相关。同时，股权集中度与商业银行从事影子银行业务显著负相关。这说明大股东的控股能力越强、股权集中度越高，银行的影子银行业务规模越小。其次，商业银行股东异质性对影子银行业务的影响具有差异。不同类型股东对影子银行业务的影响存在差异，股东异质性是商业银行影子银行业务规模增长的重要原因。我国对影子银行发展的金融监管政策起到了良好的作用，但是，商业银行的一般法人股持有者始终以营利为目标，促使商业银行通过从事影子银行业务来规避监管，获取短期套利。

1. 影子银行业务

影子银行业务以商业银行为主导，为规避金融部门监管而进行信用扩张，实质是金融机构逐利和规避监管的产物[10,16]。商业银行先后通过银信合作、银证合作、银保合作等多种途径从事影子银行活动，投资非标资产。2008年以来，中国影子银行业务模式的演变体现了我国金融创新与金融监管间的博弈。如2010年，银监会发布72号文，对银信合作进行全面规范①，并在2013年银监会发布的8号文中，从资产端对理财资金的投资范围进行了全面限制，控制了投资非标资产的规模②。2011—2012年，理财业务受到监管，影子银行业务不得不由表外向表内转移，同业业务逐渐成为影子银行发展的主要模式。同业代付爆发式增长，成为影子银行发展的主要模式，上市商业银行存放同业款项和拆出资金规模在2011年快速增长。但2012年8月，银监会发布237号文，要求同业代付入表，其套利空间减少，该业务从2012年开始规模逐渐减小③。2013—2014年，商业银行将同业资产转化为信贷资金，通过买入返售业务投资非标资产，达到规避监管的目的。2014年，信托权益买入返售被银监会叫停④，买入返售金融资产规模明显缩减，到2016年，其规模占银行总资产不足2%。2014—2016年，应收款项类投资开始兴起。127号文促使银行将非标资产转移到应收款项投资，因此应收款项类投资从2014年开始逐渐增加，2016年稍减，但总趋势保持不变。

监管部门对影子银行的监管以及市场发展的需求，使中国影子银行模式不断演化，银行资产负债表内外具有信用中介功能的业务或产品构成了

① 2010年8月，《关于规范银信理财合作业务有关事项的通知》（银监发〔2010〕72号），银信合作转入表内，限制融资类业务，银信合作套利空间减少。

② 2013年，《关于规范商业银行理财业务投资运作有关问题的通知》（银监发〔2013〕8号），对理财募集资金投资非标资产进行总量控制。

③ 2012年8月，《关于规范同业代付业务管理的通知》（银监发〔2012〕237号），同业代付业务入表，要求真实贸易背景。

④ 2014年，《关于规范金融机构同业业务的通知》（银发〔2014〕127号），禁止信托受益权买入返售业务，约束同业资金投资非标资产。

影子银行的主体，将影子银行业务运作的单一模式作为银行参与影子银行活动的代理变量已不再适用。王喆等[10]、涂晓枫和李政[17]认为，随着影子银行不断创新，商业银行从事影子银行活动的主要模式包括银行理财、信托贷款、同业代付、票据和信托受益权买入返售、应收款项类投资等。其中，在银行资产负债表的资产端，信托贷款和票据买入返售计入买入返售金融资产，同业代付主要计入存放同业和拆出资金，信托受益权买入返售计入买入返售金融资产、应收款项类投资等。步艳红等[18]认为，银行不再单纯地依靠拆放同业或存放同业来核算参与影子银行活动的资产，而是根据投资类型的不同，分别计入买入返售金融资产、应收款项类投资等科目。因此，本文从银行资金融出方的角度出发，将银行表内业务中涉及影子银行活动的主要会计科目作为影子银行业务测算指标，即银行存放同业、拆出资金、买入返售金融资产和应收款项类投资之和占银行总资产规模的比重。图 1 为 16 家上市商业银行 2008—2016 年影子银行业务的年均规模，可以看出影子银行业务规模呈递增趋势。

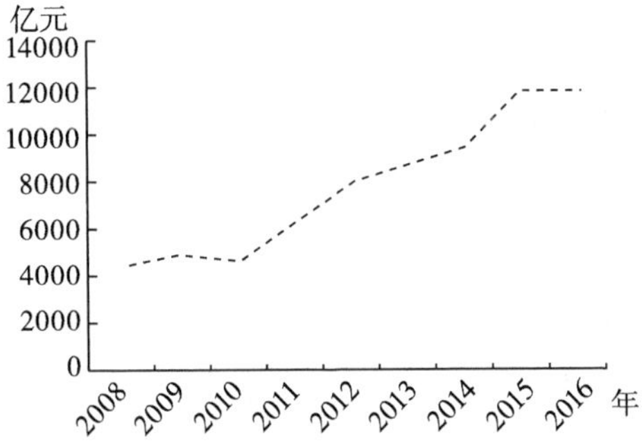

图 1　2008—2016 年 16 家上市商业银行影子银行业务年均规模

将影子银行业务相关数据进行缩尾处理，将商业银行分为四大国有商业银行与非国有商业银行，表 1 分类给出了 2008—2016 年商业银行参与影子银行活动规模占总资产规模比重的均值。从表 1 可知，总体上，16 家商业银行影子银行活动规模占总资产的比重较大，年均高达 19.139%，占银行总资产的近两成。其中，四大国有商业银行的影子银行规模活动占银行总资产的比重均值为 10.915%，远小于非国有商业银行 21.880% 的均值。对商业银行开展影子银行业务的显著性进行检验，均值差异检验 t 值为

9.01，在1%的统计水平上显著，说明国有商业银行与非国有商业银行开展影子银行业务的均值差异显著，非国有商业银行参与影子银行活动的规模更大；而中位数差异检验z值为7.40，在1%的统计水平上显著，说明国有商业银行与非国有商业银行开展影子银行业务的中位数差异也显著。

表1　2008—2016年16家上市商业银行影子银行业务规模的比重

（%）

指标	样本量	均值	中位数
全样本	144	19.139	18.632
四大国有商业银行	36	10.915	11.073
非国有商业银行	108	21.880	22.862
差异检验	—	9.01***	7.40***

注：***、**、*分别表示在1%、5%和10%的置信水平上显著，下同。

由以上分析可知，虽然我国金融监管部门持续不断地发布影子银行监管法规，但却没有抑制影子银行发展，其规模反而在持续增加；股东异质性对影子银行行为影响极大，如非国有商业影子银行规模占比高达21.880%，但四大国有商业银行的占比仅为10.915%，因此探讨股东异质性对影子银行行为的影响十分必要。

2. 理论分析与研究假设

2.1　商业银行大股东持股与影子银行业务

已有学者研究发现，银行的股权集中在各国较为普遍，不同股权结构会影响银行经营的风险偏好，在政府实行宽松的货币政策和监管政策时该现象更为明显。Iannotta等[19]对欧洲181家商业银行进行股权结构研究，结果表明，股权结构会影响商业银行的运作模式。而Shehzad等[20]通过对银行资产负债表数据进行分析，认为股权集中度显著地降低了银行的不良贷款率。在股东保护权和监督控制水平较低的情况下，股权集中度降低了银行的风险，并且大股东持股比例越高，越有助于提高企业内部监督效率[4]。与Shleifer和Vishny[21]理论相一致，大股东更加注重管理层监督问题，减少“搭便车”行为，对公司起到了良好的治理作用。王涛和蒋再文[22]研究发现，适度的股权集中有助于大股东发挥监督职能，减少资产配置中的冒险行为，且第一大股东与资产配置风险呈“U”形非线性关系。同时，大股东持股比例的增加，起到了更强的监督作用，降低了掏空动机[23]。

在商业银行中，随着银行所有权与经营权的逐渐分离，股东与经理层之间的冲突越来越深。大股东承担更大的经营风险，因此更有动力去影响和监督经理层，确保银行代理人以股东利益为主要目的，不从事为谋自身利益而损害股东财富的高风险行为。此外，证监会2012年发布的44号公告对公司董事、监事以及高级管理人进行了规定，督促上市公司规范使用募集资金，不得擅自更改募集资金用途①。由此认为，商业银行股权集中度较高、少数股东持有较大的股份时，他们有能力且有义务去监督银行资金使用行为、控制银行经营风险，且大股东更有可能遵守国家金融相关部门的法规文件，努力规范银行经营活动，从而减少影子银行活动发生的可能性。因此，提出研究假设：

H1：第一大股东控股能力与商业银行的影子银行业务呈显著负相关关系。

H2：股权集中度与商业银行从事影子银行业务呈显著负相关关系。

2.2 银行股东异质性与影子银行业务

上述假设认为，第一大股东持股对影子银行业务有抑制作用，并且股权集中对影子银行业务有负向影响，那么我国影子银行规模应呈递减趋势，这与我国影子银行体系规模持续增长的现实状况相违背。Holderness[24]提出，大股东具有异质性，不同类型的大股东有着不同的动机和行为决策。那么是否是不同性质的股东影响了商业银行影子银行业务的开展，导致影子银行业务规模持续增长呢？

Cronqvist 和 Fahlenbrach[25]将公司股东分为不同类别，认为不同的大股东有其独特的投资和领导方式，并且在公司风控、高管薪酬等方面存在差

① 证监会〔2012〕44号公告《上市公司监管指引第2号——上市公司募集资金管理和使用的监管要求》第二条规定，上市公司的董事、监事和高级管理人员应当勤勉尽责，督促上市公司规范使用募集资金，自觉维护上市公司募集资金安全，不得参与、协助或纵容上市公司擅自或变相改变募集资金用途。

异。也有学者认为，不同类型的大股东对公司的监督作用不同，当大股东为风险投资公司、对冲基金和个人时能够起到良好的监督作用，积极改善企业内部结构[26]，并且银行、信托与业务经理有密切关系，也能够提供有效的监督[27]。Chen 等[28]认为，在跨国并购中，不同类型的股权持有者对跨国并购的决策和结构具有不同的偏好。

国内相关研究认为，大股东的动机和行为对上市公司的经营决策产生的影响不同[29~30]。部分学者发现，政府持股会降低银行的效率，并且国有银行的业绩更差[31]。国有大股东缺乏对管理层监督的激励，同时又过分地追求政绩，降低了上市公司的盈余质量[32]。Qi 等[33]通过实证表明，在控制了公司大小、行业类别和宏观经济环境等因素后，公司业绩与国有股负相关，而与法人股正相关，并且当法人股持股比例增加、话语权超过国有股时，公司业绩上升。同时，Tian[34]实证发现，没有国家政府持股的公司业绩明显好于有国有股的公司，第一大股东为国有股的公司业绩差于第一大股东为非国有股的公司。胡国柳和蒋国洲[35]亦得出了同样的结论，认为国有股比例与上市公司业绩显著负相关，法人股比例与上市公司业绩正相关。刘芍佳等[36]将大股东分为政府、投资管理公司等 8 个类型，认为这些大股东持股对公司业绩的影响存在较大差异。而在公司资金占用方面，马曙光等[37]发现，大股东为社会法人股时，占用资金的程度较高，而国有股东的资金占用程度较低。邓雄[15]认为，国有股对银行资产配置的冒险行为具有抑制作用，更倾向于风险保守型。对于商业银行而言，政府持有银行股权是一种较为普遍的现象，并且在经济发展水平较低、金融体系不完善的国家更为显著[38]。Porta 等[38]还认为，政府持股银行有利于促进国家经济发展。出于政治目的，还能够提供就业机会、补贴等，在大选年份，政府还可以利用其控制的银行为提供竞选帮助的企业提供更多的低息贷款和其他优惠政策[39]。故国有股对影子银行业务有显著的负向影响。

张光利[40]认为，对于一般法人股东而言，参股银行能够提高上市公司获取贷款的能力，进而为自身持有企业提供充足的资金资源，并且大股东与该股东控股或持股的公司之间发生关联性贷款业务，也有可能强迫管理层资助前景堪忧的关联企业。万良勇等[41]也认为，一般法人参股银行有利于缓解法人持股公司的融资约束，并且在货币政策紧缩时期更为显著。因此，本文认为一般法人股具备主动从事影子银行业务的动机，如为关联企业提供便捷的融资渠道并进行监管套利。故一般法人股对影子银行业务有正向影响。

对于境外投资者参股我国商业银行，董保芸和倪宁[42]认为，商业银行引入境外投资者可以完善我国银行治理结构，外资参股我国银行业主要是从战略的高度考虑，有利于外资银行获得网络、客户资源、市场影响力和银行特许经营牌照等本土性资源，并且可以获得我国的市场力量。外资参股的动机不单单是营利，更主要的是从长远战略角度考虑，而影子银行活动属于短期监管套利行为，因此认为，外资股东对商业银行从事影子银行业务并不积极，即外资股将会减少商业银行的影子银行业务规模。

总的来说，已有的研究支持了观点：商业银行不同类型的股东所代表的权益主体不一致，对商业银行经营决策和价值的影响都存在差异，同时风险偏好也存在差异。对此，提出以下假设：

H3：商业银行股东异质性对影子银行业务的影响存在差异，不同性质的股东对影子银行业务的影响不同。

3. 研究设计

3.1 研究样本

根据商业银行上市时间，本文最终选取了16家具有代表性的上市商业银行作为研究对象。由于全球金融危机的影响，2008年开始，我国采用宽松的货币政策来刺激经济发展，在此前提下，我国影子银行业务得到了快速发展，因此本文的研究期为2008—2016年。商业银行的财务数据与公司治理结构数据均来自国泰安数据库和各银行年报。

3.2 模型设定与变量定义

本文主要对商业银行通过银行间市场参与影子银行活动的行为进行探讨。通过构建多元回归模型来分析大股东持股、股东异质性与影子银行业务之间的关系，相关模型如下：

$$BS_{i,t} = \alpha_0 + \alpha_1 CR_{i,t} + \alpha_2 Bigfour_t + \alpha_3 ROA_{i,t} + \alpha_4 CAR_{i,t} + \alpha_5 NPL_{i,t} + \alpha_6 SIZE_{i,t} + \alpha_7 Growth + \alpha_8 GDPgrowth + \alpha_9 LBR_t + \varepsilon_{i,t} \quad (1)$$

$$BS_{i,t} = \alpha_0 + \alpha_1 NOE_{i,t} + \alpha_2 ROA_{i,t} + \alpha_3 CAR_{i,t} + \alpha_4 NPL_{i,t} + \alpha_5 SIZE_{i,t} + \alpha_6 Growth_{i,t} + \alpha_7 GDPgrowht + \alpha_8 LBR_t + \varepsilon_{i,t} \quad (2)$$

式（1）和式（2）是股权集中度和股权性质对商业银行从事影子银行业务的影响的回归模型。在理论分析中，根据已有文献研究（王喆等[10]、涂晓枫和李政[17]、步艳红等[18]），将影子银行业务（*BS*）定义为存放同业、拆出资金、买入返售金融资产和应收款项类投资之和占银行总资产规模的比重；*CR* 指相应的股权集中度相关代理变量；*NOE* 表示相应的股权性质相关代理变量；*i* 表示具体银行；*t* 表示时间。控制变量主要包括是否为四大国有商业银行（*Bigfour*）、银行总资产收益率（*ROA*）、资本充足率（*CAR*）、不良贷款率（*NPL*）、银行规模（*SIZE*）、总资产增长率（*Growth*）、GDP 增长率（*GDPgrowth*）以及央行 6 个月贷款基准利率（*LBR*）①。变量定义见表 2。

表 2　变量定义

变量		说明	具体定义
BS		银行的影子银行业务	（存放同业 + 拆出资金 + 买入返售金融资产 + 应收款项类投资）÷ 总资产
股权集中度（*CR*）	*S*1	第一大股东持股比例	第一大股东持股比例
	*CR*3	前三大股东持股比例之和	前三大股东持股比例之和
	*CR*10	第四至第十大股东持股比例之和	第四至第十大股东持股比例之和
	SOE	前十大股东中，国有股东所持股份之和	前十大股东中，国有股东所持股份之和
	Lawer	前十大股东中，一般法人股东所持股份之和	前十大股东中，一般法人股东所持股份之和
	Foreign	前十大股东中，外资股东所持股份之和	前十大股东中，外资股东所持股份之和
股权性质（*NOE*）	*Bigfour*	是否为四大国有商业银行	“是”为 1，“否”为 0
	ROA	总资产收益率	净利润 ÷ 总资产
	CAR	资本充足率	总资产 ÷ 加权风险资产

① 对于央行一年内多次调整贷款基准利率的情况，本文采用当年 6 个月贷款基准利率的平均值作为计算标准。

续表

变量		说明	具体定义
股权性质（*NOE*）	*NPL*	不良贷款率	不良贷款 ÷ 贷款总额
	SIZE	银行规模	银行总资产的自然对数
	Growth	总资产增长率	（本期末总资产 - 上期末总资产）÷ 上期总资产
	GDPgrowth	国内生产总值增长率	国内生产总值增长率
	LBR	央行 6 个月贷款基准利率	央行 6 个月贷款基准利率

3.3 描述性统计

表 3 是变量的描述性统计。其中，银行的影子银行业务 *BS* 的均值为 19.139，说明平均而言，银行的影子银行规模占总资产的比重为 19.139%，标准差为 7.901，意味着不同商业银行参与影子银行活动的规模差异较大。*S*1 的均值为 31.729，说明在样本商业银行中，第一大股东平均的持股比例为 31.729%，表明商业银行第一大股东的控股能力均较强。*CR*3 的均值为 57.928，表示在样本中，前三大股东持股比例之和的均值为 57.928%。*CR*10 的均值为 12.028，表明在样本中，第四至第十大股东持股比例之和的均值为 12.028%。在股权性质方面，*SOE* 的均值为 41.160，前十大股东中，国有股东所持股份之和的均值为 41.160%，说明在样本商业银行中，国有股东占比较大。*Lawer* 的均值为 10.324，*Foreign* 的均值为 18.136，由此可见，我国存在较多政府直接或者间接持有银行股份的现象，并且持股比例较高，而一般法人在商业银行中所占比例较低。

表 3 描述性统计

变量	样本量	均值	标准差	中位数	1/4 分位点	3/4 分位点
BS	144	19.139	7.901	18.632	12.567	25.239
*S*1	144	31.729	18.145	21.028	17.818	48.37
*CR*3	144	57.928	25.499	48.099	36.36	88.074
*CR*10	144	12.028	8.289	10.849	5.986	16.758
SOE	144	41.160	25.574	36.765	19.99	65.615
Lawer	144	10.324	15.459	2.92	0.4	13.47
Foreign	144	18.136	11.299	17.865	10.435	24.725

续表

变量	样本量	均值	标准差	中位数	1/4 分位点	3/4 分位点
Bigfour	144	0.25	0.435	0	0	1
ROA	144	1.119	0.185	1.12	1	1.22
CAR	144	12.237	1.695	12.04	11.06	13.23
NPL	144	1.127	0.434	1.025	0.83	1.46
SIZE	144	28.662	1.229	28.685	27.88	29.59
Growth	144	20.876	10.419	17.807	13.717	26.229
GDPgrowth	144	11.998	4.615	10.16	8.19	18.24
LBR	144	5.301	0.484	5.6	4.86	5.652

3.4 相关性分析

表4为变量间的相关性分析。通过表4可以看出，在影子银行业务与银行股权结构变量间的相关性中，*S*1与*BS*的相关系数为-0.396，在1%的水平上显著。*CR*3与*BS*的相关系数为-0.569，在1%的水平上显著；*CR*10与*BS*的相关系数为0.386，在1%的水平上显著。这说明商业银行股东存在异质性。在股权性质方面，*SOE*与*BS*的相关系数为-0.427，在1%的水平上显著；*Lawer*与*BS*的相关系数为0.322，在1%的水平上显著；*Foreign*与*BS*的相关系数为-0.502，也在1%的水平上显著。从相关性分析结果可以看出，主要解释变量之间的相关系数较大，可能存在多重共线性问题。因此，本文将主要解释变量分别放入回归模型中进行分析，减少多重共线性影响①。

① 本文通过方差膨胀因子（VIF）来诊断回归模型是否存在多重共线性。将主要解释变量分别与被解释变量*BS*进行多元线性回归，VIF均在10以下，据此可认为，各模型回归时，解释变量之间不存在高度多重共线性。

表 4　相关性分析

变量	*BS*	*S1*	*CR3*	*CR10*	*SOE*	*Lawer*	*Foreign*	*Bigfour*	*ROA*	*CAR*	*NPL*	*SIZE*	*Growth*	*GDPgrowth*
S1	−0.396***													
CR3	−0.569***	0.868***												
CR10	0.386***	−0.670***	−0.721***											
SOE	−0.427***	0.645***	0.814***	0.534***										
Lawer	0.322**	−0.203**	−0.381***	0.377***	−0.685***									
Foreign	−0.502***	0.311***	0.443***	0.252***	0.186***	−0.423***								
Bigfour	−0.603***	0.565***	0.764***	−0.514***	0.748***	−0.191**	0.223***							
ROA	−0.204**	0.032	0.144*	0.118	0.101	−0.221***	0.318***	0.288***						
CAR	−0.278***	0.030	0.206**	0.206**	0.132*	−0.153*	0.378***	0.272***	0.497***					
NPL	−0.20**	0.275***	0.362***	0.424***	0.365***	0.021	0.049	0.340***	−0.251***	0.133				
SIZE	−0.436***	0.557***	0.717***	0.678***	0.633***	−0.112	0.314***	0.718***	0.159*	0.021	0.347***			
Growth	0.340***	−0.296***	−0.422***	−0.412***	−0.340***	0.001	−0.162***	−0.390***	−0.142***	−0.156*	−0.260***	−0.607***		
GDPgrowth	−0.168**	−0.023	−0.047	−0.079	0.020	−0.157*	−0.034	0	0.143*	0.014	−0.193**	−0.265***	0.203**	
LBR	0.036	0.019	−0.020	−0.057	0.006	−0.084	−0.035	0	0.439***	0.007	−0.414***	−0.143*	−0.063	0.515***

4. 实证结果分析

由于样本数据时间期限为 9 个年度，银行数为 16 个，属于短面板模型，可能存在异方差和序列相关。因此，运用 White 检验和 Wooldridge 检验对回归模型进行异方差和序列相关检验，结果表明，该面板数据存在显著的异方差和序列相关。因此，采用可行性广义最小二乘法（FGLS）进行分析。

4.1 商业银行大股东持股对影子银行业务的影响分析

股权集中度对商业银行通从事影子银行活动的影响如表 5 所示。由模型 1 可知，*S*1 的回归系数为 -0.089，在 1% 的水平上显著，说明第一大股东持股比例越大，其控股能力越强，银行的影子银行业务规模越小；模型 2 中，*CR*3 的系数为 -0.082，在 1% 的水平上显著，说明 *CR*3 与银行的影子银行业务规模显著负相关，即前三大股东持股比例之和越高，银行的影子银行业务规模越小。由此可以说明，第一大股东控股能力越强，银行从事影子银行业务的规模越小，并且银行股权集中度越高，影子银行业务规模越小。

从模型 3 可以看出，*CR*10 的系数为 0.151，在 5% 的水平上显著，第四至第十大股东持股比例之和与银行的影子银行业务规模呈显著的正相关关系。说明当股东人数增加时，股东的类型不再保持一致，并且股东之间的利益目标、行为决策和风险偏好出现了差异，大股东的行为不再具有同质性，股东异质性在影子银行业务开展过程中的影响逐渐显现。在样本商业银行中，前三大股东多为国有股，一般法人股东往往持股较少。通过对前三大股东以及第四至第十大股东的回归分析，可以看出：在前十大股东中，前三大股东趋于风险规避，倾向于减少影子银行业务规模，而其他大股东，特别是一般法人股东更倾向于高风险、高收益业务，更愿意增加影子银行业务规模。

对于控制变量而言，*Bigfour* 的系数为负，且都在 1% 的水平上显著，说明与非国有商业银行相比，四大国有商业银行的影子银行业务比率相对低。不良贷款率（*NPL*）对影子银行业务具有显著的正向影响，随着不良贷款增加，银行需要寻求能够代替传统信贷业务的放贷新模式，来规避不良贷款率过高造成的不良影响，因此影子银行业务成为首选方式。商业银行通过影子银行业务实现了信贷业务延伸，同时也避开了金融监管指标，实现了高盈利的目的。钱雪松等[43]也认为，影子银行业务是商业银行对正规信贷的补充，但是影子银行业务使资金流向融资约束较大的地区和企业，增加了影子银行风险。银行总资产规模与增长率的回归系数均为正，并且在4个模型中都显著，说明银行总资产规模和增长率越高，影子银行规模越大。*GDPgrowth* 对影子银行业务的影响显著为负，而央行贷款基准利率对影子银行业务的影响显著为正，由此可见，我国影子银行体系发展受国家宏观经济情况和货币政策的影响较大。

表5　股权集中度对影子银行业务的影响

变量	模型1	模型2	模型3
S1	-0.089*** (-3.33)		
CR3		-0.082*** (-2.75)	
CR10			0.151** (2.13)
Bigfour	-14.625*** (-10.24)	-12.783*** (-8.19)	-13.112*** (-7.99)
ROA	-2.771 (-1.03)	-1.677 (-0.63)	-1.840 (-0.69)
CAR	-0.006 (-0.03)	-0.074 (-0.34)	-0.053 (-0.25)
NPL	2.886*** (4.13)	2.766*** (4.14)	2.009*** (2.90)
SIZE	3.395*** (4.72)	3.328*** (4.43)	2.733*** (3.82)
Growth	0.204*** (5.93)	0.199*** (5.68)	0.192*** (5.49)
GDPgrowth	-0.157** (-2.53)	-0.156*** (2.58)	-0.153** (-2.57)

续表

变量	模型 1	模型 2	模型 3
LBR	4.313*** (5.81)	3.896*** (5.54)	3.684*** (5.35)
常数项	-96.103*** (-4.39)	-90.731*** (-4.08)	-78.257*** (-3.56)
Wald 值	240.37	238.12	224.23
样本量	144	144	144

注：括号内是 z 统计量，***、**、*分别表示在 1%、5%和 10%的置信水平上显著，下同。

表 5 的回归结果可以证明假设 H1、H2 成立：第一大股东控股能力越强，银行的影子银行业务规模越小；股权集中度越高，影子银行业务规模越小。这说明当股权集中度高时，银行大股东拥有控制权，可以任命代表自身权益的董事，缓解了信息不对称问题和委托—代理问题，避免了内部股东控制公司经营决策的行为。在此基础上，大股东更加注重自身利益，规范商业银行业务，减少非标类业务投资，从而降低了影子银行活动规模，约束了部分中高层管理者个人牟利行为，减少“搭便车”行为，对银行金融风险起到了监督的作用。

4.2 股东异质性对影子银行业务的影响分析

商业银行股东异质性对影子银行活动的影响如表 6 所示，主要分析了持股比例超过 10% 的不同性质股东对影子银行活动的影响。在模型 1 中，*SOE* 的系数为 -0.071，在 1% 的水平上显著，说明国有股所占比例越高，银行的影子银行业务规模越低。该结果证实，政府通过国有股调控经济，对金融市场进行稳定性调控，同时国有股“一股独大”也让商业银行难以在政府的意志之外独立自主地按照商业原则运行，这一特殊性质使得商业银行业务偏于保守，更偏好向国有企业贷款，信用风险较低[44]。影子银行体系是影响金融系统稳定性的重要因素之一，并且存在交叉传染的风险[1]，受到政府机构的强力监管。因此，对于商业银行从事影子银行活动这一行为，国有股东起着监管制约作用，从而减小了商业银行从事影子银行业务的规模。

根据模型 2，*Lawer* 的系数为 0.165，在 1% 的水平上显著，说明一般法人股持股比例越高，银行的影子银行业务规模越大。企业参股银行能够通过关联交易来缓解其融资约束现象，特别是民营控股、规模较小和行业竞争较高的企业参股银行能通过影子银行业务快速获得银行贷款，缓解融资压力[41]。而部分民营企业参股银行更多地是追求多元化经营和分享银行业的垄断利润，同时缓解融资约束。这些现象都有助于商业银行开展影子银行业务[45]。

从模型 3 可以看出，*Foreign* 的系数为 -0.226，在 1% 的水平上显著，说明外资股与影子银行业务呈显著的负相关关系，外资股东持有股份越高，影子银行业务规模越小。这主要是由于外资参股我国银行业主要是从战略高度考虑，有利于外资银行获得客户资源、市场影响力等本土性资源，并且可以获得我国的市场力量，监管套利并不是其最主要目的[42]。并且境外投资者股进入中国市场最主要的原因是“跟随客户”，他们更多地服务于三资企业客户[46]。银行的影子银行业务与其他控制变量的关系与表 5 一致。

表 6 的回归结果证明了假设 H3 的成立，股东之间存在异质性，并且这种异质性在影子银行业务中表现出不同的行为。国有股对影子银行业务有显著的负向影响，国有股所占比例越高，银行从事影子银行业务规模越小；而一般法人股与影子银行业务有显著的正相关关系；外资股所占比例越高，影子银行业务规模越小。国有股在银行资产配置中起到冒险行为抑制作用，更加偏好风险保守型业务。而一般法人参股银行主要是从营利的角度考虑，参股银行能够提高上市公司获取贷款的能力，进而为自身持有企业提供充足的资金资源，并且大股东可以与该股东控股或持股的公司之间发生关联性贷款业务，因此一般法人股具备主动从事影子银行业务的动机。

表 6　股东异质性对影子银行业务的影响

变量	模型 1	模型 2	模型 3
SOE	-0.071*** (-2.80)		
Lawer		0.165*** (3.35)	

续表

变量	模型1	模型2	模型3
Foreign			-0.226*** (-4.83)
ROA	-4.885 (-1.62)	-1.973 (-0.64)	-1.465 (-0.47)
CAR	-0.393 (1.57)	-0.274 (-1.01)	-0.017 (-0.06)
NPL	0.866 (1.36)	0.887 (1.15)	1.282 (1.41)
SIZE	-1.003 (-1.49)	-1.672*** (-3.06)	-1.801*** (-3.14)
Growth	0.137*** (3.33)	0.134*** (3.12)	0.142*** (3.09)
GDPgrowth	-0.163*** (-2.7)	-0.171** (-2.29)	-0.003 (2.73)
LBR	2.590*** (3.61)	2.271*** (2.73)	2.686*** (2.91)
常数项	44.796** (2.27)	56.168*** (3.17)	59.556*** (3.26)
Wald 值	105.90	83.45	97.62
样本量	144	144	144

4.3 稳健性检验

4.3.1 变更商业银行股东性质代理变量

选取其他指标作为股东性质代理变量，分析不同性质股东持股对商业银行开展影子银行业务的影响，以此来检验股东性质与影子银行业务之间关系的稳健性。如上所述，根据商业银行股东性质的划分标准，将16家上市商业银行股东按照股东性质和持股比例进行划分，分别检验在不同划分标准下，股东异质性对影子银行业务的影响。①将股东性质定义为前三大股东中不同类型股东持股比例，回归结果见表7模型1～3。②将持股比例大于5%的股东按照不同性质分为国有股、一般法人股以及外资股，回归结果见表7模型4～6。从表7可以看出，国有股、一般法人股与外资股对影子银行业务的影响与表6一致，国有股和外资股对影子银行业务有负向影响，而一般法人股与影子银行业务显著正相关。

4.3.2 变更影子银行业务规模指标

删除本文定义的影子银行业务规模中2015—2016年买入返售金融资产规模，通过替换被解释变量来检验回归结果的稳健性。2014年5月，银监会出台127号文，规定只有流动性较高的金融资产才能作为买入返售标的，买入返售信托受益权被叫停；另外，银监会还要求银行根据标的资产的性质计提相应资本与拨备。127号文严禁卖出回购方将业务项下的金融资产从资产负债表中转出，增加了监管套利的成本，导致买入返售金融资产规模明显收缩，到2016年仅占上市商业银行总资产的不到2%。因此，剔除影子银行业务中买入返售金融资产2015—2016年的数据，再次分析股东性质对影子银行业务的影响，结果如表8所示。从表8的回归结果可知，国有股、一般法人股与外资股对影子银行业务的影响与表6一致，说明本文实证研究结论稳健，具有可靠性。

表7 稳健性检验-1

变量	模型1	模型2	模型3	模型4	模型5	模型6
SOE	-0.075*** (-3.13)			-0.083*** (-3.28)		
Lawer		0.143** (2.30)			0.144** (2.38)	
Foreign			-0.244*** (-5.39)			-0.220*** (-4.83)
ROA	-5.373* (-1.78)	-1.748 (-0.55)	-1.138 (-0.37)	-5.618* (-1.84)	-2.001 (-0.63)	-1.137 (-0.36)
CAR	-0.414* (-1.66)	-0.309 (-1.10)	-0.027 (-0.09)	-0.385 (-1.53)	-0.328 (-1.16)	-0.063 (-0.22)
NPL	0.976 (1.51)	0.843 (1.05)	0.859 (0.97)	1.149* (1.68)	0.851 (1.03)	1.000 (1.11)
SIZE	-0.936 (-1.39)	-2.123*** (-4.01)	-1.594*** (-2.82)	-0.808 (-1.17)	-1.962*** (-3.58)	-1.792*** (-3.13)

续表

变量	模型 1	模型 2	模型 3	模型 4	模型 5	模型 6
Growth	0. 141 *** (3. 44)	0. 131 *** (2. 98)	0. 142 *** (3. 08)	0. 146 *** (3. 59)	0. 131 *** (2. 96)	0. 131 *** (2. 84)
GDPgrowth	-0. 181 *** (-2. 95)	-0. 197 ** (-2. 54)	-2. 19 *** (2. 75)	-0. 188 *** (-2. 95)	-0. 199 ** (-2. 53)	-0. 234 *** (-2. 87)
LBR	2. 880 *** (3. 95)	2. 278 *** (2. 64)	2. 522 *** (2. 81)	3. 057 *** (4. 03)	2. 318 *** (2. 63)	2. 524 *** (2. 74)
常数项	41. 967 ** (2. 11)	70. 583 *** (4. 11)	54. 786 *** (3. 06)	37. 306 * (1. 82)	66. 103 *** (2. 63)	60. 657 *** (3. 34)
Wald 值	108. 66	75. 24	111. 28	104. 45	73. 15	100. 06
样本量	144	144	144	144	144	144

表 8　稳健性检验 -2

变量	模型 1	模型 2	模型 3
SOE	-0. 061 ** (-2. 54)		
Lawer		0. 141 ** (1. 99)	
Foreign			-0. 167 *** (-4. 15)
ROA	-7. 454 ** (-2. 37)	-4. 413 (-1. 42)	-3. 555 (-1. 18)
CAR	-0. 386 (-1. 51)	-0. 304 (-1. 11)	-0. 068 (-0. 25)
NPL	0. 213 (0. 31)	-0. 057 (-0. 07)	0. 57 (0. 07)
SIZE	-0. 894 (-1. 28)	-1. 830 *** (-3. 51)	-1. 571 *** (-2. 91)
Growth	0. 170 *** (4. 10)	0. 164 *** (3. 81)	0. 179 *** (4. 03)
GDPgrowth	-0. 183 *** (-2. 79)	-0. 186 ** (-2. 52)	-0. 226 *** (-3. 10)

续表

变量	模型 1	模型 2	模型 3
LBR	4.273*** (5.47)	3.705*** (4.46)	3.619*** (4.34)
常数项	34.279 (1.64)	57.211*** (3.37)	49.493*** (2.88)
Wald 值	123.53	98.33	117.41
样本量	144	144	144

5. 结论

基于我国的社会经济背景，本文阐述了2008年金融危机后我国影子银行业务的演变过程，并从理论上分析了股权结构与银行业务偏好之间的联系，国有商业银行偏好低风险业务，而非国有商业银行偏好高风险业务。同时，本文通过对16家上市商业银行相关数据进行整理，建立面板数据模型，实证检验了商业银行股东对影子银行业务开展的影响。研究结果表明：第一，银行股权集中度与影子银行业务之间存在显著的负相关关系。股权集中度越高的商业银行，影子银行业务规模越小；第一大股东控股能力越强，影子银行业务规模越小。第二，商业银行股东性质会影响银行的影子银行行为。国有股对银行的影子银行业务起到抑制作用，而一般法人股对影子银行业务有正向影响，外资股会减少商业银行的影子银行业务规模。

我国影子银行有其特定的形成原因，在高效率利用社会闲散资金和缓解社会融资缺口方面起到了良好的中介作用。影子银行在很大程度上解决了我国企业融资难问题，降低了融资门槛，为社会资金的流动性提供了支持。但过度发展影子银行会造成整个金融系统不稳定，使国家经济体系受到威胁。因此，建议从银行治理结构着手，通过完善治理结构来控制银行参与影子银行活动，防止内部股东通过影子银行牟取利益，损害各大股东利益；充分利用股权结构的监督机制来规范银行行为，提高银行的盈利能力并减少威胁金融系统稳定性的因素。

参考文献

[1]方先明,谢雨菲.影子银行及其交叉传染风险[J].经济学家,2016(3):58-65.

[2]陈颖,段希文,孙晨正.银行新型同业业务的潜在风险传染效应研究[J].金融监管研究,2014(4):57-71.

[3]马亚明,王虹珊.影子银行、金融杠杆与中国货币政策规则的选择[J].金融经济学研究,2018(1):22-35.

[4]艾永芳,佟孟华,孙光林.公司战略、大股东持股与财务欺诈[J].财经理论与实践,2017,38(4):70-76.

[5]李波,伍戈.影子银行的信用创造功能及其对货币政策的挑战[J].金融研究,2011(12):77-84.

[6]毛泽盛,万亚兰.中国影子银行与银行体系稳定性阈值效应研究[J].国际金融研究,2012(11):65-73.

[7]Imbierowicz B, Rauch C. The relationship between liquidity risk and credit risk in banks [J]. Journal of Banking & Finance, 2014, 40(1): 242-256.

[8]陈剑,张晓龙.影子银行对我国经济发展的影响——基于2000—2011年季度数据的实证分析[J].财经问题研究,2012(8):66-72.

[9]裘翔,周强龙.影子银行与货币政策传导[J].经济研究,2014(5):91-105.

[10]王喆,张明,刘士达.从"通道"到"同业"——中国影子银行体系的演进历程、潜在风险与发展方向[J].国际经济评论,2017(4):128-148.

[11]李丛文,闫世军.我国影子银行对商业银行的风险溢出效应——基于GARCH-时变Copula-CoVaR模型的分析[J].国际金融研究,2015(10):64-75.

[12]Romano R. The political economy of takeover statutes [J]. Virginia Law Review, 1987, 73(1): 111-199.

[13]汪青松,赵万一.股份公司内部权力配置的结构性变革——以股东"同质化"假定到"异质化"现实的演进为视角[J].现代法学,2011,33(3):32-42.

[14]汪平,邹颖,兰京.异质股东的资本成本差异研究——兼论混合所有制改革的财务基础[J].中国工业经济,2015(9):129-144.

[15]邓雄.商业银行股权结构与冒险行为、破产风险关系的实证研究——基于14家上市商业银行面板数据的分析[J].上海经济研究,2014(4):16-22.

[16]Luo J. Shadow banking, interest rate marketization and bank risk-taking: An empirical study of the 40 commercial banks in China [J]. Journal of Financial Risk Management, 2017, 6(1): 27-36.

[17]涂晓枫,李政.银行的影子:风险分担还是风险传染[J].当代经济科学,2016,38(2):20-29.

[18]步艳红,赵晓敏,杨帆.我国商业银行同业业务高杠杆化的模式、影响和监管研究[J].金融监管研究,2014(2):33-46.

[19]Iannotta G, Nocera G, Sironi A. Ownership structure, risk and performance in the European banking industry [J]. Journal of Banking & Finance, 2007, 31(7): 2127-2149.

[20]Shehzad C T, Haan J D, Scholtens B. The impact of bank ownership concentration on impaired loans and capital adequacy[J]. Journal of Banking & Finance, 2010, 34(2):399-408.

[21]Shleifer A, Vishny R W. A survey of corporate governance [J]. Journal of Finance, 1997, 52(2): 737-783.

[22]王涛,蒋再文.我国商业银行股权结构、治理机制与风险行为的实证分析——基于资产配置的视角[J].经济问题探索,2011(5):102-107.

[23]王化成,曹丰,叶康涛.监督还是掏空:大股东持股比例与股价崩盘风险[J].管理世界,2015(2):45-57.

[24]Holderness C G. The myth of diffuse ownership in the United States [J]. Review of Financial Studies, 2009, 22(4): 1377-1408.

[25]Cronqvist H, Fahlenbrach R. Large shareholders and corporate policies [J]. Review of Financial Studies, 2009, 22(10): 3941-3976.

[26]Klein A, Zur E. Entrepreneurial shareholder activism: Hedge funds and other private investors [J]. Journal of Finance, 2009, 64(1): 187 - 229.

[27]Cornett M M, Marcus A J, Saunders A, et al. The impact of institutional ownership on corporate operating performance [J]. Journal of Banking & Finance, 2007, 31(6): 1771-1794.

[28]Chen V Z, et al., Blockholder heterogeneity and conflicts in cross-border acquisitions [J]. Journal of Corporation Finance, 2018(2).

[29]罗正英,李益娟,常昀.民营企业的股权结构对 R&D 投资行为的传导效应研究[J].中国软科学,2014(3):167-176.

[30]杨汉明.股权集中度、现金股利与企业价值的实证分析[J].财贸经济,2008(8):67-72.

[31]Levine R. The corporate governance of banks: A concise discussion of concepts and evidence [J]. Policy Research, 2003(3): 91-107.

[32]张语恩,杨思静.上市公司大股东性质、持股比例与费用操控[J].财会月刊,

2011(33):6－9.

[33]Qi D, Wu W, Zhang H. Shareholding structure and corporate performance of partially privatized firms: Evidence from listed Chinese companies [J]. Pacific－Basin Finance Journal, 2000, 8(5): 587－610.

[34]Tian L. State shareholding and the value of China's firms [J]. SSRN Electronic Journal, 2001.

[35]胡国柳,蒋国洲.股权结构、公司治理与企业业绩——来自中国上市公司的新证据[J].财贸研究,2004(4):83－89.

[36]刘芍佳,孙霈,刘乃全.终极产权论、股权结构及公司绩效[J].经济研究,2003(4):51－62.

[37]马曙光,黄志忠,薛云奎.股权分置、资金侵占与上市公司现金股利政策[J].会计研究,2005(9):44－50.

[38]Porta R L, Lopez－De－Silanes F, Shleifer A. Government ownership of banks [J]. Journal of Finance, 2002, 57(1): 265－301.

[39]Micco A, Panizza U, Yanez M. Bank ownership and performance [J]. Idb Publications, 2004, 31(1): 1－219.

[40]张光利.参股银行与企业的影子银行功能——基于股权结构的视角[J].南方经济,2015,33(9):16－40.

[41]万良勇,廖明情,胡璟.产融结合与企业融资约束——基于上市公司参股银行的实证研究[J].南开管理评论,2015,18(2):64－72.

[42]董保芸,倪宁.外资银行参股我国银行业的现状及其正负效应分析[J].甘肃社会科学,2006(3):206－208.

[43]钱雪松,徐建利,杜立.中国委托贷款弥补了正规信贷不足吗?[J].金融研究,2018(5):82－100.

[44]彭泽禹.我国商业银行信用风险管理研究[D].北京:财政部财政科学研究所,2011.

[45]郭牧炫,廖慧.民营企业参股银行的动机与效果研究——以上市民营企业为例[J].经济评论,2013(2):85－92.

[46]苗启虎,王海鹏.外资银行在华投资动因的实证研究[J].上海金融,2004(8):9－11.

IMPACT OF SHAREHOLDERS'SHAREHOLDING AND SHAREHOLDER HETEROGENEITY ON SHADOW BANKING: AN ANALYSIS BASED ON DOMESTIC LISTED COMMERCIAL BANKS

SHEN Zhong – hua , ZHU Yu – chen

Abstract: Based on the annual data of 16 listed commercial banks in China from 2008 to 2016, we analyze the evolution of the shadow banking business of commercial banks, and explore the effects of the shareholding of large banks of the commercial banks and the heterogeneity of shareholders on the shadow banking business. At the same time, we conduct empirical analysis through the feasible generalized least square method (FGLS). We find that the controlling shareholder's ability and concentration of shares in commercial banks are significantly negatively correlated with shadow banking. The higher the shareholding ratio of major shareholders, the more obvious the inhibitory effect on shadow banking business is. Also, the different types of shareholders are responsible for the shadow banking business. The differences between the influence and the heterogeneity of shareholders are important reasons why the shadow banks continue to grow in China.

Key words: Shadow banking; Major shareholding; Shareholder heterogeneity

股市还是赌市
——基于中国A股市场的研究①

黄登仕　张婷婷

摘　要：风险与收益的正相关关系是金融经济学的一个基本命题。前景理论指出，个体在乎的不是绝对收益而是相对收益，个体对任何事物的评价都会基于一定的参照点。为此，本文通过对比中美两国投资者的心理收益，发现对于中国股市投资者而言，从股市获利是小概率事件，且投资者经常亏损会诱发其赌徒心理。赌徒心理是否会干扰投资者的投资决策进而改变风险与收益的关系呢？本文以1994—2016年的中国A股股票为样本，将投资者心理收益作为中间变量研究风险与收益的关系，得到了与美国股票市场和资本资产定价模型（CAPM）都不一致的结论：当投资者上一期心理收益为正且较大时，风险与收益负相关；当投资者上一期心理收益为负且较小时，风险与收益正相关。本文利用累积前景理论对上述结论进行了解释，再次检验和验证了累积前景理论。

关键词：小概率事件；心理收益；累积前景理论；Fama - MacBeth回归

0. 引言

股票市场是一个国家经济发展的“晴雨表”，它最基本的功能是资源优化配置以及价值发现和增值。实现资源优化配置的基本方式就是投融资，而价格增值功能是资本市场和赌场的本质区别。虽然资本市场从本质上讲

① 基金项目：高管社会关系网络对公司财务决策的影响研究（71372109）。作者简介：黄登仕（1961—　），男，重庆忠县人，西南交通大学经济管理学院教授，博士生导师。张婷婷（1992—　），女，山东济宁人，西南交通大学经济管理学院硕士研究生。

不是赌场，但在某些条件和环境的诱发下，资本市场的参与者会产生赌徒心理，从而可能导致资本市场偏离正常轨道。行为心理学认为，行为是个体心理的反映，所以投资者的投资决策除受到投资对象的影响外，还会受其心理因素的影响。投资者进行投资决策时，针对投资对象，一般会分析投资对象的风险以及该投资对象可带来的预期收益。根据前景理论可知，投资者在乎的不是最终的财富，而是财富的变化值，因此，衡量投资收益并不是简单地用收益减去成本或者由最终的财富来决定[1]。投资者在乎的投资收益应是相对于某一参照点（或参考价格）的心理收益。因此，本文将 Grinblatt 和 Han[2] 提出的资本利得突出量（Capital Gains Overhang，CGO）作为投资者心理收益的代理变量，定义如下：

$$CGO_t = \frac{P_t - RP_t}{P_t} \tag{1}$$

其中，P_t为 t 期的资产价格；RP_t为 t 期的参考价格。由资本利得突出量的定义可以看出，它可用于衡量投资者相对于参考价格的得失。所以，资本利得突出量可作为投资者心理收益的代理变量。参考价格是投资者内心衡量损益的标尺，在心理收益的计算过程中，最重要的在于参考价格的选择。对于资本市场而言，可以选取无风险资产的价格、市场的某种平均价格、资产的购买价格等为参考价格。参考价格的选择在行为金融学里是一个还没有确定结论的课题[3,4]。Grinblatt 和 Han[2]使用过去 260 周加权平均价作为参考价格分析美国股票市场投资者的心理收益。图 1 为美国股票市场投资者心理收益分布图，它是 Wang 等分析美国股票市场投资者心理收益时给出的心理收益分布图，他们将每个月个股的心理收益按大小排序，分别给出第 10、第 50 和第 90 百分位数对应的心理收益值[5]。从图 1 可以看出，美国投资者心理收益分布比较均匀，第 50 百分位数甚至处于 0 附近。图 2 为中国股票市场投资者的心理收益分布图。

对比图 1 和图 2 可以看出，与美国不同的是，中国投资者的心理收益基本处于 0 以下，中国投资者心理收益普遍处于亏损状态，即投资者认为从中国股票市场中盈利是小概率事件。而累积前景理论指出，个体往往倾向于高估小概率事件，这说明即便已知盈利的可能性很小，中国投资者仍

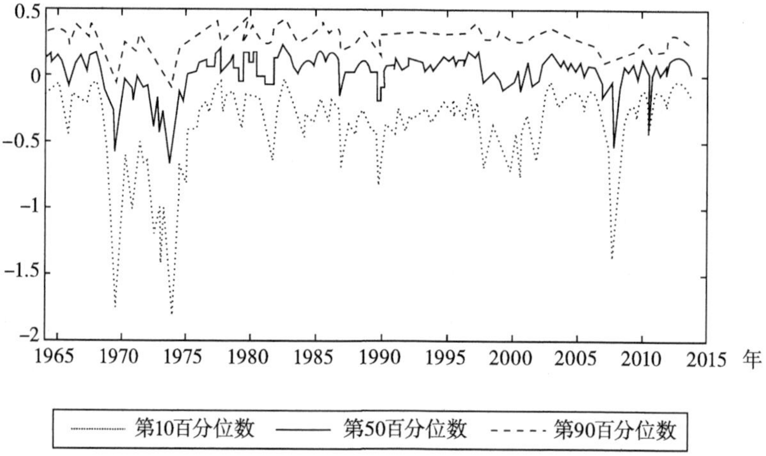

图 1　美国股票市场投资者的心理收益分布

资料来源：Wang 等[5]。

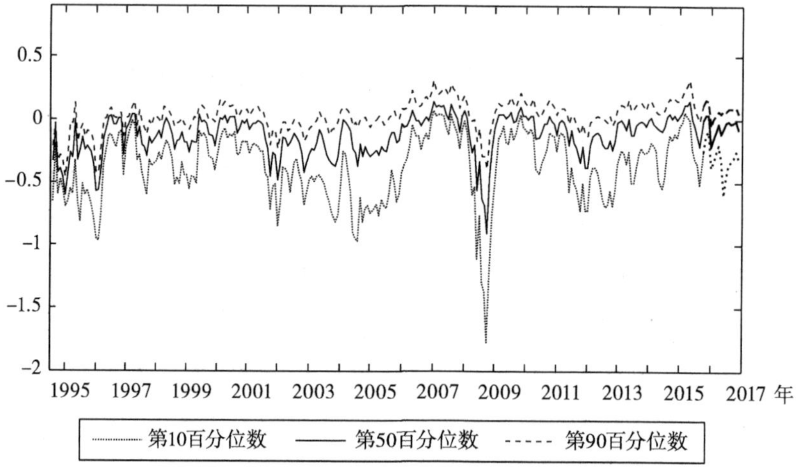

图 2　中国股票市场投资者的心理收益分布

旧乐于投资，这正是一种典型的赌徒心理。这种赌徒心理可能会改变投资者的风险偏好，进而影响其投资决策，最终影响风险与收益的关系。Tversky 和 Kahneman[6]认为，小概率高估受心理敏感性递减的影响，他们根据事件发生概率的大小和个体所处的盈亏状态，将个体的风险态度分为 4 种不同的情况：当事件发生的概率比较小时，如果个体处于盈利状态，则为风险偏好型，如果个体处于亏损状态，则为风险规避型；当事件发生的概率比较大时，如果个体处于盈利状态，则为风险规避型，如果个体处于亏损状态，则为风险偏好型。

由于投资者认为从股市获利是小概率事件，那么当投资者上一期的心理收益为正，处于获得域时，投资者就会追求风险高的资产，导致高风险资产价格上升，间接减少了收益，而风险低的资产由于投资者的忽视，资产价格下降，间接增加了收益，所以风险与收益呈现出负相关的关系；又因为损失是大概率事件，所以当投资者上一期心理收益为负时，投资者会认为这是正常事件，因而风险态度不会发生转变，依然是风险规避型，此时投资者投资低风险资产的意愿更强，从而造成低风险资产的价格上升，降低了收益，高风险资产被投资者所厌弃，造成资产价格下跌，增加了收益，所以风险与收益呈现出正相关关系。也就是说，风险与收益的关系并非 CAPM 指出的一成不变，当投资者上一期心理收益为正时，受到赌徒心理的影响，风险与收益会出现反转，这与 Wang 等[5]以美国股票市场为样本研究得出的结论相反。

1. 文献综述

一方面，类似高估小概率事件的这种非理性行为在我国股市中是普遍存在的。Black[7]认为，市场中的噪声交易大致分为两种，即“流动性交易”和“不知情交易”，前者是源于投资者对市场的信心，后者是源于投资者对自己的信心，这种盲目的信心使投资者变得非理性。李晓渝和苟宇[8]认为，中国股票市场存在严重的噪声交易。扈文秀等[9]借助噪声交易者模型，分析了资产价格非理性泡沫形成的机理，认为过度自信、噪声交易者占比等加快了资产价格泡沫的形成，这与 Black[7]的结论一致。过度自信是投资者的另一种非理性行为。李心丹等[10]指出，中国个体投资者存在过度自信心理。随后，许多学者如陈夙和吴俊杰[11]、杨晓兰和高媚[12]也研究了我国股市的过度自信行为。此外，马丽[13]、任德平等[4]、金春雨和张浩博[14]、高秋明等[15]从羊群效应、处置效应、规模效应、动量效应等方面说明中国股市投资者的非理性行为。而高估小概率事件这种非理性行为多出现在彩票、保险和供应链中，如陈荣和何枫[16]、陈俊霖和赵晓波[17]的研究。

另一方面，风险与收益的关系也一直是诸多学者研究的重心。关于二者关系的研究始于20世纪60年代Sharpe和Lintner[18,19]等提出的资本资产定价模型（CAPM）。该模型指出，风险与收益存在正相关关系。然而Bowman悖论[20]的出现引起了学者对CAPM的质疑，同时引发了学者对风险收益关系的进一步探究。任燮康和黄杰[21]发现，系统风险对预期股票收益没有显著的解释能力，而非系统风险对预期股票收益表现出了显著的解释能力，这与CAPM的结论是相悖的，从而也说明股市参与者并不是理性经济人，他们不能通过充分多样化投资将非系统风险完全分散。接下来，学者们从更改预期收益代理变量、加入控制变量以及更改风险代理变量等几个方面探究风险与收益的关系。例如，Wu[22]发现，股价与收益之比（即市盈率的倒数E/P）对收益率具有很强的解释能力。据此，刘祥东等[23]用E/P代替历史收益率作为预期收益率对资产定价模型进行检验，同时考虑了投资者的异质性，得出了与传统资产定价模型一致的结论，即风险与收益是正相关关系；刘维奇等[24]通过研究“特质波动率之谜”发现，在控制了某些变量之后，特质波动率与收益之间不存在负相关关系，且验证了风险与收益的正向相关性；Amaya等[25]研究发现，峰度与下一期收益呈正相关关系，但该关系不是很稳定，偏度与下一期收益呈显著的负相关关系。

同时，也有少数文献将非理性行为和风险与收益的关系联合起来进行研究，目的在于揭示非理性行为对风险与收益的关系的影响。高大良[26]指出，投资者情绪会对风险与收益的关系产生影响，在投资者情绪的作用下，风险与收益的关系甚至可以呈负相关关系。王志强和王静[27]提出并证明了假设：由于投资者在认知偏差、接收信息和风险偏好等方面存在差异，投资者会出现意见分歧，进而使风险与收益呈现出不同的关系。Wang等[5]以参照依赖偏好为切入点，研究了风险与收益的关系，研究发现，当投资者上一期获得较大收益时，风险与收益呈正相关关系，当投资者上一期获得较大损失时，风险与收益呈负相关关系。

以上文献说明：第一，中国股市中存在大量的非理性投资者；第二，风险与收益之间并非一直保持CAPM所指出的正相关关系；第三，投资者的一些非理性行为会影响风险与收益的关系。那么“小概率高估”这种赌徒心理是否也会影响股票收益或者影响风险与收益的关系呢？自吴敬琏[28]提出“赌场论”，学者们关于赌徒心理的研究主要集中于“热手效应”和“赌徒谬误”，如方勇等[29]、王振山和王秉阳[30]。但很少有学者将赌徒心理和风险与收益的关系联系起来。如果投资者上一期获得了较大的利润，受到赌徒心理的影响，他会认为下一期仍然可以获得较大的利润，或者在已经获得较大利润的情况下，投资者会轻视风险，进而作出非理性的投资决策；如果投资者上一期获得了较大的损失，受到赌徒心理的影响，他会认为下一期收益的可能性比较大，进而作出非理性决策。以上两种非理性状态下作出的决策都可能会影响风险与收益的关系，而投资者的心理收益可能就是投资者非理性的原因。为此，本文以投资者心理收益为中间变量，考察心理收益是否会影响投资者的投资决策，从而改变风险与收益的关系。

2. 研究设计

2.1 变量选取与变量定义

本文中涉及的变量主要分为两部分：心理收益代理变量和风险代理变量。

2.1.1 心理收益代理变量

本文借鉴 Grinblatt 和 Han[2] 提出的资本利得突出量，将其作为心理收益的代理变量，记为 *CGO*，该变量的定义见式（1）。如前文所说，衡量心理收益的关键在于参考价格的选择。关于参考价格的选择虽然没有定论，但 Grinblatt 和 Han[2] 使用的过去 260 周加权平均价使用率比较高[3,4]。因此本文首先使用过去 260 周加权平均价作为参考价格进行研究，计算公式为

$$RP_t = \frac{1}{k} \times \sum_{n=1}^{T} \left[TURNOVER_{t-n} \times \prod_{\tau=1}^{n-1} (1 - TURNOVER_{t-n+\tau}) \right] \times P_{t-n} \quad (2)$$

其中，RP_t 为 t 期的参考价格；P_t 为 t 期的股票价格；$TURNOVER_t$ 表示 t 期的换手率；k 是使权重相加为 1 的一个常数；T 取 260。其中 k 的取值为

$$k = \sum_{n=1}^{T} \left[TURNOVER_{t-n} \times \prod_{\tau=1}^{n-1} (1 - TURNOVER_{t-n+\tau}) \right] \quad (3)$$

由 *CGO* 的定义可知，当 *CGO* 大于 0 时，投资者的心理收益为正，即投资者面对的是获得域；反之，投资者面对的是损失域。

2.1.2 风险代理变量

通过文献梳理，本文采用几个常用的风险代理变量进行研究，包括系统风险系数β、体现收益波动性的波动率*Volatility*、只考虑下侧风险的半方差*SV*（Semi – Variance）、峰度*Kurtosis*和股价特质性波动率*IV*（Idiosyncratic Volatility）。

半方差是下偏距的一个特例。Fishburn[31]提出了$\alpha - t$模型，该模型是一类仅将位于参照点以下的点作为风险的风险衡量指标。$\alpha - t$模型的定义如下：

$$F_{\alpha}(t) = \int_{-\infty}^{t} (t - x)^{\alpha} dF(x) \tag{4}$$

其中，t为参照点收益（也称目标收益）；α为偏距阶数，用来衡量参照收益与收益差额的重要程度；F（x）是收益的累积概率分布函数。

由$\alpha - t$模型的定义可以看出，该风险只考虑位于参照点以下的部分。Veld和Veld – Merkoulova[32]通过调查问卷，发现个体投资者在进行投资时，半方差是一个非常受欢迎的风险代理指标。因此，本文将$\alpha = 2$时的半方差（即只考虑下侧风险的半方差）作为风险的一个代理变量。关于式（4）中参照点的选择，本文选取的是当期的市场收益。因为我国的投资者大部分是散户，若以历史收益率为参照点，将会花费很多的时间、人力、物力去计算历史收益率，相对来说，市场收益率是比较容易获得的数据，又能体现整个市场的收益状况[32]。

本文在计算峰度时采用传统的计算方法，公式如下：

$$Kurtosis_{i,t} = \frac{1}{T} \times \sum_{\tau=1}^{T} \left(\frac{r_{i,t-\tau} - \mu_i}{\sigma_i}\right)^4 \tag{5}$$

其中，$Kurtosis_{i,t}$表示股票i在时间t时的峰度；T为计算峰度的时间窗口长度；$r_{i,t-\tau}$为股票i在$t - \tau$时期的对数收益率；μ_i为股票i在$t - T$到$t - 1$时间段的平均对数收益率；σ_i为股票i在$t - T$到$t - 1$时间段的对数收益率的标准差。

风险的种类有很多，常见的一种分类方法是根据风险来源将风险分为系统风险和非系统风险。计算系统风险系数β的回归方程如下：

$$R_{i,t} - r_{f,t} = \alpha_{i,t} + \beta_{i,t}(R_{m,t} - r_{f,t}) + \varepsilon_{i,t} \tag{6}$$

对于非系统风险，通过对以下时间序列模型进行回归，将所得的残差项求标准差即可得到股价特质性波动率[5,33]：

$$R_{i,t} - r_{f,t} = \alpha_{i,t} + \beta_{i,t}MKT_t + \gamma_{i,t}SMB_t + \delta_{i,t}HML_t + \varepsilon_{i,t} \quad (7)$$

$R_{i,t} - r_{f,t}$ 表示股票 i 在月份 t 的超额收益率；$r_{f,t}$表示月份 t 的无风险利率；MKT_t、SMB_t和 HML_t是 Fama - French 三因子。如式（7）所示，用股票当月的日度数据进行回归，然后对其日度 $\varepsilon_{i,t}$ 序列求标准差即可算出该股票当月的 IV。

2.2 模型设定

在资本资产定价模型的研究中，比较受学者们认可的模型是 Fama - MacBeth 回归[34]。将账市比、规模、换手率和过去收益作为控制变量。模型如下：

$$\begin{aligned} R = {} & \alpha + \beta_1 CGO + \beta_2 PROXY + \beta_3 CGO \times PROXY \\ & + \beta_4 \ln BM + \beta_5 \ln ME + \beta_6 MOM(-1,0) \\ & + \beta_7 MOM(-12, -1) + \beta_8 MOM(-36, -12) \\ & + \beta_9 TURNOVER + \varepsilon \end{aligned} \quad (8)$$

式（8）中，当$\beta_1 = \beta_3 = 0$ 时，考察的是各风险代理变量对股票收益的解释能力；当 $|\beta_1| + |\beta_3| \neq 0$ 时，考察的是基于投资者心理收益的风险与收益关系。其中，R 表示 t 月末的股票收益，股票 i 在 t 期的股票收益计算公式为：$R_{i,t} = P_{i,t}/P_{i,t-1} - 1$；$PROXY$ 表示由历史交易数据计算的已实现风险代理变量，本文代指β、波动率、半方差、峰度和股价特质性波动率；CGO 表示上一期的心理收益；$\ln BM$ 表示 t 月末账市比的自然对数，本文账市比取的是市净率的倒数；$\ln ME$ 表示 t 月末股票流通市值的对数；$TURNOVER$ 表示 t 月末换手率；$MOM(-m, -n)$ 表示时间区间 $[t-m, t-n)$ 内的累积股票收益率。

3. 实证分析

3.1 样本选取和数据来源

本文选取的样本为剔除 ST 股所有 A 股股票，并剔除了上市首月的数据。各风险代理变量使用过去 36 个月的交易数据计算得到。最终样本期为 1994 年 1 月—2016 年 12 月，研究对象共计 2447 只股票。其中市值、市净率、换手率和收盘价数据来源于 RESSET，个股回报率、无风险收益率、市场收益率和 Fama - French 三因子数据来源于 CSMAR。

3.2 初步分析

表 1 给出了各变量的描述性统计结果。如前文所说，计算投资者心理收益所使用的参考价格，实际上是投资者可接受的最低价，即投资者心理收益其实是投资者可接受的底线。虽然股票实际收益的均值大于 0（0.0162），波动也小于投资者心理收益（0.1450 <0.2650），但这组数据只能显示客观上投资者的收益情况，并不能反映投资者心中的损益情况。事实上，与图 2 所描绘的一样，投资者认为他们经常亏损（均值 -0.1190，偏度 -2.3320），且波动较大，从而刺激了投资者的赌徒心理。

表 1 描述性统计

变量	均值	标准差	偏度	峰度	样本量
Return	0.0162	0.1450	1.0870	9.9020	293334
CGO	-0.1190	0.2650	-2.3320	14.3400	76086
β	5.4080	2.3400	1.4250	10.5100	293334
Volatility	0.1390	0.0408	0.3510	2.2710	296134
SV	0.0044	0.0027	1.2620	4.6620	294795
Kurtosis	3.8400	1.7300	2.3150	9.7550	292938
IV	0.0505	0.0403	31.5200	1569.0000	221585
ln*ME*	21.7500	1.3450	0.2510	3.4690	286097
ln*BM*	-1.2650	0.8070	-1.7890	11.9100	286215
TURNOVER	0.4310	0.4160	2.2940	11.6500	286097

表 2 给出了股票收益和投资者心理收益的分布情况。从表 2 中可以看出，每一年投资者的心理收益均值都要小于实际的股票收益。1994—2016 年这 23 年中，股票平均收益小于 0 的年份占 39.13%，而投资者的平均心理收益小于 0 的年份占比高达 86.96%。由此可以看出，投资者认为，从中国股票市场获利是小概率事件。

表 2　股票收益和心理收益的分布

指标	变量	均值	标准差	最小值	最大值	样本量
1994 年	*Return*	0. 0362	0. 4290	-0. 5620	2. 4580	2662
	CGO	-0. 6890	0. 5430	-2. 1640	-0. 0285	24
1995 年	*Return*	-0. 0053	0. 1310	-0. 5210	1. 0860	3218
	CGO	-0. 4160	0. 2580	-0. 9920	0. 1610	110
2009 年	*Return*	0. 0859	0. 2390	-0. 3930	22. 0500	18050
	CGO	0. 0109	0. 1640	-1. 5250	0. 5110	3561
2010 年	*Return*	0. 0153	0. 1380	-0. 4020	7. 7980	20538
	CGO	-0. 0285	0. 1670	-1. 6470	0. 4270	4372
2015 年	*Return*	0. 0700	0. 2520	-0. 6450	12. 7500	28648
	CGO	0. 0073	0. 2090	-3. 1860	0. 7410	8628
2016 年	*Return*	-0. 0018	0. 1460	-0. 7200	2. 1720	31457
	CGO	-0. 1160	0. 2170	-2. 3830	0. 3770	8567
小于 0 占比	*Return*	39. 13%	—	0	100%	—
	CGO	86. 96%	—	4. 35%	100%	—

为了对风险与收益的关系进行初步的分析，本文对上一期的风险代理变量进行排序，平分为 5 个投资组合，表 3 给出了每个组合的月收益率，表中倒数第二行为投资组合 1 和 5 的成对样本检验。通过表 3 可以大致感知各风险代理变量与股票收益的关系。例如，β 与股票收益的关系是：随着系统风险的增加，二者的关系由正相关转变为负相关。有趣的是，股价特质性波动率与股票收益的关系和 β 与股票收益的关系类似，也是由正转负。而半方差与股票收益的一直正相关，峰度与股票收益一直负相关，波动率与股票收益的关系从表 3 中无法得出相应的结论。总之，表 3 说明，风险与收益的关系是不稳定的，β、*IV* 与股票收益关系的转变也许存在某种时机。因此，本文对风险与收益关系的探讨是十分有必要的。

表3　投资组合收益（单排序）

投资组合	PROXY				
	β	*Volatility*	*SV*	*Kurtosis*	*IV*
P1	1.92	0.99	0.80	1.90	1.00
P2	2.12	1.50	1.33	1.87	2.30
P3	1.71	1.09	1.67	1.60	2.38
P4	1.67	0.58	2.00	1.35	2.11
P5	1.38	0.98	2.07	1.17	1.80
P1 - P5	0.53***	0.01	-1.27***	0.73***	-0.81***
t值	5.75	0.16	-15.54	9.18	-8.01

注：*、**、***分别表示在10%、5%、1%的水平上显著。下表同。

3.3　风险—收益关系的实证检验

从单排序结果中可以发现，风险与收益的关系并非一成不变，但上述结果可能受到公司基本层面因素的影响。为了进一步探究风险与收益的关系，本文加入控制变量进行了一系列 Fama - MacBeth 截面回归，检验各风险代理变量对下一期股票收益率的解释能力。回归结果见表4。

表4中显示的是不包含 *CGO* 时风险与收益的关系，其中风险代理变量依次取β、波动率、半方差、峰度和股价特质性波动率。从表4中可以看出，当以β作为风险代理变量时，加入各控制变量后风险与收益呈现正相关关系，此结论与 CAPM 结论一致。然而，除系统性风险β以外，波动率半方差、峰度和股价特质性波动率均显示风险与收益呈现显著的负相关关系，此结论与 CAPM 是相悖的，并且特质性波动率对收益率有显著的解释能力，无法通过分散化的投资将非系统风险分散掉，这也说明我国股市参与者并非是完全理性的。而且，从表4中还可以看出，峰度与股票收益没有显著的相关关系，但这并不能说明峰度对股票收益没有解释能力。另外，表3与表4得出的初步结论并不一致。表3说明系统风险系数β和非系统风险股价特质性波动率与下一期股票收益的关系都是由正相关转向负相关，而表4并没有将这种结果体现出来，因此需要进一步探讨风险与收益的关系。接下来，本文基于 *CGO* 继续探讨风险与收益的关系。

表 4　风险与收益的关系

变量	PROXY				
	β	Volatility	SV	Kurtosis	IV
PROXY	0.0017***	-0.3222***	-2.5915***	-0.0006	-0.3171***
	(6.64)	(-4.04)	(-11.48)	(-1.12)	(-6.77)
lnBM	0.0142***	0.0081***	0.0118***	0.0128***	0.0119***
	(7.58)	(5.01)	(9.60)	(8.96)	(8.71)
lnME	-0.0041*	-0.0012	-0.0075***	-0.0054***	-0.0064***
	(-1.83)	(-0.21)	(-5.03)	(-2.88)	(-4.10)
MOM (-1, 0)	-0.1304***	-0.1283***	-0.1370***	-0.1352***	-0.1227***
	(-5.41)	(-14.49)	(-17.05)	(-10.85)	(-14.43)
MOM (-12, -1)	-0.2166***	-0.2201***	-0.2764***	-0.2763***	-0.1913***
	(-4.58)	(-3.68)	(-8.63)	(-7.19)	(-5.81)
MOM (-36, -12)	-0.2764***	-0.1829***	-0.3965***	-0.3144***	-0.2981***
	(-5.07)	(-4.34)	(-10.41)	(-8.27)	(-6.98)
TURNOVER	0.1176***	0.1122***	0.1084***	0.1193***	0.1117***
	(18.56)	(18.68)	(26.08)	(20.88)	(22.97)
R^2	0.27	0.27	0.21	0.27	0.21
样本量	285911	285531	284193	285531	216751

3.4　基于心理收益的实证检验

从投资组合的单排序结果可以看出，风险与收益的关系并非一直正相关或者负相关，而是呈现出一种不稳定状态。为了验证风险与收益关系的不稳定是由投资者心理收益造成的，表 5 给出了基于投资者心理收益的风险与收益关系的 Fama - MacBeth 回归结果。可以得到以下结论：

3.4.1　*CGO* 与收益的关系

表 5 中第 2 列是收益与上一期投资者心理收益的关系。可以看出，*CGO* 系数为 0.0137，且二者呈显著的正相关关系。这说明当投资者面临较高的 *CGO* 时获得的收益比面临较低的 *CGO* 时获得的收益要多，即收益具有动量特性，与 Grinblatt 和 Han[2] 的观点一致。从 *CGO* 与收益的关系中也可以看出，本文将 *CGO* 纳入定价模型也是合理的。

表 5 Fama – MacBeth 回归结果

变量	无 *PROXY*	*PROXY*				
		β	*Volatility*	*SV*	*Kurtosis*	*IV*
CGO	0.0137** (2.08)	0.0429* (1.87)	0.0621* (1.66)	0.0273** (2.38)	0.0376** (2.30)	−0.0298 (−1.61)
PROXY		0.0012** (2.47)	−0.2637*** (−7.62)	−3.4236*** (−6.93)	−0.0009 (−1.34)	−0.6977*** (−8.02)
CGO × *PROXY*		−0.0059*** (−2.75)	−0.3920** (−1.99)	−5.3835** (−2.10)	−0.0054* (−1.89)	0.8222** (2.02)
ln*BM*	0.0096*** (6.85)	0.0125*** (7.33)	0.0078*** (5.82)	0.0102*** (7.65)	0.0087*** (4.64)	0.0092*** (6.60)
ln*ME*	−0.0111*** (−3.83)	−0.0130*** (−3.64)	−0.0102*** (−2.80)	−0.0133*** (−4.85)	−0.0138*** (−3.26)	−0.0147*** (−4.80)
MOM (−1, 0)	−0.1030*** (−9.26)	−0.1017*** (−9.06)	−0.0968*** (−9.91)	−0.1145*** (−10.83)	−0.1081*** (−9.83)	−0.1076*** (−9.84)
MOM (−12, −1)	−0.1300*** (−3.09)	−0.1140** (−2.39)	−0.0726* (−1.73)	−0.2030*** (−4.76)	−0.1116** (−2.48)	−0.1104*** (−2.75)
MOM (−36, −12)	−0.3365*** (−6.77)	−0.3037*** (−5.43)	−0.2542*** (−5.83)	−0.4303*** (−8.57)	−0.3026*** (−6.06)	−0.2938*** (−5.93)
TURNOVER	0.1248*** (17.19)	0.1359*** (11.64)	0.1282*** (11.14)	0.1235*** (17.97)	0.1486*** (6.02)	0.1284*** (18.17)
R^2	0.27	0.34	0.34	0.27	0.34	0.28
样本量	68903	75851	75851	75453	75851	72179

3.4.2 含 *CGO* 时风险与收益的关系

表5中第3~7列显示的是包含 *CGO* 时风险与收益的关系，其中风险代理变量依次取 β、波动率、半方差、峰度和股价特质性波动率。根据式(8)可知，风险与收益的关系主要依赖于风险系数、交叉项系数以及 *CGO* 的值。从表5中可以看出，80%的风险代理变量的系数为负且显著，80%的交叉项的系数为负且显著。由此可知，当 *CGO* 大于0且较大时，风险与收益呈显著的负相关关系；当 *CGO* 小于0且较小时，风险与收益呈显著的正相关关系；而当 *CGO* 在0附近时，风险与收益的关系是不稳定的，可能是因为此时损失或收益都比较小，投资者的风险态度是不明确的。这也说

明在我国股票市场中，小概率高估现象只发生在收益或损失较大的情况下，当收益比较小时，对投资者的吸引力也比较小，可能不会激起投资者的赌性，即投资者可能不愿意冒险，而当损失比较小时，不会引起投资者过多的注意力，从而可能也不会发生小概率高估现象，即投资者可能不愿意为了规避这个风险而赌博。

至此，本文已充分说明了中国股市参与者存在较强的赌徒心理，支持了吴敬琏[27]的“赌场论”。本文关于中国股票市场上风险与收益关系的结论与美国股票市场基本相反，且与 CAPM 的结论也不同，这说明我国股票市场的发展程度距离美国股票市场还较远，需要加强对投资者的知识培训，提高投资者的理性判断力，促进股票市场的健康发展。

4. 稳健性检验

4.1 参考价格的选择

本文中最关键的变量为投资者心理收益。在 *CGO* 的计算过程中，本文使用的参考价格是过去 260 周的加权平均价。事实上，从计算简洁程度、记忆能力以及心理等方面考虑，投资者可能不会使用过去 260 周的加权平均价作为参考价格。任德平等[4]在研究整个中国股市时，发现使用过去 260 周的加权平均价作为参考价格不能很好地体现中国股市投资者内心的参考价格。叶建华[35]认为，股市中的博彩行为是受近因效应的影响，也就是说，投资者的赌性心理是受近因效应的影响。所以，本文采用上一期收盘价和过去 52 周最低价作为心理收益的参考价格再次进行了研究。

表 6 和表 7 分别给出了使用上一期收盘价和过去 52 周最低价作为参考价格时的 Fama - MacBeth 回归结果。从表 6 和表 7 中可以看出，当使用上一期收盘价作为参考价格时，风险代理变量基本上支持原结论，即当投资者上一期处于较大收益状态时，风险与收益负相关，当投资者上一期处于较大损失状态时，风险与收益正相关。对比表 5 和表 6 可以看出，使用过去 260 周加权平均价的结果虽然与使用上一期收盘价的结果一致，但使用过去 260 周加权平均价时，交叉项的系数绝对值均小于使用上一期收盘价时的交叉项系数的绝对值。这说明，使用上一期收盘价更加符合投资者的

心理，支持了叶建华[35]的结论。

表 6　基于 *CGO* 的风险与收益关系（参考价格为上一期收盘价）

变量	无 PROXY	PROXY				
		β	Volatility	SV	Kurtosis	IV
CGO	0.5438***	0.7499***	0.9711***	0.7428***	0.7749***	0.8968***
	(6.26)	(14.75)	(9.52)	(18.70)	(23.05)	(18.15)
PROXY		0.0017***	−0.1947***	−2.4038***	−0.0012***	−0.5454***
		(3.05)	(−4.76)	(−7.15)	(−3.58)	(−7.40)
CGO × PROXY		−0.0150**	−2.4809***	−28.6111***	−0.0275***	−4.8851***
		(−2.18)	(−4.66)	(−4.40)	(−3.35)	(−4.61)
lnBM	0.0146***	0.0110***	0.0134***	0.0112***	0.0099***	0.0089***
	(5.96)	(7.74)	(3.70)	(7.22)	(8.44)	(7.67)
lnME	0.0056	−0.0072***	−0.0030	−0.0073***	−0.0064***	−0.0100***
	(0.41)	(−2.91)	(−0.84)	(−2.71)	(−2.98)	(−4.22)
MOM (−1, 0)	−0.0945***	−0.1169***	−0.2022**	−0.1149***	−0.0951***	−0.0977***
	(−2.62)	(−8.28)	(−2.16)	(−9.32)	(−10.74)	(−10.91)
MOM (−12, −1)	−0.2314	−0.1818***	−0.1449***	−0.2578***	−0.1424***	−0.1312***
	(−0.89)	(−2.72)	(−2.85)	(−3.61)	(−4.16)	(−3.98)
MOM (−36, −12)	−0.2115***	−0.2322***	−0.5283	−0.3023***	−0.3067***	−0.2245***
	(−3.77)	(−6.26)	(−1.63)	(−6.00)	(−8.47)	(−6.19)
TURNOVER	0.1249***	0.1053***	0.1218***	0.1143***	0.0993***	0.1030***
	(7.26)	(10.89)	(11.53)	(14.26)	(20.98)	(22.73)
R^2	0.39	0.42	0.43	0.42	0.36	0.37
样本量	108518	108518	108431	108431	106407	103180

表 7　基于 *CGO* 的风险与收益关系（参考价格为 52 周最低价）

变量	无 PROXY	PROXY				
		β	Volatility	SV	Kurtosis	IV
CGO	0.1136	0.0859*	0.0072	−0.0027	−0.0098	−0.0033
	(1.22)	(1.67)	(0.35)	(−0.28)	(−0.64)	(−0.17)
PROXY		0.0046***	−0.2110***	−3.5223***	0.0007	−0.4903***
		(3.55)	(−3.52)	(−6.21)	(0.58)	(−4.80)

续表

变量	无 *PROXY*	*PROXY*				
		β	*Volatility*	*SV*	*Kurtosis*	*IV*
CGO × *PROXY*		-0.0113**	-0.3304***	-1.7701	-0.0005	-0.2432
		(-2.39)	(-2.76)	(-0.69)	(-0.14)	(-0.61)
控制变量	控制	控制	控制	控制	控制	控制
R^2	0.31	0.32	0.31	0.25	0.31	0.26
样本量	101234	101234	101178	100464	101178	97273

注：因篇幅所限，这里不再给出控制变量的回归结果。

4.2 样本区间的选择

另外，前文在计算风险的代理变量时，取的是36个月滚动窗口，表8、表9中给出的是使用12个月的滚动窗口进行Fama-MacBeth回归的结果。从表8、表9中可以看出，无论是否包含心理收益，结果都与表5一致，依然可以得到结论：风险与收益的关系依赖于*CGO*，当*CGO*大于0且较大时，二者呈负相关关系，当*CGO*小于0且较小时，风险与收益呈正相关关系。

表8 风险与收益的关系（12个月滚动）

变量	*PROXY*				
	β	*Volatility*	*SV*	*Kurtosis*	*IV*
PROXY	0.0011***	-0.1370***	-1.6367***	-0.0015***	-0.6400***
	(3.00)	(-8.94)	(-3.43)	(-2.76)	(-10.26)
ln*BM*	0.0110***	0.0104***	0.0124***	0.0115***	0.0098***
	(7.68)	(6.58)	(7.74)	(7.57)	(6.71)
ln*ME*	-0.0121***	-0.0119***	-0.0109***	-0.0074**	-0.0136***
	(-4.01)	(-3.38)	(-3.20)	(-2.37)	(-4.48)
MOM (-1, 0)	-0.1104***	-0.1086***	-0.1259***	-0.1081***	-0.1044***
	(-10.08)	(-8.86)	(-9.12)	(-9.83)	(-9.19)
MOM (-12, -1)	-0.1604***	-0.0858*	-0.2420***	-0.1729***	-0.0880**
	(-3.77)	(-1.75)	(-4.61)	(-4.23)	(-2.16)
MOM (-36, -12)	-0.3483***	-0.3004***	-0.3137***	-0.3089***	-0.3024***
	(-6.81)	(-5.39)	(-6.28)	(-6.41)	(-6.28)
TURNOVER	0.1259***	0.1399***	0.1369***	0.1222***	0.1331***
	(17.41)	(12.47)	(14.38)	(17.05)	(18.54)

续表

变量	PROXY				
	β	*Volatility*	*SV*	*Kurtosis*	*IV*
R^2	0.27	0.35	0.33	0.32	0.27
样本量	72862	71838	75826	75826	73219

表9 包含 *CGO* 时风险与收益的关系（12个月滚动）

变量	PROXY				
	β	*Volatility*	*SV*	*Kurtosis*	*IV*
CGO	0.0328***	0.0699**	0.0197*	0.0304*	-0.0255
	(3.00)	(2.11)	(1.77)	(1.90)	(-1.55)
PROXY	0.0006	-0.1679***	-2.9229**	-0.0011	-0.6993***
	(1.32)	(-9.19)	(-2.39)	(-1.35)	(-9.46)
CGO × *PROXY*	-0.0059**	-0.1572**	-5.6471**	-0.0093**	0.5848*
	(-2.35)	(-2.10)	(-2.20)	(-2.07)	(1.78)
ln*BM*	0.0104***	0.0094***	0.0107***	0.0100***	0.0090***
	(7.63)	(5.83)	(6.50)	(6.99)	(6.42)
ln*ME*	-0.0120***	-0.0144***	-0.0130***	-0.0082***	-0.0139***
	(-4.10)	(-3.93)	(-3.48)	(-2.82)	(-4.73)
MOM (-1, 0)	-0.1078***	-0.0875***	-0.1136***	-0.0959***	-0.0983***
	(-9.91)	(-4.87)	(-7.88)	(-9.05)	(-8.70)
MOM (-12, -1)	-0.1250***	-0.0316	-0.1928***	-0.1033**	-0.0295
	(-2.83)	(-0.70)	(-3.26)	(-2.35)	(-0.70)
MOM (-36, -12)	-0.3497***	-0.2730***	-0.2831***	-0.2815***	-0.3030***
	(-6.75)	(-5.45)	(-4.50)	(-5.86)	(-6.39)
TURNOVER	0.1263***	0.1397***	0.1474***	0.1500***	0.1338***
	(17.34)	(11.25)	(6.70)	(5.41)	(18.48)
R^2	0.28	0.36	0.35	0.34	0.29
样本量	68505	71838	71433	71433	68903

注：表中心理收益计算中的参考价格采用的是过去260周股票换手率的加权平均价，当采用上一期的收盘价作为参考价格时，结果也是一致的，这里不再赘述。括号内为 t 值，***、**、*分别表示在1%、5%、10%的水平上显著。

5. 结论

本文从中国股票市场投资者的心理收益出发，发现投资者的心理收益基本处于0以下的位置，也就是说，对中国股市参与者而言，从股市获利是小概率事件。由行为心理学可知，当投资者经常处于亏损状态时，容易引发个体的赌徒心理。根据累积前景理论对小概率事件的解读，本文认为，相较于美国投资者，中国股市投资者存在较强的赌徒心理，并由此得到与美国股票市场和CAPM关于风险与收益关系相反的结论：当投资者在上一期收益较大时，风险与收益呈负相关，在上一期损失较大时，风险与收益呈正相关，并通过实证分析验证了本文的猜想。本文在验证猜想的过程中还得到了另外两个结论：①当损失或收益较小时，投资者的赌性心理比较弱；②相较于过去260周加权平均价，上一期收盘价更接近于中国投资者内心认定的参考价格。

一方面，本文的研究支持了吴敬琏[4]提出的中国股市“赌场论”，指出了中国股市参与者的非理性行为，也说明我国上市信息披露制度不够完善，投资者不能及时获取有关信息；另一方面，本文的研究丰富了风险与收益关系的研究，得出风险与收益的关系会受投资者心理因素的影响，并利用中国股票市场检验和验证了累积前景理论。建议政府尽快建立健全上市公司信息披露制度，引领投资者正确参与股票市场，对参与股市的个体投资者加强专业知识的培训或者提高投资门槛；也提醒投资者加强金融知识学习，共同促进中国股票市场的健康发展。

遗憾的是，本文选取的参照点代理变量还不够精确，累积前景理论根据参照点将整个区域划分为4个部分，因此选取的参照点应该可以得到4种不同情况下风险与收益的关系，这样才能将投资者的心理收益刻画得更为准确。在未来的研究工作中，希望可以找到能够更加准确刻画参照点的代理变量进行风险与收益关系的探讨。此外，除了赌徒心理，本文接下来还拟研究其他心理因素是否会影响投资者的投资决策，并研究这些心理因素对风险与收益的关系是否有影响。

参考文献

[1] Kahneman D, Tversky A. Prospect theory: An analysis of decision under risk [J]. Econometrica, 1979(47): 263 - 291.

[2] Grinblatt M, Han B. Prospect theory, mental accounting and momentum [J]. Journal of Financial Economics, 2005, 78(2): 311 - 339.

[3] 池丽旭,庄新田. 投资者的非理性行为偏差与止损策略——处置效应、参考价格角度的实证研究[J]. 管理科学学报,2011,14(10):54 - 66.

[4] 任德平,龚旭,文凤华,杨晓光. 中国股票投资者的处置效应检验和参考价格选择[J]. 中国管理科学,2013,21(3):1 - 10.

[5] Wang H, Yan J, Yu J. Reference - dependent preferences and the risk - return trade - off [J]. Journal of Financial Economics, 2017, 27(2): 395 - 414.

[6] Tversky A, Kahneman D. Advances in prospect theory: Cumulative representation of uncertainty [J]. Journal of Risk and Uncertainty, 1992, 5(4): 297 - 323.

[7] Black F. Noise [J]. Journal of Finance, 1986, 41(3): 529 - 43.

[8] 李晓渝,苟宇. 行为资产定价实证研究:中国股票市场噪声交易者风险测度[J]. 南开经济研究,2006(3):54 - 67.

[9] 扈文秀,刘刚,章伟果,付强. 基于因素嵌入的非理性资产价格泡沫生成及膨胀演化研究[J]. 中国管理科学,2016,24(5):31 - 37.

[10] 李心丹,王冀宁,傅浩. 中国个体证券投资者交易行为的实证研究[J]. 经济研究,2002(11):54 - 63.

[11] 陈夙,吴俊杰. 管理者过度自信、董事会结构与企业投融资风险——基于上市公司的经验证据[J]. 中国软科学,2014(6):109 - 116.

[12] 杨晓兰,高媚. 信息可靠度、过度自信对股票市场的影响——基于实验经济学的研究[J]. 南方经济,2018(2):23 - 40.

[13] 马丽. 中国股票市场羊群效应实证分析[J]. 南开经济研究,2016(1):144 - 153.

[14] 金春雨,张浩博. 我国股票市场流动性溢价规模效应、价值效应与非对称效应[J]. 经济问题,2017(1):48 - 54.

[15] 高秋明,胡聪慧,燕翔. 中国 A 股市场动量效应的特征和形成机理研究[J]. 财经研究,2014,40(2):97 - 107.

[16] 陈荣,何枫. 小概率权重问题及其市场应用[J]. 心理学报,2008(2):210 - 218.

[17] 陈俊霖,赵晓波. 反 S 型权重风险偏好对一类两级供应链的影响[J]. 运筹与管理,2013,22(2):1 - 7.

[18] Sharpe W F. Capital asset prices: A theory of market equilibrium under conditions of risk [J]. Journal of Finance, 1964, 19(3): 425 - 442.

[19] Lintner J. The valuation of risky assets and the selection of risky investments in stock portfolios and capital budgets [J]. Review of Economics and Statistics, 1965(47): 346 - 382.

[20] Bowman E H. A risk - return paradox for strategic management [J]. Sloan Management Review, 1980, 21(3): 17 - 31.

[21] 任燮康,黄杰.深圳股市风险—收益研究[J].预测,1998(1):41 - 44.

[22] Wu W. The forward E/P ratio and earnings growth [J]. Advances in Accounting, 2014, 30(1): 128 - 142.

[23] 刘祥东,杜春苓,王峰,刘澄.跨期行为资产定价下风险与收益关系检验[J].管理评论,2016,28(10):50 - 57.

[24] 刘维奇,邢红卫,张信东.投资偏好与"特质波动率之谜"——以中国股票市场A股为研究对象[J].中国管理科学,2014,22(8):10 - 20.

[25] Amaya D, Christoffersen P, Jacobs K, Vasquez A. Does realized skewness predict the cross - section of equity returns? [J]. Journal of Financial Economics, 2015, 118(1): 135 - 167.

[26] 高大良.投资者情绪及其对股票市场收益的影响研究[D].长沙:湖南大学,2013.

[27] 王志强,王静.基于投资者意见分歧的风险与收益关系实证研究[J].审计与经济研究,2015,30(4):85 - 94.

[28] 吴敬琏.十年纷纭话股市[M].上海:上海远东出版社,2001.

[29] 方勇,周勇,艾春荣.究竟是"热手效应"还是"赌徒谬误"主导着市场情绪?——来自中国股票市场的证据[J].管理评论,2012,24(10):26 - 37.

[30] 王振山,王秉阳.股票投机、信息发现与权益成本——对股权融资偏好的再讨论[J].经济评论,2018(2):103 - 118.

[31] Fishburn P C. Mean - risk analysis with risk associated with below - target returns [J]. The American Economic Review, 1977, 67(2): 116 - 126.

[32] Veld C, Veld - Merkoulova Y V. The risk perceptions of individual investors [J]. Journal of Economic Psychology, 2008, 29(2): 226 - 252.

[33] Gu M, Kang W J, Xu B. Limits of arbitrage and idiosyncratic volatility: Evidence from China stock market [J]. Journal of Banking & Finance, 2018(86): 240 - 258.

[34] Fama E F, Macbeth J D. Risk, return, and equilibrium: Empirical tests [J]. Jour-

nal of Political Economy, 1973, 81(3): 607 – 636.

[35] 叶建华."热手效应"和"赌徒谬误"决策偏差与股市极大日收益率异象——基于中国A股市场的经验证据[J].管理评论,2016,28(11):30 – 39.

STOCK MARKET OR GAMBLING MARKET? ECONOMETRIC ANALYSES BASED ON A - SHARE STOCK MARKET IN CHINA

HUANG Deng - shi, ZHANG Ting - ting

Abstract: The positive trade - off of risk and return is a fundamental proposition in financial economics. Prospect theory points out that individuals do not care about absolute returns but relative returns, and the evaluation criteria is based on a reference point. To this end, by comparing the psychological profit of the investors in China and the United States, this article found that for the Chinese stock market investors, making profits from the stock market is a low probability event, and the frequent loss will induce the gambler's preference of the investors. Will the interference of gambler's preference affect investors' investment decisions and change the relationship between risk and return? This paper took A - share stock market in China as a sample and make investors' psychological profit as an intermediate variable to study the relationship between risk and return. Through the empirical analysis, the paper drew a conclusion that the risk - return relation is negative if investors made a large profit in last period, while positive if investors made a large loss in last period, which is inconsistent with the situation in US stock market and CAPM. The paper also made a conclusion that cumulative prospect theory is the most promising explanation, which is tested and verified.

Key words: Low probability events; Psychological profit; Cumulative prospect theory; Fama - MacBeth regression

财务与会计篇

高管特征与激励对企业社会责任的影响研究①

周嘉南　吕贞宜

摘　要：本文基于2012—2016年公布的A股上市公司数据，结合高阶理论、委托—代理理论等理论分析，探讨了高管团队特征对企业社会责任的影响，以及在高管激励的调节下，高管团队的预期任期、年龄、学历特征与企业社会责任之间的相关关系。结果表明，高管团队的人口统计特征作为衡量高管团队个人偏好的指标，在一定程度上决定了企业不同的战略选择，影响着企业社会责任的履行程度，但同时这种作用关系还会受到高管激励的影响。

关键词：企业社会责任；高管激励；高管团队特征；调节作用

0. 引言

1924年，学者Sheldon提出了"企业社会责任"的概念。他指出，社会责任是企业管理者应对企业的利益相关者承担的责任，并认为社会责任中包含着伦理道德的因素。随后，Carroll对"企业社会责任"进行了进一步的阐述，他认为，社会责任是社会对企业组织所寄予的在经济、政治、道德、慈善上的期望，也是企业对社区、消费者、员工、供应商、政府等利益相关者们应履行的责任[1]。

近几年，随着企业社会责任的重要性不断加强，对于影响企业社会责任的因素，国内外学者进行了大量的研究和讨论。其中国内学者对企业社会责任影响因素的研究相对集中在两个方面：内部环境[2~4]和外部环境[5~7]。相

① 作者简介：周嘉南（1976—　），女，四川眉山人，博士，博士生导师，副教授，研究方向：公司财务与公司治理；吕贞宜（1992—　），女，山东莱阳人，硕士研究生，研究方向：公司财务与公司治理。

对于不可控的外部环境，内部环境有着得天独厚的实证优势，更值得学术界进行学术研究。Hambrick 和 Mason 认为，高管是掌控企业管理决策权的人，是可以代表企业的核心管理者，并且其管理决策会影响企业的经营方针和发展方向[8]。高阶理论认为，高管团队的个人偏好和价值观等心理特征在外界的客观环境下会影响高管团队作出的战略选择。也就是说，不同的高管团队，其不同的背景特征会形成不同的偏好选择和价值观，在一定程度上影响着高管团队的决策选择和战略行为。基于高阶理论的众多研究已经证明，高管团队的背景特征影响着企业绩效[9-13]、创新投入[14-16]等多方面，那么，高管团队特征是否会影响企业对于社会责任的履行?

Jensen 和 Zajac 提出，虽然企业高管团队特征的差异意味着对企业战略的不同偏好，但这些战略偏好在不同的内部治理环境中会产生截然不同的结果[17]。Prendergast 研究提出，不同认知、偏好和信念的管理者对激励机制的敏感性是不同的，外在的激励机制容易对管理者的心理起到刺激作用，从而影响管理者的行为决策。已有研究证明，薪酬激励在高管特征与企业创业水平[18]、研发投入[19]之间发挥着重要的调节作用。基于此，本文以2012—2016 年公布的 A 股上市公司数据为样本来源，探讨了高管团队特征对企业社会责任的影响，并加入高管激励作为调节变量，来研究高管团队特征对社会责任的作用，以期充实企业社会责任的理论体系，为企业提高社会责任的履行给予新的研究思路。

1. 理论分析与研究假设

1.1 高管团队特征与企业社会责任

随着高阶理论的提出，学者发现，高管团队的个人偏好和价值认知会影响其对外界环境的信息感知，使高管团队接收到偏颇、带有主观感情色彩的信息，随后高管团队会基于个人的心理偏好利用带有主观性的外界信息作出企业的战略选择。由此可以看出，高管团队特征在一定程度上能够反映出企业战略行为的选择结果。

由利益相关者理论可知，企业被期望在企业活动中平衡利益相关者的权益，不仅是股东，还有社区、员工、政府等多方面。而企业社会责任作为道德和责任的结合体，在平衡利益相关者的选择上必然会受到高管团队认知偏好和价值观的制约，即高管团队特征影响企业社会责任的选择。基于以上分析，本文将从高管预期任期、年龄和学历3个方面来研究高管团队特征对企业社会责任的影响。

1.1.1 高管预期任期

Finkelstein和Hambrick提出，预期任期较长的高管团队对企业的依赖性更强，在战略选择上也更趋保守[20]。也就是说，预期任期越长的高管团队，其对组织的忠诚度会越高，也越有可能接受企业的价值观，并且会从企业的长期利益出发进行战略选择，提高企业社会责任的履行程度。除此之外，预期任期越长，高管团队越有机会去了解和熟悉企业的外部关系网，满足利益相关者的期望和需求，实现双方的共同发展。因此，预期任期越长的管理者团队，越了解企业利益相关者的期望和需求，越能从组织长期利益的角度出发看待企业社会责任。基于以上分析，提出假设H1a：

假设H1a：高管团队预期任期与企业社会责任正相关，即高管团队的预期任期越长，企业社会责任的履行程度越好。

1.1.2 高管年龄

Carlsson和Karlsson提出，高管团队年龄的增长会降低道德风险，并且会使高管更愿意选择保守的企业战略[21]。Daboub认为，高管团队的平均年龄会影响企业从事违规活动的可能性，平均年龄越大，高管团队越会规避违规活动的实行，越容易遵守道德的规范[22]。孙德升提出，高管的年龄越大，考虑问题的角度就越全面，就越有意愿去平衡各方的权益，取得共赢的结果[23]。由此可以看出，年龄的增长，意味着更保守的个人偏好、更丰富的社会经验、更全面的思考角度以及更高的道德水平。基于以上分析，提出假设H1b：

假设H1b：高管团队的年龄特征与企业社会责任正相关，即高管团队年龄越大，企业社会责任效果越好。

1.1.3 高管学历

由高阶理论可知，高管的风险偏好和价值认知会受到个人学历的影响。一般认为，高管的受教育程度越高，受教育年限越长，其建立良好的人生观、价值观的可能性就越高。一方面，学历代表着一个人的能力水平，只有智力高、抗压能力强或者勤奋的个体才能够通过层层考试，突出重围，得到更多的受教育机会。另一方面，孙德升提出，拥有高学历的管理者，其盈利能力通常会强于低学历者，在生活需求得到保障后，他们会更在意大气污染、饮食卫生等社会问题[23]。基于以上分析，提出假设H1c：

假设H1c：高管团队学历特征与企业社会责任正相关，即高管团队的学历越高，企业社会责任效果越好。

1.2 高管团队特征、高管激励与企业社会责任

传统的高阶理论认为，在高管团队特征与战略选择的影响关系中，可能存在中介变量或调节变量，使研究结果存在差异。Jensen 和 Zajac 提出，虽然企业高管团队特征的差异意味着对企业战略的不同偏好，但这些战略偏好在不同的内部治理环境中会产生截然不同的结果[17]。好的公司治理既可以降低高管的非理性行为，又可以弱化“经济人”完全理性行为所形成的道德风险。基于以往的研究，可以看出，许多学者探讨了高管团队特征对企业社会责任的作用效果，但由于学者们忽略了高管团队所处企业的内部治理环境，得到了不同的研究结果。而学术界对于委托—代理理论的探讨，虽然考虑了高管团队所在企业的内部治理环境，但是却没有加入高管团队的特征因素，从而导致其对社会责任的解释力受限。所以，为了得到更有效的研究结果，必须结合委托—代理理论与高阶理论，将企业社会责任、公司治理环境和高管团队特征放入一个分析框架中。

由委托—代理理论可知，企业股东与高管之间会因为企业所有权和经营权的分离而产生委托—代理问题，高管会为了追求个人利益的最大化而忽视公司的权益。但是当企业股东给予高管一定的激励报酬（如薪酬、股权、晋升等），满足了高管的期望效应时，高管就会站在企业的角度，为寻求利益相关者所拥有的外界优势资源而积极履行企业社会责任。Prendergast 研究提出，不同认知、偏好和信念的管理者对激励机制的敏感性是不同的，外在的激励机制容易对管理者的心理起到刺激作用，从而影响管理者的行为决策。

高阶理论指出，高管团队特征能够反映出其对外界环境的风险偏好和对外界信息的感知能力，外界信息经过这种偏好和感知能力的加工处理后

会逐渐演变成企业的战略选择，而在加工处理过程中会存在高管团队对自身利益的衡量。因此，作为企业所有者与企业经营者之间的利益调节机制，高管激励必会作用于高管团队特征与企业社会责任之间的相关关系，并且企业给予高管的激励水平越高，企业社会责任的履行程度就越好。

基于以上分析，本文从薪酬激励、股权激励、晋升激励 3 种激励方式的角度提出研究假设：

假设 H2：企业对高管实行薪酬激励，会正向促进高管团队特征对企业社会责任的作用效果，即薪酬激励越高，作用效果越好。

假设 H3：企业对高管实行股权激励，会正向促进高管团队特征对企业社会责任的作用效果，即股权激励越高，作用效果越好。

假设 H4：企业对高管实行晋升激励，会正向促进高管团队特征对企业社会责任的作用效果，即晋升激励越高，作用效果越好。

2. 研究设计

2.1 样本选择与数据来源

本文以 2012—2016 年公布的 A 股上市公司数据为样本来源。为了确保样本的有效性和可比性，剔除 ST、SST、＊ST 类企业，金融业企业，数据缺失的企业，最终得到 2390 个样本，同时对模型的连续变量进行了 1% 水平上的缩尾处理。

2.2 变量设计

因变量企业社会责任（*CSR*）采用“润灵环球”公布的社会责任评级分数来进行度量。“润灵环球”是中国第一家公益事业咨询企业，其独有的一套评级系统可以排除各种主观原因对评分结果的作用，度量手段更加严格、高效，在学术领域享有盛誉。

基于 Hambrick 和 Mason[8]、Wiersema 和 Bantel[24] 等人的研究，选取高管预期任期（*Time*）、高管年龄（*Age*）、高管学历（*Edu*）3 个指标作为自变量。其中高管预期任期的度量方法借鉴 Antia[25] 的研究，公式如下：

$$Time = (Gtenure_{industry,t} - Gtenure_{i,t}) + (Age_{industry,t} - Age_{i,t}) \tag{1}$$

其中，$Gtenure_{i,t}$ 表示 i 企业高管截至 t 年时任职的年限；$Gtenure_{industry,t}$

表示 i 企业所属行业的全部高管截至 t 年时任职的平均年限；$Age_{i,t}$表示 i 企业高管截至 t 年时的年龄；$Age_{industry,t}$表示 i 企业所属行业的全部高管截至 t 年时的平均年龄。

为了保证实证的可靠性，高管激励选取薪酬激励、股权激励及晋升激励 3 种激励手段作为调节变量。对于高管激励度量，根据方军雄[26]等的研究，采用前三名高管的薪酬总额的自然对数来度量高管团队的薪酬激励（*Pay*）。借鉴辛清泉等[27]对高管薪酬的研究，采用企业高管持股数与企业总股数之比来度量高管的股权激励（*Share*）。根据 Kale、Kini 和 Williams 及廖理等[28]的研究，采用如下计算公式度量高管的晋升激励（*Pro*）：

$$Pro = \ln [\text{CEO 或总经理薪酬} - (\text{前三位高管薪酬总额} - \text{CEO 或总经理薪酬}) \div 2] \tag{2}$$

2.3 模型设计

为了探讨高管团队特征对企业社会责任的影响，检验研究假设 H1a、H1b、H1c，构建如下模型。模型（3）、（4）和（5）分别用于检验高管团队特征的 3 个主要指标——高管预期任期、高管年龄、高管学历对企业社会责任的影响。

$$CSR = \alpha + \beta_1 Time + \beta_2 Size + \beta_3 ROE + \beta_4 Lev + \beta_5 State + \sum Year + \sum Industry + \varepsilon \tag{3}$$

$$CSR = \alpha + \beta_1 Age + \beta_2 Size + \beta_3 ROE + \beta_4 Lev + \beta_5 State + \sum Year + \sum Industry + \varepsilon \tag{4}$$

$$CSR = \alpha + \beta_1 Edu + \beta_2 Size + \beta_3 ROE + \beta_4 Lev + \beta_5 State + \sum Year + \sum Industry + \varepsilon \tag{5}$$

为了研究高管激励对高管团队特征与企业社会责任的调节效应，本文根据温忠麟等[29]检验调节变量作用效果的方法，将自变量（*Time*、*Age*、*Edu*）和调节变量（*Pay*、*Share*、*Pro*）进行中心化处理后，引入高管团队特征和高管激励的交互项，构建层次回归分析模型（6）、（7）和（8），检验 H2、H3、H4。

$$CSR = \alpha + \beta_1 Pay \times Char + \beta_2 Pay + \beta_3 Char + \beta_4 Size + \beta_5 ROE$$

$$+\beta_6 Lev + \beta_7 State + \sum Year + \sum Industry + \varepsilon \quad (6)$$

$$CSR = \alpha + \beta_1 hare \times Char + \beta_2 Share + \beta_3 Char + \beta_4 Size + \beta_5 ROE$$
$$+\beta_6 Lev + \beta_7 State + \sum Year + \sum Industry + \varepsilon \quad (7)$$

$$CSR = \alpha + \beta_1 Pro \times Char + \beta_2 Pro + \beta_3 Char + \beta_4 Size + \beta_5 ROE$$
$$+\beta_6 Lev + \beta_7 State + \sum Year + \sum Industry + \varepsilon \quad (8)$$

其中，*Char* 表示高管团队背景特征。

表 1　变量定义

变量类型	变量名称	符号	说明
因变量	企业社会责任	*CSR*	RLCCW 社会责任报告评级分数
自变量	高管预期任期	*Time*	高管预期任期的平均数
	高管年龄	*Age*	高管的平均年龄
	高管学历	*Edu*	高管学历赋值的平均数。1 = 中专及中专以下，2 = 大专，3 = 本科，4 = 硕士研究生，5 = 博士研究生
调节变量	薪酬激励	*Pay*	前三名高管薪酬总额的自然对数
	股权激励	*Share*	高管持股数 ÷ 企业总股数
	晋升激励	*Pro*	ln［CEO 薪酬 －（前三位高管薪酬总额 － CEO 薪酬）÷2］
控制变量	公司规模	*Size*	公司资产总额的自然对数
	净资产收益率	*ROE*	净利润 ÷ 净资产
	资产负债率	*Lev*	总负债 ÷ 总资产
	最终控股人类型	*State*	产权性质为国家所有的为 1，其他的为 0
	年度虚拟变量	*Year*	控制年份
	行业虚拟变量	*Industry*	控制行业

3. 实证研究

3.1　描述性统计

由表 2 可知，样本中企业社会责任的履行分布相对分散，说明我国企业对其重视程度仍有待加强。虽然在学术领域，企业社会责任已被广泛研究，但是在实际的企业经营活动中，还需要进一步改善。在高管团队特征的指标变量中，高管年龄水平的差距不大，多数都在 40 岁以上。在学历方面，管理者都至少拥有大专及以上的教育程度。管理者学历的平均值为3.359，处在本科学历与硕士研究生学历之间，受教育水平普遍较高。

表2　描述性统计

变量	样本量	均值	标准差	极小值	极大值
CSR	2390	40.156	11.490	22.140	78.320
Time	2390	2.937	2.645	-7.609	10.489
Age	2390	47.641	3.306	39.250	55.000
Edu	2390	3.359	0.552	2.000	4.500
Pay	2390	14.497	0.684	13.060	16.480
Share	2390	0.036	0.099	0.000	0.501
Pro	2390	11.302	1.301	4.200	15.740
Size	2390	22.993	1.430	20.410	26.950
ROE	2390	0.084	0.094	-0.330	0.330
Lev	2390	0.488	0.203	0.060	0.860
State	2390	0.610	0.489	0.000	1.000

3.2　相关性分析

从表3可以初步看出，高管团队的预期任期、年龄、学历与企业社会责任履行程度之间的关系显著为正，高管薪酬激励和晋升激励也与企业社会责任存在显著的正相关关系，这与Orlitzky等[30]、鲁海帆[31]等的研究结果相符。

相关性分析检验了变量之间的多重共线性问题。根据表3可以看出，高管薪酬激励和晋升激励之间的相关系数偏高，为0.735，存在一定程度的共线性。为了防止共线性问题对回归结果的影响，本文将高管薪酬激励和晋升激励分开，加入不同的模型，研究其对高管团队预期任期、年龄、学历与企业社会责任的关系的影响。其余变量间相关系数的绝对值均小于0.5，不存在严重的多重共线性。

表 3　Pearson 相关分析

变量	*CSR*	*Time*	*Age*	*Edu*	*Pay*	*Share*	*Pro*	*Size*	*ROE*	*Lev*	*State*
CSR	1										
Time	0.063***	1									
Age	0.209***	0.072***	1								
Edu	0.233***	0.012	0.150***	1							
Pay	0.273***	-0.012	0.159***	0.270***	1						
Share	-0.069***	0.011	-0.258***	-0.072***	-0.134***	1					
Pro	0.227***	-0.003	0.048**	0.148***	0.735***	-0.024	1				
Size	0.429***	0.037*	0.364***	0.315***	0.464***	-0.280***	0.284***	1			
ROE	0.103***	-0.003	-0.084***	0.005	0.303***	0.064***	0.180***	0.117***	1		
Lev	0.142***	-0.014	0.189***	0.043**	0.188***	-0.251***	0.112**	0.490***	-0.070***	1	
State	0.170***	0.034*	0.407***	0.240***	0.059***	-0.404***	-0.078***	0.355***	-0.120***	0.268***	1

注：***表示在1%的水平上显著，**表示在5%的水平上显著，*表示在10%的水平上显著，下同。

3.3 回归分析

3.3.1 高管团队特征与企业社会责任

高管团队的预期任期、年龄、学历特征与企业社会责任的回归结果如表4所示。整体来看，高管特征与企业社会责任模型的F值都在1%的水平上显著，并且调整R^2均高于20%，说明拟合水平较好，模型构建合理。分别观察每组特征变量与因变量企业社会责任的回归结果，从模型（3）、（4）中可以发现，高管团队预期任期、年龄与企业社会责任的评级分数正相关，并在5%的水平上显著。这就说明，在企业中，高管团队的平均预期任期越长，平均年龄越大，越容易自觉地履行社会责任，与假设一致。从模型（5）中可以发现，高管团队成员的学历越高，企业履行社会责任的效果就越好，其相关关系在1%的水平上显著，同样验证了假设。

表4 高管团队特征与企业社会责任的回归结果

变量	(3)	(4)	(5)
Time	0.763** (2.346)		
Age		0.164** (2.260)	
Edu			1.939*** (4.789)
Size	3.806*** (20.234)	3.716*** (19.133)	3.573*** (18.356)
ROE	6.128*** (2.667)	6.519*** (2.826)	6.348*** (2.772)
Lev	-7.307*** (-5.765)	-7.274*** (-5.735)	-6.704*** (-5.275)
State	1.003** (2.148)	0.685 (1.394)	0.694 (1.476)
Year	控制	控制	控制
Industry	控制	控制	控制
F值	91.868***	91.796***	95.024***
调整R^2	0.210	0.210	0.218

3.3.2 高管团队特征、高管激励与企业社会责任

本文从高管激励的3种激励手段入手，对其在高管团队特征与企业社会责任间的调节作用进行回归分析。其中，高管团队特征考虑高管预期任期、年龄和学历3个指标因素。在对高管激励的调节作用进行实证回归时，主要采用温忠麟等[29]提出的层次分析法，在对自变量高管团队特征样本数据与调节变量高管激励样本数据进行中心化处理后，对模型进行层次回归检验。

表5列出了薪酬激励对高管团队特征与企业社会责任的调节效用的回归结果。从中可以看出，高管团队预期任期、年龄、学历特征与薪酬激励的交互项的系数均为正数，在1%的水平上显著，且层次回归的R^2均有所增加，说明薪酬激励在高管团队预期任期、年龄、学历与企业社会责任间存在正向的调节效用，即薪酬激励的强度越大，其对高管团队特征与企业社会责任的调节作用效果越好。

股权激励作为调节变量的回归结果如表6所示。可以发现，高管团队的预期任期、年龄、学历与股权激励的交互项的系数均显著为正，并且层次回归的R^2均有所增加，说明引入股权激励的调节变量后，高管团队特征对企业社会责任有了显著的促进，并且股权激励越大，调节作用越强。

晋升激励的调节作用的回归结果如表7所示。从中可以看出，高管团队的三个指标量与晋升激励的交互项的回归系数均显著为正，并且加入交互项后的回归结果R^2均有所增加，说明晋升激励的强度越大，其在高管团队的预期任期、年龄、学历特征与企业社会责任之间的调节作用效果越好。

表5　高管薪酬激励的调节作用的回归结果

变量	(3)	(4)	(5)	(6)	(7)	(8)
Time	0.806** (2.482)	0.930*** (2.842)				
Age			0.151** (2.091)	0.180** (2.504)		
Edu					1.738*** (4.234)	1.889*** (4.612)

续表

变量	(3)	(4)	(5)	(6)	(7)	(8)
Time×*Pay*		1.245*** (2.776)				
Age×*Pay*				0.563*** (6.008)		
Edu×*Pay*						2.729*** (4.979)
Pay	1.341*** (3.717)	1.288*** (3.568)	1.273*** (3.525)	1.437*** (3.995)	1.044*** (2.859)	1.019*** (2.804)
Size	3.492*** (16.966)	3.459*** (16.801)	3.427*** (16.290)	3.346*** (15.984)	3.355*** (16.079)	3.317*** (15.963)
ROE	3.843 (1.619)	4.165* (1.755)	4.312* (1.808)	4.063* (1.716)	4.537* (1.912)	5.191** (2.195)
Lev	-7.074*** (-5.590)	-6.980*** (-5.521)	-7.073*** (-5.584)	-6.580*** (-5.222)	-6.606*** (-5.204)	-6.584*** (-5.213)
State	1.132** (2.424)	1.212** (2.594)	0.836* (1.697)	0.946* (1.934)	0.831* (1.760)	0.970** (2.061)
Year	控制	控制	控制	控制	控制	控制
Industry	控制	控制	控制	控制	控制	控制
F值	82.545***	74.436***	82.260***	78.209***	84.418***	78.542***
R^2	0.217	0.220	0.217	0.228	0.221	0.229
调整R^2	0.214	0.217	0.214	0.225	0.218	0.226

表6 高管股权激励的调节作用的回归结果

变量	(3)	(4)	(5)	(6)	(7)	(8)
Time	0.739** (2.273)	0.742** (2.284)				
Age			0.181** (2.489)	0.173** (2.383)		
Edu					1.877*** (4.632)	1.945*** (4.777)

续表

变量	(3)	(4)	(5)	(6)	(7)	(8)
Time × Share		6.203 * (1.717)				
Age × Share				1.887 *** (2.803)		
Edu × Share						7.782 * (1.673)
Share	6.261 *** (2.673)	6.219 *** (2.656)	6.875 *** (2.928)	11.686 *** (4.021)	5.736 ** (2.453)	6.883 *** (2.826)
Size	3.855 *** (20.423)	3.825 *** (20.189)	3.758 *** (19.326)	3.765 *** (19.389)	3.625 *** (18.534)	3.618 *** (18.502)
ROE	5.927 ** (2.581)	5.891 ** (2.566)	6.347 *** (2.755)	6.242 *** (2.713)	6.157 *** (2.689)	6.038 *** (2.637)
Lev	-7.015 *** (-5.522)	-6.993 *** (-5.507)	-6.931 *** (-5.450)	-6.836 *** (-5.381)	-6.456 *** (-5.070)	-6.416 *** (-5.039)
State	1.430 *** (2.901)	1.459 *** (2.959)	1.117 ** (2.179)	1.268 ** (2.463)	1.095 ** (2.201)	1.144 ** (2.295)
Year	控制	控制	控制	控制	控制	控制
Industry	控制	控制	控制	控制	控制	控制
F 值	81.485 ***	72.818 ***	81.648 ***	73.658 ***	84.073 ***	75.099 ***
R^2	0.215	0.216	0.215	0.218	0.220	0.221
调整 R^2	0.212	0.213	0.213	0.215	0.218	0.218

表 7　高管晋升激励的调节作用的回归结果

变量	(3)	(4)	(5)	(6)	(7)	(8)
Time	0.786 ** (2.431)	0.755 ** (2.333)				
Age			0.162 ** (2.246)	0.186 *** (2.594)		
Edu					1.739 *** (4.300)	1.791 *** (4.453)

续表

变量	(3)	(4)	(5)	(6)	(7)	(8)
Time × *Pro*		0. 485 * (1. 936)				
Age × *Pro*				0. 297 *** (6. 056)		
Edu × *Pro*						1. 576 *** (5. 479)
Pro	0. 979 *** (5. 711)	0. 962 *** (5. 603)	0. 972 *** (5. 669)	0. 957 *** (5. 622)	0. 905 *** (5. 268)	0. 845 *** (4. 939)
Size	3. 497 *** (17. 974)	3. 487 *** (17. 922)	3. 412 *** (17. 029)	3. 389 *** (17. 042)	3. 314 *** (16. 596)	3. 295 *** (16. 597)
ROE	4. 523 ** (1. 966)	4. 588 ** (1. 996)	4. 918 ** (2. 129)	4. 962 ** (2. 165)	4. 834 ** (2. 106)	5. 392 ** (2. 360)
Lev	-7. 144 *** (-5. 673)	-7. 105 *** (-5. 644)	-7. 119 *** (-5. 648)	-6. 828 *** (-5. 454)	-6. 634 *** (-5. 249)	-6. 580 *** (-5. 238)
State	1. 463 *** (3. 107)	1. 487 *** (3. 159)	1. 1478 ** (2. 316)	1. 171 ** (2. 382)	1. 155 ** (2. 426)	1. 262 *** (2. 665)
Year	控制	控制	控制	控制	控制	控制
Industry	控制	控制	控制	控制	控制	控制
F 值	85. 528 ***	76. 529 ***	85. 389 ***	81. 114 ***	87. 548 ***	82. 104 ***
R^2	0. 223	0. 224	0. 223	0. 235	0. 227	0. 237
调整 R^2	0. 221	0. 222	0. 220	0. 232	0. 225	0. 234

3.4 稳健性检验

从表5、表6、表7可以看出，高管激励会影响高管团队特征与企业社会责任之间的相关关系。为了确保高管激励作为调节变量的作用，借鉴柴才等[32]对高管激励的研究，本文进一步尝试如下检验：①对于薪酬激励，采用高管团队薪酬总额的自然对数作为调节变量的度量；②选用 CEO 的持股比例来重新衡量股权激励的强度；③采用另一种度量晋升激励的方法，其公式如下：*TPro* = ln［CEO 薪酬 -（高管总薪酬 - CEO 薪酬）÷（高管人数 -1)］。最终稳健性检验的结果与表5、表6、表7的回归结果一致，限于篇幅，不列出稳健性检验结果。

借鉴盛明泉等[33]处理内生性问题的方法，选用滞后一期的高管激励数据处理内生性问题，其结果不变。

4. 结论与建议

4.1 结论

本文在系统分析已有文献及研究理论的基础上，以高管团队预期任期、年龄、学历作为衡量高管团队特征的3个指标，以薪酬激励、股权激励、晋升激励作为高管激励的3种手段，实证研究了高管团队特征对企业社会责任的影响，以及高管激励作为调节变量对上述相关关系的作用效果。得到了以下结论：

①通过高管团队特征与企业社会责任的回归发现，高管团队的预期任期、年龄、学历特征，均对企业社会责任的履行有显著的积极作用，即高管团队预期任期越长、年龄越大、受教育程度越高，对企业社会责任的履行就越积极。

②将高管激励的3种方式作为调节变量，对高管团队特征的3个指标变量与企业社会责任之间进行层次回归，结果发现，高管激励会在高管团队特征与企业社会责任之间产生调节作用。高管薪酬激励、股权激励、晋升激励作为调节变量，可以增强高管团队预期任期、年龄、学历特征对企业社会责任的影响，即高管激励的水平越高，高管团队特征与企业社会责任的正相关关系越大。

③高管激励作为调节变量的实证结果指出，高管团队的年龄、学历等特征作为度量高管个人偏好和价值认知的指标，在一定程度上决定了企业的战略选择，影响着企业社会责任的履行程度，但在此过程中还会受到企业内部治理条件的作用。高管激励作为企业内部治理的方式之一，能够放大高管团队特征对战略选择的作用关系，提高企业社会责任的履行程度。

④本文研究了高管激励在高管团队特征与企业社会责任之间的调节作用，有效地结合了高阶理论和委托—代理理论，丰富了相关研究。同时，为不同企业提高社会责任的履行提供了新的实践思路，可以采取适当的激励机制来提高企业整体对社会责任的重视程度。

4.2 建议

本文基于提高企业社会责任的目的，提出以下建议：

4.2.1 科学建设企业高管团队

为了提高企业社会责任的履行程度，获取更多的社会资源，赢得企业利益相关者的青睐，企业应该选拔年龄相对较大、受教育水平相对高的管理者加入高管团队，并且给予更长的任期。这样，拥有阅历丰富、更加稳定、更具忠诚度的高管团队的企业会更积极地履行企业社会责任，有助于企业长期、可持续的发展。

4.2.2 合理制定高管团队的激励机制

实证结果表明，高管薪酬激励、股权激励、晋升激励在高管团队预期任期、平均年龄、学历与企业社会责任之间均存在显著的调节作用。薪酬激励、股权激励及晋升激励作为高管激励的 3 种方式，激励水平越高，对高管团队的吸引力越大，就越有利于企业积极地为利益相关者履行社会责任。因此，在制定激励机制时，需将薪酬激励、股权激励、晋升激励均纳入激励模式中，全面深入地设计专属于高管团队的激励机制，合理安排三者的组合以提高激励效率。

4.2.3 关注高管股权激励与晋升激励的激励作用

首先，股权激励作为一种重要的高管激励方式，能够促进企业社会责任的履行。同时，高管股权激励可以调节高管团队预期任期、年龄、学历特征与企业社会责任之间的作用关系。这说明，有效地运用股权激励，不仅可以满足企业利益相关者的期望和需求，还能够在高管团队特征的基础上，引导高管团队更加重视社会责任的履行，提高企业价值。但在实际中，真正实施股权激励的企业并不多，其激励的股票或期权数额也不大。因此，为了更好地发展，企业需要更加重视股权激励的影响，增加股票和期权的配置，提高对股票和期权的关注度。

其次，实证结果表明，晋升激励同样对企业社会责任的提高有积极影响，亦可以促进高管团队特征对企业社会责任的作用效果。但回顾已有文献可知，国内外对晋升激励的研究较少，并且在企业社会责任的研究模型中尚未考虑到晋升激励的调节效用。因此，企业在设计激励机制时，除薪酬激励、股权激励之外，还应重视晋升激励的影响，将晋升激励与企业社会责任紧密结合起来，通过扩大企业内部高管层的薪酬差距，刺激高管团队成员对职位晋升的渴望，增强高管团队成员的责任感、荣誉感和使命感，使其更加关注企业的内在发展，进而积极地履行对利益相关者的社会责任，实现企业长期、可持续的发展。

参考文献

[1]Carroll A B. A three - dimensional conceptual model of corporate performance [J]. Academy of Management Review, 1979, 4(4):497 - 505.

[2]高汉祥,郑济孝. 公司治理与企业社会责任:同源、分流与融合[J]. 会计研究,2010(6):32 - 36.

[3]张正勇,吉利,毛洪涛. 公司治理影响社会责任信息披露吗? ——来自中国上市公司社会责任报告的经验证据[J]. 经济经纬,2012(6):107 - 111.

[4]王文成,王诗卉. 中国国有企业社会责任与企业绩效相关性研究[J]. 中国软科学,2014(8):131 - 137.

[5]崔秀梅,刘静. 市场化进程、最终控制人性质与企业社会责任——来自中国沪市上市公司的经验证据[J]. 软科学,2009,23(1):30 - 38.

[6]周中胜,何德旭,李正. 制度环境与企业社会责任履行:来自中国上市公司的经验证据[J]. 中国软科学,2012(10):59 - 68.

[7]李正,官峰,李增泉. 企业社会责任报告鉴证活动影响因素研究——来自我国上市公司的经验证据[J]. 审计研究,2013(3):102 - 112.

[8]Hambrick D C, Mason P A. Upper echelons: The organization as a reflection of its top managers [J]. Social Science Electronic Publishing, 1984, 9(2):193 - 206.

[9]Shipilov A, Danis W. TMG Social capital, strategic choice and firm performance [J]. European Management Journal, 2006, 24(1):16 - 27.

[10]Buyl T, Boone C, Hendriks W, et al. Top management team functional diversity and firm performance: The moderating role of CEO characteristics [J]. Journal of Management Studies, 2011, 48(1):151 - 177.

[11]魏立群,王智慧. 我国上市公司高管特征与企业绩效的实证研究[J]. 南开管理评论,2002,5(4):16 - 22.

[12]李春涛,孔笑微. 经理层整体教育水平与上市公司经营绩效的实证研究[J]. 南

开经济研究,2005(1):8－14.

[13]孙海法,姚振华,严茂胜. 高管团队人口统计特征对纺织和信息技术公司经营绩效的影响[J]. 南开管理评论,2006,9(6):61－67.

[14]李华晶,张玉利. 高管团队特征与企业创新关系的实证研究——以科技型中小企业为例[J]. 商业经济与管理,2006(5):9－13.

[15]何霞,苏晓华. 高管团队背景特征、高管激励与企业 R&D 投入——来自 A 股上市高新技术企业的数据分析[J]. 科技管理研究,2012,32(6):100－108.

[16]张兆国,刘亚伟,杨清香. 管理者任期、晋升激励与研发投资研究[J]. 会计研究,2014(9):81－88.

[17]Jensen M, Zajac E J. Corporate elites and corporate strategy: How demographic preferences and structural position shape the scope of the firm [J]. Strategic Management Journal, 2004, 25(6):507－524.

[18]李华晶,邢晓东. 高管团队与公司创业战略:基于高阶理论和代理理论融合的实证研究[J]. 科学学与科学技术管理,2007,28(9):139－144.

[19]Smith N, Smith V, Verner M. Do women in top management affect dirm performance? A panel study of 2500 danish firms [Z]. University of Copenhagen, Department of Economics, Centre for Industrial Economics, 2005.

[20] Finkelstein S, Hambrick D C. Strategic Leadership: Top Executives and Their Effects on Organizations [M]. Minneapolis, EUA: West, 1996.

[21]Carlsson G, Karlsson K. Age, cohorts and the generation of generations [J]. American Sociological Review, 1970, 35(4):710.

[22]Daboub A J. Top management team characteristics and corporate illegal activity [J]. Academy of Management Review, 1995, 20(1):138.

[23]孙德升. 高管团队与企业社会责任:高阶理论的视角[J]. 科学学与科学技术管理,2009,30(4):188－193.

[24]Wiersema M F, Bantel K A. Top management team demography and corporate strategic change [J]. Academy of Management Journal, 1992, 35(1):91－121.

[25]Antia M, Pantzalis C, Park J C. CEO decision horizon and firm performance: An empirical investigation [J]. Journal of Corporate Finance, 2010, 16(3):288－301.

[26]方军雄. 我国上市公司高管的薪酬存在粘性吗? [J]. 经济研究,2009(3):110－124.

[27]辛清泉,林斌,王彦超. 政府控制、经理薪酬与资本投资[J]. 经济研究,2007(8):

110 - 122.

[28]廖理,廖冠民,沈红波. 经营风险、晋升激励与公司绩效[J]. 中国工业经济,2009(8):119 - 130.

[29]温忠麟,侯杰泰,张雷. 调节效应与中介效应的比较和应用[J]. 心理学报,2005,37(2):268 - 274.

[30]Orlitzky M, Schmidt F L, Rynes S L. Corporate social and financial performance: A meta - analysis [J]. Organization Studies, 2003, 24(3):403 - 441.

[31]鲁海帆. 高管团队内部货币薪酬差距与公司业绩关系研究——来自中国 A 股市场的经验证据[J]. 南方经济,2007(4):34 - 44.

[32]柴才,黄世忠,叶钦华. 竞争战略、高管薪酬激励与公司业绩——基于三种薪酬激励视角下的经验研究[J]. 会计研究,2017(6):45 - 52.

[33]盛明泉,张春强,王烨. 高管股权激励与资本结构动态调整[J]. 会计研究,2016(2):44 - 50.

RESEARCH ON THE EFFECT OF EXECUTIVE CHARACTERISTICS AND INCENTIVES ON CORPORATE SOCIAL RESPONSIBILITY

ZHOU Jia-nan, *LV Zhen-yi*

Abstract: Based on the sample of A – share listed company data released from 2012 to 2016, combined with theoretical analysis of Upper Echelons Theory and Principal – agent Theory, the impact of the characteristics of senior management teams on corporate social responsibility, and the relationship between the expected term, age, academic characteristics, and corporate social responsibility of the senior management team under the regulation of incentives are discussed. The results show that the demographic characteristics of the senior management team as an indicator to measure the personal preferences of the senior management team, to a certain extent, determine the different strategic choices of the company, affect the fulfillment of corporate social responsibility. At the same time, the relationship between executive characteristics and CSR will also be influenced by executive incentives.

Key words: Corporate social responsibility; Executive team characteristics; Executive incentive; Regulatory effect

民营企业中国有股权对高管监督治理效力的研究①

韩丽萍　黄登仕

摘　要： 本文以2008—2016年沪深A股民营上市公司为样本，研究了非控股国有股权对企业高管的监督治理作用。实证结果表明，民营企业中的非控股国有股权会提升高管异常变更的概率，进一步研究发现：当民营企业未被证券监管时，国有股权与高管变更显著正相关；而对于被证券监管的民营企业，其国有股权对高管变更存在显著的抑制作用。这说明，非控股国有股权对高管具有一定的监督治理作用，但是这种治理作用效力有限，对于潜在声誉受损成本大于既定收益的违规行为，代表国有股权的股东会主动进行监督，对相关高管作出变更；对经济利益超过声誉受损成本的违规行为，国有股东会默许甚至支持，对相关高管的监督机制失效。

关键词： 非控股国有股权；证券监管；高管变更

0. 引言

党的十八大提出："毫不动摇鼓励、支持、引导非公有制经济发展，保证各种所有制经济依法平等使用生产要素、公平参与市场竞争、同等受到法律保护。" 2015年9月24日，国务院在《关于国有企业发展混合所有制经济的意见》中提出，希望国有资本能够以各种方式对非国有企业进行投资，并且利用国有资本的平台作用在各个重点行业领域对成长性好、潜力大的非国有企业进行投资入股；大力支持国有企业以多种方式与非国有企业进行股权融合，发展混合所有制经济。从国家的政策方针中可以感受到，

① 基金项目：国家自然科学基金项目（71372109）。作者简介：韩丽萍（1991—　），女，湖北荆州人，硕士研究生；黄登仕（1961—　），男，重庆忠县人，博士，教授，博士生导师。

国家对于国有股权投资入股非公有制经济是大力提倡的，这是经济发展的趋势。在党和国家坚定不移的支持下，我国民营企业不断发展壮大，在我国经济体系中扮演着越来越重要的角色。但是，随着混合所有制改革的不断深入，国有资本对参股公司的治理和监控成为国有参股企业股权管理的重点和难点[1]。

近年来，国有股权一直被视为民营企业建立政治关联的重要途径[2~4]。在中国现有的经济体制下，国有股权在产权保护、资源获取、行业扩张等经营战略方面有着先天优势，因此成为民营企业建立政治关联的重要渠道。当国有股权成为政治关联的中介时，是否能够有效地实施对参股公司的管理和监控以保证国有资本的运营，实现国有资产的保值增值？因此，有必要研究民营企业中的非控股国有股权对公司治理的影响。高管变更一直是衡量公司治理机制有效性的指标之一：当公司治理机制有效时，业绩不佳或是渎职的管理层会及时被识别并更换[5~6]；当丑闻发生时，有效的公司治理机制会使相关的公司高管被更换或辞退。Jayaraman 等[7]和 Sun 等[8]发现，公司丑闻的公布与高管变更的频率是正向相关的。所以，为了研究非控股国有股权对于公司治理的影响，本文选取民营上市公司为样本，考察民营企业中的国有股权对高管变更的影响，尤其是当公司被证券监管机构处罚时，国有股权对高管变更的影响机制。

1. 文献综述与研究假设

证券监管的一个重要目的是保护投资者，特别是中小投资者利益。由于信息不对称性，普通投资者通常处于信息劣势。此时，市场的监管者必须发挥监管职责，努力消除信息不对称造成的市场操纵、内幕交易、欺诈等违法违规行为，切实保护投资者的利益免受侵害。证券监管机构拥有法律赋予的行政处罚权力，行使监管职能的手段包括公开批评、公开谴责、立案调查、警告、罚款等。证券监管机构在发现上市公司违规并作出处罚决定后一般会发出公告。醋卫华[9]对发生丑闻的公司的高管变更情况进行研究，发现声誉惩罚与这些丑闻公司的高管变更概率显著正相关，声誉惩罚会导致丑闻公司高管变更概率增大。谢盛纹和陈娇[10]发现，存在信息披露违规的公司，其高管变更的可能性更高，且高管被变更的公司的市场反应比高管未被变更的公司要好。当公司发生财务重述后，其高管变得更频繁[11]。另外，Chen 等[13]也发现，处罚公告当年违规公司的高管离职率显著上升，这是执法有效性的一种体现。上述研究均指明，当公司出现证券违规丑闻并被实施监管处罚时，企业高管变更的概率会提升。

国有股权通过政府对企业的干预力度和公司管理层的政治动机影响公司的治理水平[13]。而且，由于政府资源的稀缺性，非控股国有股权相比于其他中小股东对民营企业的影响力更大、法律监督更强[14]。另外，国有股权往往意味着背后的政府监督。因为国有资本在企业中占有一定股权，这种绑定利益使政府更愿意付出成本加强对公司的监督，当公司中国有股权比例增大时，政府对公司治理及监督的意愿更强烈[15]。因此，可以认为中国政府股东对经理的渎职行为可以起到一定的监督和约束作用。此外，从经济效益的角度看，非控股国有股东往往是追求短期内的投资收益[16]，所以，为实现其经济目标、维护自身利益，非控股国有股东也会加强对其参股民营企业的监督力度。

通过以上证券监管处罚、国有股权对高管变更影响的分析，本文推测：当民营企业受到证券监管处罚时，高管变更的概率会增大；民营企业中引入国有股权会加强公司的治理效力，表现为对不称职高管进行变更的概率提升。基于此，提出本文的假设。

假设：当公司受到证券监管处罚时，高管变更概率增大，民营企业中的国有股权会提高高管异常变更的概率。

2. 研究设计

2.1　样本选择和数据来源

本文选取 2008—2016 年沪深 A 股中所有民营上市公司（实际控制人为自然人或家族企业）为研究样本，对原始样本数据进行整理并按照下列规则删除部分数据样本：删除上市方式为间接上市的民营企业，以保证民营企业的纯粹性；删除金融行业公司数据样本；删除被 ST 处理的公司样本数据；删除变量数据缺失的样本数据。本文研究中涉及的处罚属于证券监管处罚，因此重点关注证监会、上交所、深交所（“一会两所”）和财政部对上市民营企业的证券监管处罚。最后，剩余样本数5020个，其中受到证券监管处罚的样本数为667个。文中涉及的民营企业相关财务数据、证券监管处罚数据、高管变更和股权结构等数据均来自国泰安数据库。在进行数据分析前，对所有连续变量在1%和99%处进行缩尾处理。

2.2 模型设计和变量定义

为研究国有股权、证券监管处罚对高管变更的影响，本文设定模型（1）。因变量高管变更为二分类虚拟变量，因此采用Logistic模型。另外，为研究国有股权与证券监管之间是否存在调节效应，即研究证券监管处罚是否会使国有股权对高管变更概率的影响效力发生改变，模型中引入二者交互项 $SOE_{it} \times Violation_{it}$。

$$
\begin{aligned}
Turnover_{it} = {} & \beta_0 + \beta_1 SOE_{it} + \beta_2 Violation_{it} \\
& + \beta_3 SOE_{it} \times Violation_{it} + Control_{it} + \varepsilon_{it}
\end{aligned} \tag{1}
$$

其中，*Turnover* 为高管变更。我国通常称公司高管为“董事长”或“总经理”，参照王俊秋等[18]国内学者的做法，本文定义的高管是公司董事长或总经理。高管发生变更时，公司会对外界进行公示并说明其变更原因。高管变更的原因包括辞职、退休、任期届满、健康原因、工作变动、非到期解聘、个人原因、控股权变动、违规或犯罪等。其中有些变更属于主动、正常变更，如退休；有些则属于异常情况，如违规犯罪。所以，Defond和Hung[19]将高管变更分为正常变更与异常变更。正常变更是指高管职位变更并非其个人经营管理能力导致的，如健康原因、任期届满、控股权变动、退休等这些客观因素属于正常变更的原因；反之，异常变更则指高管被变更是由于其经营管理能力不够、表现欠佳无法达到公司治理目标，如非到期解聘、个人原因、工作变动、违规或犯罪、辞职等均属于异常变更的原因[20]。由于本文关注企业在受到证券监管处罚的情境下，国有股权是否会对高管变更产生影响，因此只保留了高管异常变更的观测值：5020个全样本中发生高管异常变更的观测点有616个，667个违规样本中发生高管异常变更的观测点为106个。若样本公司某年高管发生异常变更，*Turnover* 取1；否则取0。

SOE 是民营企业中非控股国有股权的代理变量。参照宋增基等[2]的研究，本文选取民营上市公司中含有的国有股权对 SOE 进行度量。当公司前十大股东中含有国有股东时，SOE 取 1；否则取 0。选取前十大股东，是为了保证非控股国有股东对企业具有足够的影响力。为进行稳健性检验，本文还选取了国有股权比例（SOER）作为代理变量。SOER 为公司前十大股东中国有股东股本占前十大股东总股本的百分比。参考杨中伦和余汉等学者的研究方法，当公司前十大股东中不止一家国有股东时，将前十大股东中的所有国有股相加计算[2~4]。

Violation 是证券违规的代理变量。如果上市民营企业在某一年被证券监管机构发布违规处罚公告，则该公司当年 Violation 取 1；否则取 0。另外，在进行稳健性检验时采用公司的违规公告次数（Violations）进行回归分析。Violations 是指某上市民营企业某年受到违规处罚的公告数目，当年没有被发布处罚公告时，Violations 取 0。

根据前文的理论分析及假设，当企业受到证券监管处罚时高管变更概率增大，β_2 应显著为正；若民营上市公司含有国有股权，则国有股权会加强对高管的监督和对公司的治理，SOE 的系数 β_1 应显著为正。引入二者的交互项 $SOE_{it} \times Violation_{it}$ 是为了研究当民营上市公司受到证券监管处罚时，国有股权对高管的治理作用是否会受到影响。

参考以往文献中对高管变更影响因素的研究，本文选取的控制变量可被分为 4 大类，分别是公司基本特征、公司治理特征、法律环境、年度行业虚拟变量。各控制变量的定义与说明见表 1。

公司基本特征类变量如下：Size 为公司规模，用总资产的自然对数表示。规模越大，业务越复杂，更换高管的影响和成本越大，短时间内更换高管的难度越大，因而变更的频率越低。ROE 为净资产收益率，数值越大，说明公司业绩越好，高管被变更的可能也越小。Lev 为财务杠杆，企业杠杆率越大，意味着面临的财务风险越大，高管被变更的可能性也越大。OCF 为经营现金流比率，等于经营现金流与总资产之比，是当公司处于财务困境时评判高管经营能力的指标。当公司陷入财务困境时，能够给公司带来大量资金的高管会被认为是可以带公司走出困境的优秀管理者。Growth 为增长率，等于营业收入增长率。成长性较高的公司通常拥有较大的市场空间，面临的行业竞争程度更低，高管变更的频率也更低。

公司治理特征类变量如下：*Dual* 为两职合一代理变量。当总经理和董事长由同一人担任时，*Dual* 取 1；否则取 0。当两职合一时，高管拥有的权利更大，其被变更的难度也越大。*Indepratio* 为独立董事比例，等于独立董事人数与董事会总人数的比值。独立董事治理作用的发挥直接影响公司高管的变更。我国公司法规定，上市公司独立董事人数应至少占董事会总人数的1/3，所以当公司独立董事比例大于1/3 时，*Indepratio* 取 1；否则取 0。*Separation* 为两权分离度代理指标，等于最终控制人拥有的控制权与现金流权的差值，*Separation* 越大说明公司的两权分离度越高。*Top*1 为第一大股东持股比例，通常被用来描述公司的股权集中度，其在投资者法律保护水平较低的国家可以作为投资者保护的一种替代机制，从而起到公司治理的作用，而且高管变更会受到大股东持股比例的影响[20]。此外，大股东出于自身利益的考虑，会密切关注公司的日常经营，也会加强对公司高管的监管与约束。*Stkpro* 为董事长与总经理持股比例之和，高管持股比例越高，其被变更的可能性越小。

Law 为法律环境的代理变量，用法律环境指数表示，该指数参考樊纲等[21]编著的法律环境指数。*Law* 是虚拟变量。当上市公司注册地的法律环境指数大于当年样本的中位数时，则将其定义为制度环境好的地区，取值为 1；否则取 0。该指数更新很慢，最新版本的数据是以 2008 年为基期，截至 2014 年，因此本文 2008—2014 年的法律环境指数数据直接采用樊纲等编制的指数，2015—2016 年的数据参考马连福等的方法，用 2014 年的数据替代。

本文对行业的划分以中国证监会颁布的《上市公司行业分类指引指引》2012 版为依据。当民营企业属于保护性行业时，*ProcInd* 取 1；否则取 0。政府在一定时期内会有特定的发展目标，进而会对个别行业给予政策偏向，此时监管机构对这些行业也会放松监管，导致这些保护性行业的证券执法效率偏低。关于保护性行业的确定，本文参考辛清泉和谭伟强[22]的方法①。

表 1 控制变量定义

变量名称	变量符号	变量定义
总资产	*Size*	上一年度公司总资产的自然对数
净资产收益率	*ROE*	上一年末利润总额 ÷ 上一年末股东权益
财务杠杆	*Lev*	上一年末总负债 ÷ 上一年末总资产
经营现金流比率	*OCF*	上一年经营现金流 ÷ 上一年末总资产
增长率	*Growth*	上一年营业收入增长率
董事长、总经理两权合一	*Dual*	总经理同时兼任董事长时取 1；否则取 0
独立董事比例	*Indepratio*	独立董事比例大于 1/3 则取 1；否则取 0
两权分离度	*Seperation*	最终控制人控制权与所有权之差
大股东持股比例	*Top*1	第一大股东持股比例
董事长总经理持股比例	*Stkpro*	董事长与总经理持股比例之和
法律环境指数	*Law*	法律环境指数哑变量。大于当年样本中位数取 1；否则取 0
保护性行业哑变量	*ProcInd*	上市公司属于保护性行业取 1；否则取 0
行业哑变量	*Industry*	上市公司属于某一行业则取 1；否则取 0
年度哑变量	*Year*	时间属于某一年时取 1；否则取 0

2.3 描述性统计

为了对数据有一个较为直观的初步了解，本文运用 STATA 14.0 对全部数据样本进行描述性统计分析，结果如表 2 所示。

从表 2 可以看出，高管异常变更的均值为 0.123；国有股权（*SOE*）的均值为 10.5%，国有股权比例（*SOER*）的均值为 0.8%，说明民营企业含有国有股权的情况不是特别常见。证券违规（*Violation*）均值为 0.133，说明民营企业收到监管处罚的比例达到 13.3%。在控制变量方面，公司规模（*Size*）均值为 21.488，净资产收益率（*ROE*）均值为 0.079，财务杠杆（*Lev*）均值为 0.357，说明民营上市公司的负债整体水

① 根据证监会的分类标准，确定以下行业为保护性行业：B 采掘业，C25 石油加工及炼焦业，C31 黑色金属冶炼及压延加工业，C32 有色金属冶炼及压延加工业，D(D44、D45、D46) 电力、煤气及水的生产和供应业。

平正常，但是盈利状况不太理想。营业收入增长率（*Growth*）的均值为0. 206，增长空间较大。独立董事比例（*Indepratio*）均值为0. 479，说明接近一半的民营企业独立董事比例超过1/3。两权分离度（*Seperation*）均值为0. 057，大于0，说明样本民营企业两权分离度较高。

表2　描述性统计

变量名称	样本数	均值	标准差	最大值	最小值
Turnover	5020	0. 123	0. 328	1	0
SOE	5020	0. 105	0. 307	1	0
SOER	5020	0. 008	0. 034	0. 238	0. 000
Violation	5020	0. 133	0. 339	1. 000	0
Violations	5020	0. 169	0. 486	5. 000	0. 000
Size	5020	21. 488	0. 945	24. 59	19. 59
ROE	5020	0. 079	0. 073	0. 297	-0. 204
Lev	5020	0. 357	0. 194	0. 819	0. 035
OCF	5020	0. 041	0. 073	0. 236	-0. 179
Growth	5020	0. 206	0. 380	2. 225	-0. 493
Dual	5020	0. 376	0. 484	1. 000	0
Indepratio	5020	0. 479	0. 500	1	0
Seperation	5020	0. 057	0. 078	0. 284	0. 000
Top1	5020	0. 328	0. 136	0. 691	0. 083
Stkpro	5020	0. 163	0. 171	0. 598	0. 000
Law	5020	0. 554	0. 497	1	0
ProcInd	5020	0. 042	0. 202	1	0

3. 实证结果及分析

3. 1　变量的分组检验

进行回归分析前，先按照高管是否发生异常变更将样本分为两组，进行变量分组T检验。第一组是未发生高管变更的企业样本，第二组是发生高管变更的企业样本。T检验将高管未变更组与变更组的均值进行比较，检验各变量在两组之间是否存在显著差异。

由表3的结果可知，国有股权（*SOE*）、证券监管（*Violation*）、杠杆率

(*Lev*)、独立董事比率(*Indepratio*)、保护性行业公司(*ProcInd*)变更组的均值高于未变更组,且差异显著。由此可以初步推断,这些变量与高管变更正相关。高管变更会因公司丑闻的公布而变得更加频繁,这一结论早在2004年就被Jayaraman等发现并证实。谢盛纹和陈娇[10]也证明了发生信息披露违规的公司,其高管更容易被变更。财务杠杆(*Lev*)过高,说明企业资本结构不合理,存在潜在的资金危险,反映了高管的企业经营管理能力不足,因此预期高管变更与财务杠杆(*Lev*)正相关。另外,未变更组的净资产收益率(*ROE*)、经营现金流比率(*OCF*)显著高于变更组,可以初步判断这些因素与高管变更负相关。

表3 单变量分组检验

变量	未发生高管变更	发生高管变更	t值
	均值	均值	
SOE	0.100	0.143	-3.2572***
SOER	0.008	0.011	-1.743*
Violation	0.127	0.172	-3.063***
Violations	0.159	0.237	-3.736***
Size	21.486	21.498	-0.291
ROE	0.081	0.063	5.816***
Lev	0.353	0.391	-4.557***
OCF	0.042	0.032	3.183***
Growth	0.204	0.221	-1.051
Dual	0.377	0.367	0.493
Indepratio	0.473	0.521	-2.230**
Seperation	0.057	0.054	1.009
*Top*1	0.329	0.324	0.847
Stkpro	0.165	0.153	1.555
Law	0.556	0.544	0.552
ProcInd	0.041	0.055	-1.678*

注:***、**、*分别表示在1%、5%、10%的水平上显著。

3.2 回归分析

本文的样本观测值是由时间序列数据与截面数据组成的混合截面数据，共有样本数5020个，时间跨度为9年。由于因变量为二分类虚拟变量，本文使用Logistic模型进行回归分析。基于Petersen[23]对非平衡面板数据的调整建议，本文对所有数据样本都进行了时间、个体两个维度的聚类调整，在一定程度上消除了异方差的影响。表4是关于国有股权、证券监管对高管变更影响的回归结果，前两列为总样本，其中第2列引入交互项*SOE*×*Violation*，第3列和第4列按是否被证券监管处罚分为未违规样本和违规样本进行回归分析。

从第1列结果可知，国有股权（*SOE*）系数在10%的水平上显著为正，说明民营企业股权结构中引入或保留国有股权，会导致高管异常变更概率增加，说明国有股权的股东可以在一定程度上对高管行为进行监督；证券违规处罚（*Violation*）系数在5%的水平上显著为正，说明证券处罚会提升高管变更的概率，这与已有研究结论一致。

第2列中交互项*SOE*×*Violation*的系数在10%的水平上显著为负，说明民营企业中非控股国有股权对高管变更的影响和证券监管处罚对高管变更的影响之间存在相互削弱的替代效应：证券监管处罚削弱了非控股国有股权对高管变更概率的影响，即当民营企业被证券监管处罚时，国有股权对高管变更的治理效力会降低。第3列未违规样本中，*SOE*系数在5%的水平上显著为正，而第4列违规样本中，*SOE*系数为负但不显著。这进一步说明，当民营上市公司未被证券监管处罚时，非控股国有股权对高管具有监督治理效力；而公司被证券监管处罚时，国有股东对高管变更不存在显著影响。

李焰和王琳[24]认为，当声誉受损成本小于既定收益时，声誉受损者不在乎声誉受损，会继续原有行为，不进行纠错；当声誉受损成本大于既定收益时，声誉受损者会愿意纠错，挽回声誉。因此，对于潜在声誉受损成本大于既定收益的违规行为，非控股国有股权的国有股东会在监管机构查处前主动进行监督治理，并对相关高管进行变更。而对于那些未被监管机构查处到的违规行为，其带来的经济利益超过了声誉受损成本，所以非控股国有股东会默许甚至支持这种违规操作，并未对相关高管进行监督治理，此时，国有股东对高管的监督治理机制失效。这说明，非控股国有股权对民营上市公司的监督治理机制并非一直有效，仍需与证券监管这一外部监督机制并行，才能更好地遏制违法违规行为，保护外部投资者的合法权益，促进证券市场健康运转。

在控制变量方面，净资产收益率（*ROE*）在4个回归模型中均在1%的水平上显著为负，表示高管变更与公司业绩之间呈显著负相关关系，即公司业绩越好，高管被变更的可能性越低。全样本和未违规样本中的财务杠杆（*Lev*）的回归系数均显著为正，说明公司负债率越高，高管变更概率越大，进一步验证了变量分组检验得到的结论，即当企业存在高额负债时，企业破产的风险更大，一旦企业破产，高管也会失去对企业的经营控制权。营业收入增长率（*Growth*）与高管变更（*Turnover*）在5%的水平上显著正相关，这里的高管变更极可能是高管因业绩良好而获得晋升。独立董事比例（*Indepratio*）与高管变更（*Turnover*）显著正相关，但在违规样本中不显著，说明在我国，独立董事制度对于加强董事会的监督是存在效果的，但在违规公司中这一制度失效。其他控制变量不显著。

表4　国有股权、证券违规对高管变更影响的回归结果

变量	全样本		未违规样本	违规样本
SOE	0.343* (1.870)	0.342* (1.840)	0.473** (2.400)	−0.691 (−1.300)
Violation	0.236** (2.000)	0.239** (2.020)	—	—
SOE × *Violation*	—	−0.072* (−1.720)	—	—
Size	−0.073 (−1.160)	−0.071 (−1.130)	−0.106 (−1.490)	0.084 (0.580)
ROE	−3.379*** (−4.540)	−3.353*** (−4.490)	−2.819*** (−3.150)	−4.736*** (−3.790)
Lev	0.818** (2.520)	0.805** (2.480)	1.097*** (3.010)	−0.533 (−0.770)

续表

变量	全样本		未违规样本	违规样本
OCF	-0.260 (-0.350)	-0.294 (-0.400)	-0.0381 (-0.050)	-1.777 (-1.050)
Growth	0.257 ** (2.110)	0.257 ** (2.090)	0.145 (1.060)	0.575 *** (2.870)
Dual	-0.051 (-0.490)	-0.049 (-0.460)	-0.0329 (-0.290)	-0.140 (-0.610)
Indepratio	0.190 * (1.960)	0.192 ** (1.980)	0.206 ** (1.970)	0.166 (0.690)
Seperation	-1.066 (-1.290)	-1.044 (-1.270)	-0.878 (-1.000)	-1.237 (-0.580)
*Top*1	0.312 (0.780)	0.303 (0.760)	0.411 (0.960)	-0.499 (-0.450)
Stkpro	-0.467 (-1.350)	-0.462 (-1.330)	-0.339 (-0.900)	-0.899 (-1.150)
Law	-0.056 (-0.540)	-0.057 (-0.550)	-0.0412 (-0.370)	-0.267 (-1.010)
ProcInd	0.054 (0.200)	0.053 (0.200)	0.276 (1.050)	-0.775 (-1.480)
Year	控制	控制	控制	控制
Industry	控制	控制	控制	控制
常数项	-0.780 (-0.560)	-0.799 (-0.570)	-0.292 (-0.190)	-2.861 (-0.880)
样本量	5007	5007	4340	653
伪 R^2	0.032	0.033	0.030	0.078

注：括号内为 t 值，回归分析考虑了异方差并控制了行业和年度，***、**、*分别表示在1%、5%、10%的水平上显著。

3.3 稳健性检验

为了进一步检验回归结果的稳健性，本文分别用国有股权比例（*SOER*）替代是否含有国有股权（*SOE*）、用证券违规处罚次数（*Violations*）替代是否发生证券违规（*Violation*）进行回归分析，检验结果见表5。从表5的检验结果来看，新的国有股权代理变量——民营上市公司含有的国有股权比例依然可以验证本文的假设。

由表5第1列可知，民营企业中非控股国有股权的比例（*SOER*）与高管变更（*Turnover*）在10%的水平上显著正相关，证券违规处罚次数（*Violations*）与高管变更（*Turnover*）在5%的水平上显著正相关。第2列用交互项 *SOER* × *Violations* 对 *SOE* × *Violation* 进行替换，该交互项的系数在10%的水平上显著为负。第3列中，*SOER* 显著为正，说明在未违规样本中，民营企业中的国有股占比越高，国有股东对高管的监督治理效力越强。第4列中，*SOER* 显著为负，说明在违规样本中，民营企业中国有股占比越高，其对高管变更的抑制作用越强。

稳健性检验的回归结果与前文基本一致，说明即便更换国有股权和证券违规的衡量指标，本文的假设依然成立，即民营上市公司中引入或保留国有股权会对公司高管起到一定的监督治理作用，但这种监督机制并非一直有效。对于潜在声誉受损成本大于既定收益的证券违规行为，代表非控股国有股权的国有股东会在证券监管机构查处前主动进行监督治理，并对相关责任高管进行变更。而对于那些未被监管机构查处到的违规行为，其带来的经济利益超过了声誉受损成本，所以非控股国有股东会默许甚至支持这种违规操作，并未对相关高管进行监督治理，此时，国有股东对高管的监督治理机制失效。从稳健性检验结果可以看出，本文的研究结果具有较高的可靠性。

表5　国有股权、证券违规对高管变更影响的稳健性检验

变量	全样本		未违规样本	违规样本
SOER	7.176* (1.76)	6.147 (1.500)	10.640** (2.480)	-29.120* (-1.710)
Violations	0.194** (2.440)	0.180** (2.220)	—	—
SOER × *Violations*	—	-21.790* (-1.780)	—	—
Size	-0.075 (-1.190)	-0.073 (-1.160)	-0.108 (-1.550)	0.087 (0.600)

续表

变量	全样本		未违规样本	违规样本
ROE	-3.302*** (-4.480)	-3.277*** (-4.430)	-2.780*** (-3.140)	-4.828*** (-3.860)
Lev	0.820** (2.540)	0.805** (2.480)	1.124*** (3.100)	-0.601 (-0.880)
OCF	-0.279 (-0.380)	-0.309 (-0.420)	-0.058 (-0.070)	-1.812 (-1.070)
Growth	0.257** (2.120)	0.260** (2.140)	0.138 (1.020)	0.614*** (3.110)
Dual	-0.049 (-0.470)	-0.051 (-0.480)	-0.028 (-0.250)	-0.176 (-0.780)
Indepratio	0.188* (1.950)	0.186* (1.920)	0.202* (1.930)	0.143 (0.590)
Seperation	-0.993 (-1.200)	-0.989 (-1.200)	-0.809 (-0.920)	-1.455 (-0.680)
*Top*1	0.294 (0.730)	0.284 (0.710)	0.407 (0.950)	-0.457 (-0.420)
Stkpro	-0.462 (-1.330)	-0.454 (-1.300)	-0.318 (-0.850)	-0.934 (-1.190)
Law	-0.056 (-0.550)	-0.054 (-0.520)	-0.042 (-0.380)	-0.256 (-0.960)
ProcInd	0.049 (0.180)	0.072 (0.270)	0.274 (1.050)	-0.700 (-1.250)
Year	控制	控制	控制	控制
Industry	控制	控制	控制	控制
常数项	-0.702 (-0.510)	-0.739 (-0.540)	-0.201 (-0.130)	-3.012 (-0.940)
样本量	5007	5007	4340	653
伪 R^2	0.032	0.033	0.030	0.081

注：括号内为t值，回归分析考虑了异方差并控制了行业和年度，***、**、*分别表示在1%、5%、10%的水平上显著。

4. 结论与启示

本文在以往学者研究的基础上，以2008—2016年我国沪深A股中民营上市公司为研究样本，研究了民营企业中的非控股国有股权与高管变更的关系。研究发现，非控股国有股权对民营上市公司的高管起到监督治理作用，但这种监督机制并非一直有效——对于潜在声誉受损成本大于既定收益的证券违规行为，代表国有股权的股东会主动进行监督，对相关高管作出变更；对经济利益超过声誉受损成本的违规行为，国有股东会默许甚至支持，对相关高管的监督机制失效。这说明，非控股国有股权对民营上市公司的监督治理机制并非一直有效，仍需与证券监管这一外部监督机制并行，才能更好地遏制违法违规行为，保护外部投资者的合法权益，促进证券市场良好运转。

本文的研究结果对于国有资本和监管层具有重要启示。国有资本应建立对所投资公司的监控机制，对公司重大信息进行实时监控，督促外派董事有效完成对所投资的子公司的监管职责，切实保护中小投资者的利益。此外，证券监管机构不应由于民营上市公司拥有国有股权这一政治背景就放松对其监管，反而应加强对其违法违规行为的监督治理。

参考文献

[1]褚文晓.国有参股企业股权管理难点和对策[J].中外企业家,2017(7):58-60.

[2]宋增基,冯莉茗,谭兴民.国有股权、民营企业家参政与企业融资便利性——来自中国民营控股上市公司的经验证据[J].金融研究,2014(12):133-147.

[3]余汉,杨中仑,宋增基.国有股权、政治关联与公司绩效——基于中国民营控股上市公司的实证研究[J].管理评论,2017,29(4):196-212.

[4]杨中仑,冯莉茗,宋增基.制度环境与国有股权的政治关联效应——对中国民营控股上市公司的一项实证研究[J].投资研究,2014,33(7):144-157.

[5]Murphy K J. Executive compensation [J]. Social Science Electronic Publishing, 1999, 3(2):2485-2563.

[6]Volpin P. Governance with poor investor protection: Evidence from top executive turnover in Italy[J]. Journal of Financial Economics, 2002, 64(1):61-90.

[7]Jayaraman N, Mulford C, Wedge L. Accounting fraud and management turnover [J].

Working paper, Georgia Institute of Technology, 2004.

[8]Sun P, Zhang Y. Is there penalty for crime: Corporate scandal and management turnover in China[J]. Social Science Electronic Publishing, 2006, 274(32):580 -6.

[9]醋卫华.公司丑闻、声誉机制与高管变更[J].经济管理,2011,33(1):38 -43.

[10]谢盛纹,陈娇.信息披露违规、高管变更及其市场反应[J].华东经济管理,2014,28(10):43 -48.

[11]Desai H, Hogan C, Wilkins M. The reputational penalty for aggressive accounting: Earnings restatements and management turnover [J]. Accounting Review, 2006, 81(1): 83 -112.

[12]沈艺峰,陈舒予,黄娟娟.投资者法律保护、所有权结构与困境公司高层管理人员变更[J].中国工业经济,2007(1):96 -103.

[13]Chen G, Firth M, Gao D N. Is China's securities regulatory agency a toothless eiger? Evidence from enforcement actions[J]. Journal of Accounting & Public Policy, 2005, 24(6): 451 -488.

[14]陆瑶,何平,吴边.非控股国有股权、投资效率与公司业绩[J].清华大学学报(自然科学版),2011,51(4):513 -520.

[15]于斌斌.家族企业接班人的胜任—绩效建模——基于越商代际传承的实证分析[J].南开管理评论,2012,15(3):61 -71.

[16]田利辉.国有股权对上市公司绩效影响的U型曲线和政府股东两手论[J].经济研究,2005(10):48 -58.

[17]陈建林,家族所有权与非控股国有股权对企业绩效的交互效应研究——互补效应还是替代效应[J].中国工业经济,2015(12):99 -114.

[18]王俊秋,江敬文.政治关联、制度环境与高管变更[J].管理评论,2012,24(12):156 -165.

[19]Defond M L, Hung M. Investor protection and corporate governance: Evidence from worldwide CEO turnover[J]. Journal of Accounting Research, 2004, 42(2):269 -312.

[20]周林洁,邱汛.政治关联、所有权性质与高管变更[J].金融研究,2013(10):194 -206.

[21]樊纲,王小鲁,朱恒鹏.中国市场化指数——各地区市场化相对进程2016年报告[M].北京:经济科学出版社,2016.

[22]辛清泉,谭伟强.市场化改革、企业业绩与国有企业经理薪酬[J].经济研究,2009,44(11):68 -81.

[23]Petersen M A. Estimating standard errors in finance panel data sets: Comparing approaches[J]. Review of Financial Studies, 2009, 22(1):435 - 480.

[24]李焰,王琳. 媒体监督、声誉共同体与投资者保护[J]. 管理世界,2013(11):130 - 143 + 188.

RESEARCH ON THE EFFECT OF STATE - OWNED SHARE IN PRIVATE - OWNED ENTERPRISES ON THE GOVERNANCE OF SENIOR EXECUTIVES

HAN Li-ping, *HUANG Deng-shi*

Abstract: Using data of A - share private listed enterprises in China's stock market between 2008 and 2016, this paper examines the role of non - controlling state - owned equity in the supervision and management of corporate executives. The empirical results show that the non - controlling state - owned shares in private enterprises will increase the probability of abnormal changes in senior executives. Further studies find that when private enterprises are not supervised by securities, the state - owned equity is significantly positively related to changes in senior executives; and for the supervised private enterprises, their state - owned shares have a significant inhibitory effect on changes in senior executives. This shows that non - controlling state - owned stocks have certain supervisory and governance effects on senior executives, but the governance mechanism is not always effective. For violations which the cost of potential reputation damage is greater than the established revenue, shareholders representing state - owned equity will take the initiative to supervise and change relevant senior executives. For violations which the benefits exceed the cost of reputation damage, state - owned shareholders will acquiesce or even support these behaviors, and the governance mechanism fails.

Key words: Non - controlling state - owned equity; Securities regulation; Senior executive changes

经营与管理篇

生命周期视角下EVA考核与企业创新能力的关系研究①

陶　莹　付　燕

摘　要：本文以2010年国务院国资委对中央企业负责人实施EVA（经济增加值）考核为准自然实验，选择2007—2012年沪深A股主板上市的中央企业和民营企业为研究样本，运用双重差分模型实证检验EVA考核对企业创新的影响，并进一步考察了企业生命周期对上述关系的调节效应。研究发现：①国务院国资委对央企负责人实施EVA考核可以显著地增强企业的创新能力、增加企业的研发投入；②相较于处于衰退期的企业，EVA考核更能促进处于成长期和成熟期的企业的创新能力。

关键词：EVA考核；生命周期；企业创新；双重差分法

0. 引言

创新是现代经济增长的源泉，是生产要素或生产手段的重新组合，是经济发展的本质（Schumpeter，1934）[1]。党的十九大再次强调“创新是引领发展的第一动力”，提高创新能力对国家和企业的发展至关重要。企业作为国家经济发展的微观主体，其创新能力将直接决定国民经济的发展水平和质量。企业管理层作为经营决策者，是企业创新投入和产出的关键。由于研发投入的回报具有较大的不确定性和时滞性，企业管理层为了最大化其短期利益，普遍不愿意投入较多的研发支出。但是，从企业可持续发展和股东长期利益的角度考虑，增加研发投入和提升创新能力是很有必要的。

① 基金项目：本文受教育部人文社会科学研究规划基金项目（16YJA630067）、中央高校基本科研业务费专项资金百人计划项目（2682017WBR02）资助。

因此，设计一套科学的激励方案引导管理层合理地加大企业研发投入、提升企业的创新能力十分重要。国有企业普遍存在所有者缺位与内部人控制问题，代理问题尤为突出（池国华等，2013[2]）。管理层为了对国务院国资委负责，承担了较多与国有资本保值增值无关的社会职能，偏离了企业本身的经营目标（魏明海和柳建华，2007[3]）。

为了缓解国有企业代理问题，2003 年开始，国务院国资委对国有企业负责人实施了一系列考核制度改革。2003 年 12 月，国务院国资委选取利润总额与净资产收益率（ROE）作为年度业绩考核指标；2006 年 12 月，国务院国资委鼓励企业选取经济增加值（EVA）① 作为年度业绩考核指标；2009 年 12 月，国务院国资委正式引入 EVA 作为中央企业负责人年度业绩考核指标。用 EVA 替代 ROE，国务院国资委意在增强中央企业负责人的资本成本意识，培植企业的价值创造能力。EVA 计算公式中，对税后净营业利润进行会计调整，其中一个调整项是研发费用加回税后经营净利润，鼓励企业增加创新投入，以期提升企业的创新能力。

尽管国务院国资委业绩考核政策已经实施多年，但是对于 EVA 考核制度的实施能否有效提升企业的创新能力，已有研究并未给出一个较为明确的结论。现有文献对于管理层激励与企业创新问题的研究，更多地从管理层股权激励、管理层股权分散度、管理层持股、高管任期、高管晋升激励、高管团队特征等视角进行考察（王辉等，2016[4]；陈闯和刘天宇，2012[5]；熊艳和梁莱歆，2009[6]；刘运国和刘雯，2007[7]；周铭山和张倩倩，2016[8]；马富萍和李太，2011[9]）。少有文献从管理层业绩考核的视角，探讨业绩考核制度对企业创新的影响。尽管余明桂等（2016）[10]考察了 EVA 考核政策对企业研发投入的影响，但是研发投入并不代表企业创新能力。本文在此基础上，将企业专利数作为企业创新的度量指标，研究 EVA 考核能否促进企业创新能力提升。

在 EVA 实施后的几年时间，学术界对“一刀切”的考核办法提出了质疑和讨论。EVA 考核要求扣除企业全部的资本成本，包括企业的债权资本

① 经济增加值 = 税后净营业利润 − 调整后资本 × 平均资本成本率 = 净利润 +（利息支出 + 研究开发费用调整项 − 非经常性收益调整项 × 50%）×（1 − 25%）− 调整后资本 × 平均资本成本率。

成本和股权资本成本，并且制定了 5.5% 的统一的资本成本率。“一刀切”的资本成本率，不能完全适用不同行业、不同产业结构的企业（刘放和杨小舟，2011[11]；池国华等，2013[2]；李真和赵丽萍，2013[12]）。2016 年 12 月 12 日，国务院国资委对 EVA 考核作进一步修订，将不同性质和功能的企业划分为 3 大类别分类进行考核。该修订办法强调对不同性质的企业进行差异化考核，以实现其不同的社会功能。基于以上思路，本文认为，考核还应注重企业所处的发展阶段。所以，本文进一步考察了生命周期对 EVA 考核与企业创新能力关系的调节机制。

与已有文献相比，本文的研究贡献主要体现在如下两个方面：第一，已有文献较多地从代理动机和政治晋升等视角考察企业创新，或者实证检验 EVA 考核办法对企业过度投资和企业价值的影响。本文将外部的业绩考核与企业创新相结合，可以更加全面、准确地识别考核政策对企业行为的影响，同时也拓展了有关企业创新的研究视角。第二，已有研究并未关注生命周期对于 EVA 考核政策实施效果的影响。本文将企业生命周期这一动态视角引入 EVA 考核与企业创新的研究之中，有利于更加深入地认识政策实施效果的功能边界。

1. 文献综述

本文研究主要与 3 个方面的文献相关。第一，企业创新的影响因素研究。高管作为企业创新的主要决策者，有效的激励可以将高管利益与企业所有者利益捆绑在一起，使之作出有利于企业的创新决策（Rogerson，1997[13]）。高管激励主要分为隐性激励和显性激励。隐性激励主要是指晋升激励。周黎安（2007）[14]分析了我国的政治体制，认为晋升锦标赛对国企高管是一种极为重要的隐性激励方式。俞鸿琳和张书宇（2016）[15]研究发现，伴随着短期化考核指标的晋升激励会使得高管为提升业绩、增加晋升机会而减少创新投入；而实施 EVA 考核会降低研发投入对当期利润的不利影响，有利于高管的业绩评价，晋升激励会促使高管增加企业的研发投入。显性激励主要包括薪酬激励和股权激励。管理层持股与薪酬激励均能正向影响企业高管进行研发投入（唐清泉和甄丽明，2009[16]；唐清泉等，

2009[17])。徐宁和徐向艺（2013)[18]以高科技上市公司为研究对象，发现股权激励、薪酬激励与控制权激励三者整合对企业的技术创新具有促进效应。

第二，EVA 考核对企业行为和经济后果的影响。Biddle 等（1997)[19]将 EVA、息税前利润、净利润和经营现金流量 4 个指标进行比较分析，发现 EVA 在内部决策、业绩评价与激励方面有更好的表现。EVA 考核在我国实施的时间尚短，所以相应的文献数量较少。主要成果包括：EVA 考核对企业过度投资的影响（张先治和李琦，2012[20]；刘凤委和李琦，2013[21]；池国华和邹威，2014[22]；池国华等，2016[23]）；EVA 指标中资本成本率的讨论（卢闯等，2010[24]；刘放和杨小舟，2011[11]）；EVA 考核政策实施能否提升企业价值（姜波，2010[25]；池国华和邹威，2014[22]）。余明桂等(2016)[10]研究发现，实施 EVA 考核能提高企业研发投入强度。池国华等(2016)[23]也证明了 EVA 考核对创新投入有积极影响，并且这种积极影响呈现行业差异，相对于劳动密集型行业，资本密集型和技术密集型行业实施 EVA 考核对创新投入的影响更大。郝婷和赵息（2017)[26]将研究样本分为高新技术行业与普通行业，发现相较于普通行业，高新技术行业实施 EVA 考核对企业的研发投入具有更显著的促进作用。

第三，关于生命周期与企业创新关系的研究。凤进和韦小柯(2003)[27]研究西方生命周期模型，分析企业各个阶段的特征，认为从初创期到衰退期，企业的创新能力逐渐降低。文芳（2009)[28]研究发现，企业生命周期是影响企业创新活动的重要因素，相比于成熟期，初创期和成长期的企业会提高创新投资比例，衰退期的企业会减少创新投资强度。梁莱歆等（2010)[29]研究不同生命周期企业的创新投资对企业绩效的影响，发现成长期企业进行研发投入对当期的财务绩效具有显著的正向影响，成熟期企业研发投入对财务绩效的累积效应时间明显缩短，衰退期企业则不具有累积效应。以上研究表明，在不同的生命周期，企业有不同的创新投资强度。

已有文献并未全面地考察 EVA 考核政策的实施效果，目前的文献主要涉及 EVA 考核政策与过度投资、企业价值、研发投入等。研发投入高并不代表企业的创新能力强，可见对于企业创新能力的度量需要重新进行设计。池国华等（2016）[23]验证了实施EVA考核能够有效增加企业的研发投入，并增加了专利申请数量。但其采用央企是否实施EVA考核作为解释变量，忽略了时间趋势效应对实验结果的影响。余明桂等（2016）[10]采用双重差分法有效解决了时间趋势效应对检验EVA考核与企业创新能力的关系的干扰，但只是从静态的角度进行研究，并未考虑生命周期对EVA考核与企业创新能力的调节效应。正是基于对上述理论问题的认识，本文以滞后一期的专利申请总量度量企业创新，采用双重差分法研究实施EVA考核对企业创新能力的作用，并讨论处于不同生命周期的中央企业实施EVA考核对创新能力的影响是否存在差异。

2. 理论分析与研究假设

2.1 EVA考核与企业创新能力

本文研究的主要内容是实施EVA能否提升中央企业的创新能力。中央企业作为本文的主要研究对象，在人力、物力和财力等方面具有客观的优势，其创新能力不尽如人意的原因主要在于管理层创新意愿和努力程度的缺乏。

首先，本文对中央企业管理层消极创新的原因进行分析。周黎安(2007)[14]提出，我国地方官员存在晋升锦标赛，并且这种竞争加剧了各种生产要素的流动。由于晋升锦标赛的存在，良好的经济绩效和政治关系成为影响国企领导人升迁的重要因素（杨瑞龙等，2013[30]）。创新活动作为风险高、投入大、回收效益不明确的投资，从长期来看，有利于改善企业的产品和业绩，增强企业的竞争力（Chen等，2010[31]），但短期不会为企业带来好的经济绩效。2010年以前，国企负责人的业绩考核以利润总额和净资产收益率等短期化指标为主，管理层为了迎合考核的指标，会尽量减少企业的创新投资（俞鸿琳和张书宇，2016[15]）。

那么，EVA考核为何能够提高管理层的创新意愿，增加企业的创新产出？

第一，EVA考核强调资本成本。EVA考核除了债务资本成本，还将股权资本成本纳入考虑的范围。一方面，EVA 作为“剩余收益”类指标，将管理层利益与股东利益捆绑在一起，有助于缓解代理问题。另一方面，这样的制度安排引导企业管理者进行投资决策时，摒弃一些净现值为负、有损公司价值的投资，抑制了过度投资（刘凤委和李琦，2013[21]；池国华和邹威，2014[22]），从而为企业保留了更多的现金，用于研发投入、股利分配等活动，为创新活动创造了更好的物质条件。

第二，EVA 考核制度加大了对管理层研发失败的包容度，降低了研发不成功对管理层的薪酬冲击，激励了企业管理层进行创新（Holmstorm，1989[32]；Manso，2011[33]）。EVA 指标计算时，会计调整项将原本计入管理费用的“研究与开发费”和当期确认为无形资产的“开发支出”加回税后净营业利润。这意味着，国务院国资委在一定程度上包容了管理层研发失败，减轻了企业管理层实施创新的“后顾之忧”。综上所述，提出本文的假设 H1：

H1：实施 EVA 考核能够提升中央企业创新能力。

2.2 生命周期对 EVA 考核与企业创新能力关系的调节作用

不同生命周期的企业面临不同的内外部环境，具有不同程度的代理问题。本质上，实施 EVA 考核是要增强企业管理层的主人翁意识，将自身利益与股东利益重叠，缓解企业的代理问题，减少管理层逆向选择。与此同时，EVA 考核鼓励管理层进行研发投入，但各生命周期的企业具有不同的创新需求和资源配置，管理层的创新决策受政策的影响可能存在差异。

在成长期，企业逐步建立起自身的竞争优势，发展迅速，规模逐渐扩大，开始引入职业经理人管理企业，代理问题初步显现。中央企业在初创期的行政优势逐渐减弱，内部人控制的问题逐渐凸显。创新活动作为高风险、不确定性强的活动，在以往考核利润等短期化指标的背景下，央企管理者不愿承受创新失败对晋升和薪酬的打击，创新动机普遍不强。但 EVA 考核对研发支出进行资本化处理，有效缓解了这一矛盾。并且，为获得进一步的市场地位，此时企业具有强烈的创新需求。EVA 考核应当能够促进成长期中央企业增加创新投入，并获得更多的创新产出。

在成熟期，组织机构日益专门化和职能化，内部管理层级逐渐增多，所有权和经营权进一步分离，代理问题进一步加重。此时，企业的发展速度较成长期更为平缓，但收入和利润处在一个高点，企业为巩固自身的优势地位，需要创新以实现多元化经营，增加对外投资水平。代理问题是企业创新的“绊脚石”。央企管理层出于自身治理业绩的私心，为扩大企业规模大肆对外进行非效率投资。但EVA考核的实施，有效抑制了企业的非效率投资，抑制了过度投资，并促使管理者更多地为企业的长远发展作打算，引导管理者将剩余资金投入对未来发展有益的创新活动中。

在衰退期，企业日益失去市场优势，组织机构僵化，面临严重的重构风险，管理效率大大降低。此时，现金流减少，投资机会减少，最重要的任务是收回最后的现金流，创新需求不强。即使实施了EVA考核，管理层进行创新的动机也难以得到提升。

综上所述，企业的代理问题自成长期到衰退期逐渐加重，而创新需求和动力逐渐减弱。成长期和成熟期作为创新需求的发展阶段，创新能力的提升对企业本来就具有很重要的作用。因代理问题的存在，管理层对创新活动的积极性不高。EVA考核实施后，很好地协调了股东和管理层的利益诉求，增强了管理者投资创新的意愿，刺激管理层进行创新投入以获得创新产出。而衰退期的企业，一方面创新需求不强，另一方面受制于企业的资源和能力，难以承担创新失败带来的后果。因而，EVA考核对企业创新能力的影响因企业所处的生命周期不同而存在差异。相较于衰退期的企业，成长期和成熟期的企业代理问题更少，创新需求更强，受到的创新激励更强，能获得更好的创新产出。由此，提出本文的假设H2：

H2：相对于处于衰退期的中央企业，实施EVA考核更能提升处于成长期和成熟期的中央企业的创新能力。

3. 研究设计

3.1 样本选择与数据来源

本文选取2007—2012年沪深A股主板上市的中央企业和民营企业作为研究样本。筛选样本时，最终控制人为国务院国有资产监督管理委员会的公司为中央企业，实际控制人为个人或民营主体的企业为民营企业。考虑到民营企业在规模、治理结构等方面可能与中央企业存在较大差异，本文选取在主板上市的民营企业样本作为中央企业的对照组。在剔除金融保险类公司、ST 及 PT 类公司和数据缺失的样本后，得到样本 2739 个。其中，中央企业样本 1078 个，民营企业样本 1661 个，为非平衡面板数据。本文的财务数据来自 CSMAR 国泰安数据库，研发投入强度数据来自 WIND 万德数据库，专利申请数据在佰腾科技网手工收集得到。为消除极端值对实证结果产生的影响，本文对所有的连续型变量进行上下 1% 的 Winsorize 处理。

3.2 模型设定

本文采用双重差分模型对假设 H1 和假设 H2 进行验证。双重差分法基于自然实验得到数据，建立模型，控制研究对象间的事前差异，可以将政策实施效果有效地分离出来。因 EVA 考核首先在中央企业实施，本文以中央企业为主要研究对象，作为实验组。民营企业受到的政治干扰较少，是天然的对照组（余明桂等，2016[10]）。设定企业性质虚拟变量 *Central*，中央企业取值为 1，民营企业取值为 0。同时，设定年度虚拟变量 *After*，将考核办法实施前的年份（2007—2009 年）设定为 0，实施后的年份（2010—2012 年）设定为 1。交互项 *Central*×*After* 的回归系数反映了实施 EVA 考核对企业创新能力的影响。模型（1）设定如下：

$$
\begin{aligned}
\ln PA_{i,t+1} = {} & \beta_0 + \beta_1 Central_{i,t} + \beta_2 After_{i,t} + \beta_3 Central_{i,t} \times After_{i,t} \\
& + \beta_4 R\&D_{i,t} + \beta_5 Capital_{i,t} + \beta_6 Age_{i,t} + \beta_7 Size_{i,t} + \beta_8 Lever_{i,t} \\
& + \beta_9 Board_{i,t} \\
& + \beta_{10} Dual_{i,t} + \beta_{11} ROA_{i,t} + \beta_{12} TOP1_{i,t} + \beta_{13} Tobinq_{i,t} + \beta_{14} Cash_{i,t} \\
& + \beta_{15} PLU_{i,t} + \sum Year + \sum Industry + \xi_{i,t}
\end{aligned} \tag{1}
$$

创新能力对企业的重要性已在前面进行了详细的阐述，所以，中央企业和民营企业的创新能力都应该随着时间的推移有所增加。本文正是通过模型（1），比较分析中央企业和民营企业在 EVA 考核实施前后创新能力变化的差异。剔除时间趋势效应带来的对创新能力增长的干扰后，得到的结果正是本文要讨论的政策实施效果。本文的预期结果是：全样本回归时，交互项 *Central*×*After* 的回归系数为正；分组回归时，成长期和成熟期样本的交互项 *Central*×*After* 的回归系数比衰退期样本更显著。

3.3 变量选取

对于被解释变量企业创新，本文按照通行的做法，选取专利申请数量（包括发明专利、外观设计专利和实用新型专利）来度量。因为创新活动具有长期性的特点，本文采用滞后一期的专利申请数量测算企业的创新能力。

为了控制其他因素对实证结果的影响，本文参考以往的文献（方芳和翟华云，2013[34]；袁建国等，2015[35]；余明桂等，2016[10]），选取了以下控制变量：企业层面的企业规模（*Size*）、资产负债率（*Lever*）、企业年龄（*Age*）；公司治理层面的董事会规模（*Board*）、股权集中度（*Top*1）、独立董事比例（*Dual*）、双职合一（*PLU*）；企业成长性层面的托宾q值（*Tobinq*）、现金持有量（*Cash*）、总资产回报率（*ROA*）、研发投入强度（*R&D*）、资本性支出率（*Capital*）。另外，本文还设置了年度和行业虚拟变量。变量定义如表1所示。

表1 变量定义

变量	变量定义与说明
ln*PA*	专利申请量，滞后一期发明专利、外观设计以及实用新型的总申请量加1的自然对数
R&D	研发投入强度，研发投入÷企业营业收入
Capital	资本性支出率，当期资本性支出÷总资产。资本性支出等于企业当年度构建固定资产、无形资产和其他长期资产支付的现金
Age	企业年龄，上市公司年数加1的自然对数
Size	企业规模，总资产的自然对数
Lever	企业杠杆，负债总额÷资产总额
Board	董事会规模，董事会人数的自然对数
Dual	独立董事比例，独立董事人数÷董事会总人数
ROA	总资产回报率，净利润÷总资产
*Top*1	股权集中度，第一大股东持股比例
Tobinq	托宾q值，所有者权益和负债的市场价值÷企业账面价值
Cash	现金持有量，企业期末货币资金÷总资产
PLU	双职合一，董事长和总经理两职为一人时取1，反之取0
Year	年度虚拟变量，选取2007—2012年6个年度，共5个年度虚拟变量
Industry	行业虚拟变量，根据中国证监会的分类，分为工业、房地产、公用事业、商业、综合5个行业大类，共4个行业虚拟变量

本文采用 Dickinson (2011)[36]提出的现金流符号组合法划分生命周期。该方法强调现金流方向而不是数量，有效规避了财务数据被操纵对划分结果产生的不利影响。如表 2 所示，在初创期，企业缺乏稳定的客户和收入，经营现金流量为负；进行大规模初始投资，大量从外部融资，投资现金流量为负，筹资现金流量为正。在成长期，企业发展迅速，盈利不断增加，具有正的经营现金流量；继续投资和大量筹资维持企业迅速发展，具有负的投资现金流量和正的筹资现金流量。在成熟期，企业拥有稳定的客户和大规模的稳定收入，具有正的经营现金流量；积累大量资金后，向股东分配股利并偿还债务，筹资现金流量为负；为取得进一步发展，继续进行投资，投资现金流量为负。将淘汰期的 3 种现金流量组合并入衰退期。进入衰退期，竞争优势逐渐减弱，企业收回最后的现金流，出卖资产以维持生存，具有正的投资现金流量、负的经营现金流量和不确定的筹资现金流量。证监会对在主板上市的公司的成立时间、盈利条件、公司治理结构等方面均有严格的要求，因此默认样本公司均已渡过初创期。综上，本文将企业生命周期划分为成长期、成熟期和衰退期。划分后，得到成长期样本 1292 个、成熟期样本 890 个、衰退期样本 557 个。

表 2　不同生命周期的企业现金流的符号特征

企业生命周期	经营现金流量	投资现金流量	筹资现金流量
初创期	−	−	+
成长期	+	−	+
成熟期	+	−	−
淘汰期	−	−	−
淘汰期	+	+	+
淘汰期	+	+	−
衰退期	−	+	+/−

4. 实证结果分析

4.1　描述性统计

表 3 列出了主要变量的描述性统计结果。研究样本在 2008—2013 年的平均专利申请量为 27.56 件，最小值为 0，最大值为 727 件，中位数为 0，标准差为 97.28。一半以上的样本专利申请量小于均值，专利申请数存在右

偏，并且样本之间的差异很大。实证分析时，为减少专利申请量分布不均匀对结果的影响，取对数处理。另外，由于半数以上的样本专利申请数量为0，本文采用专利申请量加1的自然对数作为被解释变量。研发投入强度最小值为0，最大值为23.87，平均值为1.02，说明样本间研发投入强度差异较大。企业规模最大值为26.1，平均值为22.01，最小值为19.43，标准差为1.398，相差也较大。

表3　描述性统计结果

变量	样本量	最大值	最小值	平均值	中位数	标准差
PA	2739	727	0	27.56	0	97.28
lnPA	2739	6.590	0	1.314	0	1.746
R&D	2739	23.87	0	1.02	0	2.295
Capital	2739	0.257	0.0002	0.0523	0.0359	0.052
Age	2739	3.091	0.693	2.395	2.485	0.448
Size	2739	26.1	19.43	22.01	21.82	1.398
Lever	2739	0.875	0.0438	0.513	0.519	0.187
Board	2739	2.708	1.609	2.187	2.197	0.206
Dual	2739	0.571	0.333	0.369	0.333	0.0528
ROA	2739	0.217	-0.147	0.0398	0.0342	0.0558
Top1	2739	73.01	8.98	35.22	32.9	15.59
Tobinq	2739	12.1	0.214	1.881	1.426	1.666
Cash	2739	0.695	0.0107	0.161	0.133	0.116
PLU	2739	1	0	0.135	0	0.341

为了更加直接地观测不同生命周期的样本的情况，表4给出处于不同生命周期的样本专利申请数量横向和纵向的描述性统计。在纵向比较中，EVA考核实施后，处于成长期和成熟期的中央企业专利申请数量增多，而处于衰退期的企业专利申请数量有所减少。这说明，不同生命周期的企业实施EVA考核，对创新能力的影响存在差异。在横向比较中，已实施EVA考核的中央企业专利申请量均值均大于未实施EVA考核的民营企业。结果证明，实施EVA考核确实能够提升企业的创新能力，并且在不同的生命周期，对企业创新的影响有所不同。

表 4　不同生命周期横向和纵向的描述性统计结果

指标	成长期				成熟期				衰退期			
	未实施	已实施	实施前	实施后	未实施	已实施	实施前	实施后	未实施	已实施	实施前	实施后
样本量	435	302	237	302	252	219	164	219	199	73	83	73
最大值	6. 590	6. 590	6. 457	6. 590	6. 590	6. 590	6. 590	6. 590	5. 187	6. 590	6. 498	6. 590
最小值	0	0	0	0	0	0	0	0	0	0	0	0
均值	1. 406	1. 949	1. 211	1. 949	1. 271	2. 405	1. 544	2. 405	0. 681	1. 552	1. 720	1. 552
中位数	0	1. 386	0	1. 386	0	1. 609	1. 099	1. 609	0	0. 693	0. 693	0. 693
标准差	1. 776	1. 994	1. 614	1. 994	1. 786	2. 115	1. 786	2. 115	1. 271	1. 950	1. 588	1. 950

4. 2　相关性分析

表 5 列出了主要变量的相关性分析结果。变量之间的相关系数均小于 0. 5，说明各变量之间基本不存在共线性的问题。另外，专利申请量与控制变量之间也存在密切的相关关系，从侧面肯定了本文控制变量选取的正确性。从表 5 中可以看出，企业规模与专利申请量显著正相关，相关系数为 0. 279，与“熊彼特效应”相符合。企业年龄与专利申请数量显著负相关，系数为 -0. 181。现金持有量与企业专利申请呈显著的正相关关系，系数为 0. 066。

4. 3　对 EVA 考核与企业创新能力关系的检验

为了检验 EVA 考核对企业创新能力的影响，以及生命周期对二者关系的调节效应，对模型（1）进行总样本和各阶段样本 OLS 回归分析，结果见表 6。

表 6 第 1 列是全样本未加入控制变量回归得到的结果。可以看出，*After* 系数显著为正，说明政策实施后中央企业和民营企业的创新能力都有所提升，时间趋势效应存在。交互项 *Central* × *After* 与企业创新能力正相关，并且通过了 1% 水平的显著性检验。结果表明，实施 EVA 考核确实提升了中央企业的创新能力，且提升的程度比民营企业更高。加入控制变量后的回归结果显示在第 2 列。交互项 *Central* × *After* 的回归系数仍为正且在 1% 的水平上显著。以上证明，相比未实施 EVA 考核的民企，实施 EVA 考核后的央企的创新能力显著增强，完全支持了假设 H1。

表5 变量的相关性分析结果

	ln*PA*	*R&D*	*Capital*	*Age*	*Size*	*Lever*	*Board*	*Dual*	*ROA*	*Top*1	*Tobinq*	*Cash*
R&D	0.402***											
Capital	0.114***	0.038**										
Age	-0.181***	-0.072***	-0.182***									
Size	0.279***	0.026	0.259***	-0.209***								
Lever	-0.030	-0.135***	0.009	0.026	0.418***							
Board	0.120***	0.027	0.155***	-0.162***	0.277***	0.135***						
Dual	0.008	0.015	-0.046**	-0.091***	0.133***	0.002	-0.367***					
ROA	0.129***	0.079***	0.121***	-0.075***	0.097***	-0.280***	0.039**	-0.028				
*Top*1	0.129***	-0.009	0.059***	-0.192***	0.414***	0.156***	0.041**	0.049**	0.129***			
Tobinq	-0.099***	0.022	-0.074***	0.013	-0.499***	-0.460***	-0.105***	-0.022	0.258***	-0.147***		
Cash	0.066***	0.125***	-0.119***	-0.073***	-0.101***	-0.313***	-0.012	-0.017	0.268***	-0.026	0.181***	
PLU	-0.032*	0.045**	-0.030	0.029	-0.140***	-0.089***	-0.168***	0.034*	-0.009	-0.135***	0.083***	0.012

注：*、**和***分别表示在10%、5%和1%的水平上显著。

表6第3、4、5列给出了成长期、成熟期和衰退期样本的分组回归结果。成长期样本交互项 *Central*×*After* 的回归系数为0.346且在5%的水平上显著。这表明，成长期的企业实施EVA考核后，会显著增强其创新能力。成长期的企业，为获得进一步的市场地位，对创新具有非常强烈的需求。但由于中央企业存在内部人控制的问题，并且创新失败可能性大，不确定性强，与国企保值增值的价值导向有一定的冲突，因此，管理层对创新活动持消极的态度。实施EVA考核后，协调了管理层与国务院国资委的代理问题，引导管理层关注企业的可持续发展和长期价值增长，推动企业积极创新。成熟期样本交互项 *Central*×*After* 的回归系数也为正且在5%的水平上高度显著。这表明EVA考核促进了成熟期中央企业创新能力的提升。成熟期的企业受到EVA考核政策的刺激，开始缩减净现值为负的投资项目，过度投资受到抑制，为企业进行创新活动储备了更多的资源。另外，调整项将研发支出加回，减轻了管理层的“后顾之忧”，促进企业增加创新投资，提高企业管理者的创新动力。衰退期样本的交互项的回归系数为负，但这种负相关关系不具有显著性。这说明，EVA考核不能增强衰退期中央企业的创新能力。这个结果不难解释，衰退期的企业活力减弱，组织僵化，创新需求较弱，并且企业本身资源有限，难以承担创新投资失败带来的不良后果。因而，实施EVA考核，并不能提高处于衰退期企业的创新能力。以上结果支持了本文假设H2，即实施EVA考核能够显著增强处于成长期和成熟期企业的创新能力，对衰退期企业的创新能力没有明显的影响。

在控制变量方面，无论是总样本还是分阶段样本，研发投入强度与企业专利申请量之间均呈现正相关关系，该结果符合基本的投入产出关系。企业年龄、企业杠杆与专利申请量之间呈现显著的负相关关系。财务杠杆越大，企业受到的融资约束越高，企业的资源储备和后续资金的不足，并且抵御创新失败的能力越弱，自然就越不利于创新。企业规模与企业创新的回归系数显著为正，说明本文的研究结论也支持了“熊彼特效应”。企业的现金持有量与企业创新的回归系数为正，原因是创新投资有别于其他投资，更容易受到融资约束和代理问题的限制，主要依靠内部资金进行（袁东任和汪炜，2015[37]）。

表 6　EVA 考核与企业创新的 OLS 回归分析结果

变量	全样本	全样本	成长期	成熟期	衰退期
常数项	-0.074 (-0.59)	-5.169*** (-6.69)	-5.242*** (-4.56)	-7.297*** (-5.11)	-0.864 (-0.54)
Central	0.367*** (3.98)	0.112 (1.26)	-0.050 (-0.36)	-0.032 (-0.20)	0.702*** (4.08)
After	0.899*** (7.76)	0.396*** (3.39)	0.584*** (3.19)	0.071 (0.34)	0.471** (2.27)
Central × *After*	0.356*** (2.87)	0.319*** (2.84)	0.346** (2.03)	0.487** (2.47)	-0.111 (-0.49)
R&D		0.282*** (17.25)	0.288*** (11.80)	0.286*** (10.34)	0.240*** (6.66)
Capital		-1.505** (-2.53)	-2.035** (-2.56)	0.688 (0.48)	-0.527 (-0.27)
Age		-0.384*** (-5.54)	-0.345*** (-3.40)	-0.459*** (-3.67)	-0.389*** (-2.62)
Size		0.304*** (9.85)	0.273*** (5.92)	0.455*** (8.13)	0.116* (1.75)
Lever		-0.621*** (-3.30)	-0.620* (-1.91)	-0.744** (-2.26)	-0.301 (-0.99)
Board		0.021 (0.13)	0.252 (1.00)	-0.165 (-0.57)	-0.184 (-0.69)
Dual		-0.527 (-0.90)	0.091 (0.11)	-1.622 (-1.38)	-0.062 (-0.06)
ROA		2.334*** (4.05)	3.165*** (3.23)	1.095 (1.05)	0.498 (0.53)
Top1		-0.003 (-1.29)	-0.007** (-2.13)	-0.001 (-0.38)	-0.001 (-0.33)
Tobinq		-0.016 (-0.65)	0.021 (0.53)	-0.030 (-0.72)	-0.089** (-2.05)
Cash		0.205 (0.77)	0.261 (0.57)	-0.012 (-0.02)	0.779* (1.84)

续表

变量	全样本	全样本	成长期	成熟期	衰退期
PLU		-0.013 (-0.16)	-0.148 (-1.13)	0.133 (0.91)	-0.025 (-0.18)
Year	控制	控制	控制	控制	控制
Industry	控制	控制	控制	控制	控制
样本量	2739	2739	1292	890	557
调整 R^2	0.183	0.336	0.290	0.408	0.318
F 值	56.80	61.14	23.91	27.60	12.25

注：括号内为 t 值，*、**和***分别表示在10%、5%和1%的水平上显著。

4.4 稳健性检验

为了保证实证结果的稳健性，本文采用滞后一期的成功授权专利数量重新衡量企业创新。回归结果见表7，与前文的研究结果基本一致，说明本文的研究结论比较稳健。

表7 稳健性检验结果

变量	全样本	全样本	成长期	成熟期	衰退期
常数项	0.000 (0.00)	-3.510*** (-5.62)	-3.903*** (-4.20)	-4.483*** (-3.76)	-0.753 (-0.62)
Central	0.337*** (4.71)	0.105 (1.45)	-0.010 (-0.09)	-0.082 (-0.64)	0.708*** (5.42)
After	0.249*** (2.78)	-0.113 (-1.19)	-0.027 (-0.18)	-0.330* (-1.89)	0.022 (0.14)
Central × *After*	0.253*** (2.64)	0.230** (2.52)	0.271** (1.96)	0.378** (2.29)	-0.233 (-1.35)
R&D		0.144*** (10.78)	0.179*** (9.04)	0.124*** (5.36)	0.069** (2.53)
Capital		-0.163*** (-2.90)	-0.130 (-1.58)	-0.246** (-2.39)	-0.245** (-2.20)
Age		0.202*** (8.23)	0.173*** (4.72)	0.330*** (7.17)	0.082 (1.63)
Size		-0.444*** (-2.90)	-0.480* (-1.84)	-0.773*** (-2.83)	0.073 (0.32)

续表

变量	全样本	全样本	成长期	成熟期	衰退期
Lever		-0.095 (-0.73)	0.230 (1.13)	-0.561** (-2.32)	-0.119 (-0.58)
Board		-0.147 (-0.31)	0.328 (0.48)	-1.078 (-1.09)	0.141 (0.17)
Dual		0.079 (0.17)	0.273 (0.35)	-0.462 (-0.53)	-0.615 (-0.87)
ROA		0.003* (1.68)	0.001 (0.41)	0.006** (2.00)	-0.003 (-0.97)
*Top*1		-0.031 (-1.57)	0.004 (0.12)	-0.071** (-2.01)	-0.070** (-2.14)
Tobinq		0.375* (1.75)	0.749** (2.06)	-0.076 (-0.19)	0.524 (1.64)
Cash		-0.046 (-0.69)	-0.200* (-1.88)	0.088 (0.73)	-0.006 (-0.06)
PLU		0.144*** (10.78)	0.179*** (9.04)	0.124*** (5.36)	0.069** (2.53)
Year	控制	控制	控制	控制	控制
Industry	控制	控制	控制	控制	控制
样本量	2739	2739	1292	890	557
调整 R^2	0.121	0.208	0.178	0.273	0.212
F值	35.20	33.69	13.70	16.19	7.802

注：括号内为t值，*、**和***分别表示在10%、5%和1%的水平上显著。

5. 结论与展望

本文将2007—2012年沪深A股主板上市的中央企业作为实验组，将民营企业作为对照组，采用双重差分法实证检验了国务院国资委EVA考核办法对企业创新能力的影响。进一步地，根据现金流量符号组合法将研究样本划分为成长期、成熟期和衰退期三组，通过分组回归考察EVA考核政策对处于不同生命周期的企业创新能力的影响是否存在差异，探索业绩评价工具对企业创新能力影响的功能边界。实证检验发现，国务院国资委实施EVA考核办法能够显著增强中央企业的创新能力。进一步分析发现，与处于衰退期的中央企业相比，EVA考核政策能够更加有效地提升处于成长期和成熟期的中央企业的创新能力。

本文利用国务院国资委改变央企负责人考核办法的准自然实验作为研究背景，准确提取了EVA考核政策中有关企业研发投入的作用路径，识别了EVA考核对企业创新能力影响的关键问题，研究结论丰富了有关公司治理与企业创新的理论研究文献，也进一步拓展了有关生命周期与企业创新的理论认识。本文的研究结论对于管理实践也具有一定的启示意义，如现有研究发现，运用EVA指标考核可促进管理层加大研发投入，提升企业的创新能力，可见国务院国资委通过驱动管理层行为与股东利益的一致性而深化国有企业改革。与此同时，研究结论也提示国务院国资委针对处于不同生命周期的企业应该制定具有针对性的激励措施，鼓励处于衰退期的企业通过其他创新方式加强产业变革，获取企业的市场竞争力。当然，本文也存在一些不足，例如，在2010年EVA考核办法正式实施之前，2006年，国务院国资委已开始鼓励中央企业采用EVA指标进行业绩评价，这可能导致部分研究样本存在提前实施的噪声。未来的研究可以通过案例研究观察典型企业实施EVA考核办法之后，创新投入和创新绩效的变化，以更加细致地揭示EVA考核办法对企业创新行为的作用机理和经济后果。

参考文献

[1]Schumpeter J A. The theory of economics development [J]. Journal of Political Economy, 1934, 1(2):170 - 172.

[2]池国华,王志,杨金. EVA考核提升了企业价值吗？——来自中国国有上市公司的经验证据[J]. 会计研究,2013,313(11):60 - 66.

[3]魏明海,柳建. 国企分红、治理因素与过度投资[J]. 管理世界,2007,163(4):88 - 95.

[4]王辉,臧日宏,李伟. 管理层股权激励对R&D与企业创新绩效影响的实证研究——基于制造业上市公司的面板数据[J]. 科技与经济,2016,29(1):6 - 10.

[5]陈闯,刘天宇. 创始经理人、管理层股权分散度与研发决策[J]. 金融研究,2012,385(7):196 - 206.

[6]熊艳,梁莱歆. 管理层持股与企业技术创新选择——基于环境调节的效应[J]. 软科学,2009,23(7):72 - 75.

[7]刘运国,刘雯. 我国上市公司的高管任期与 R&D 支出[J]. 管理世界,2007,160(1):128－136.

[8]周铭山,张倩倩."面子工程"还是"真才实干"? ——基于政治晋升激励下的国有企业创新研究[J]. 管理世界,2016,279(12):116－132.

[9]马富萍,李太. 高管团队特征、高管团队持股与技术创新的关系研究——基于资源型上市公司的实证检验[J]. 科学管理研究,2011,29(4):117－120.

[10]余明桂,钟慧洁,范蕊. 业绩考核制度可以促进央企创新吗? [J]. 经济研究,2016,591(12):104－117.

[11]刘放,杨小舟. EVA 考核与企业资本成本确定[J]. 财政研究,2011,342(8):66－68.

[12]李真,赵丽萍. 央企 EVA 考核新办法及其影响——基于 2009—2011 年央企控股上市公司数据[J]. 财会月刊,2013,664(12):11－15.

[13]Rogerson W P. Inter－temporal cost allocation and managerial investment incentives: A theory explaining the use of economic value added as a performance measure [J]. Journal of Political Economy, 1997, 105(4):770－795.

[14]周黎安. 中国地方官员的晋升锦标赛模式研究[J]. 经济研究,2007,631(7):36－50.

[15]俞鸿琳,张书宇. 高管晋升激励、考核机制与国有企业研发投入[J]. 经济科学,2016,215(5):95－110.

[16]唐清泉,甄丽明. 管理层风险偏爱、薪酬激励与企业 R&D 投入——基于我国上市公司的经验研究[J]. 经济管理,2009,31(5):56－64.

[17]唐清泉,徐欣,曹媛. 股权激励、研发投入与企业可持续发展——来自中国上市公司的证据[J]. 山西财经大学学报,2009,31(8):77－84.

[18]徐宁,徐向艺. 技术创新导向的高管激励整合效应——基于高科技上市公司的实证研究[J]. 科研管理,2013,34(9):46－53.

[19]Biddle G C, Bowen R M, Wallace J S. Does EVA beat earnings? Evidence on associations with stock returns and firm values [J]. Journal of Accounting & Economics, 1997, 24(3):301－336.

[20]张先治,李琦. 基于 EVA 的业绩评价对央企过度投资行为影响的实证分析[J]. 当代财经,2012,330(5):119－128.

[21]刘凤委,李琦. 市场竞争、EVA 评价与企业过度投资[J]. 会计研究,2013,304(2):54－62.

[22]池国华,邹威.EVA 考核、管理层薪酬与非效率投资——基于沪深 A 股国有上市公司的经验证据[J].财经问题研究,2014,368(7):43 - 50.

[23]池国华,杨金,张彬.EVA 考核提升了企业自主创新能力吗?——基于管理者风险特质及行业性质视角的研究[J].审计与经济研究,2016,31(1):55 - 64.

[24]卢闯,杜菲,佟岩,汤谷良.导入 EVA 考核中央企业的公平性及其改进[J].中国工业经济,2010,318(6):96 - 105.

[25]姜波.EVA 考核:央企走向价值管理[J].企业改革与管理,2010,180(7):16 - 17.

[26]郝婷,赵息.EVA 考核对国有企业研发投入的影响[J].科学学与科学技术管理,2017,38(1):142 - 153.

[27]风进,韦小柯.西方企业生命周期模型比较[J].商业研究,2003,547(7):179 - 181.

[28]文芳.企业生命周期对 R&D 投资影响的实证研究[J].经济经纬,2009,133(6):92 - 95.

[29]梁莱歆,金杨,赵娜.基于企业生命周期的 R&D 投入与企业绩效关系研究——来自上市公司经验数据[J].科学学与科学技术管理,2010,31(12):11 - 17.

[30]杨瑞龙,王元,聂辉华."准官员"的晋升机制:来自中国央企的证据[J].管理世界,2013,234(3):23 - 33.

[31]Chen H L, Hsu W T, Huang Y S. Top management team characteristics, R&D investment and capital structure in the IT industry [J]. Small Business Economics, 2010, 35(3):319 - 333.

[32]Holmstrom B. Agency costs and innovation [J]. Journal of Economic Behavior and Organization, 1989, 12(3):305 - 327.

[33] Manso G. Motivating innovation [J]. Journal of Finance, 2011, 66 (5):1823 - 1860.

[34]方芳,翟华云.企业生命周期、经理自主权与 R&D 投入的关系研究[J].证券市场导报,2013,252(7):17 - 21.

[35]袁建国,后青松,程晨.企业政治资源的诅咒效应——基于政治关联与企业技术创新的考察[J].管理世界,2015,256(1):139 - 155.

[36]Dickinson V. Cash flow patterns as a proxy for firm life cycle [J]. Accounting Review, 2011(6):1969 - 1994.

[37]袁东任,汪炜.信息披露、现金持有与研发投入[J].山西财经大学学报,2015,37(1):81 - 91.

EMPIRICAL RESEARCH ON THE RELATIONSHIP BETWEEN EVA ASSESSMENT AND CORPORATE INNOVATION IN THE PERSPECTIVE OF LIFE CYCLE

TAO Ying, FU Yan

Abstract: Using a sample of Chinese A – share listed companies over 2007 – 2012, we examine whether Economic Value Added (EVA) performance evaluation exerted by State – owned Assets Supervision and Administration Commission (SASAC) since 2010 can increase corporate innovation ability with DID (Difference – in – Difference) model. And, we take a further step to research if corporate life cycle impacts the relationship between EVA performance evaluation and corporate innovation. The result shows that exerting EVA performance evaluation is a good way to increase corporate innovation ability. Besides, there indeed has a different result among enterprises in different periods. Exerting EVA performance evaluation can effectively promote innovation of companies in growth and maturity periods. But, it doesn' t work for enterprises in decline period.

Key words: EVA performance evaluation; Corporate life cycle; Corporate innovation; Difference – in – Difference model

不同影响因素下家庭农场适度规模测算与实践分析①

丁　静　梅一同

摘　要：本文通过构建家庭农场适度规模表达式，对包含雇工、政府补贴、城镇化因素、区域因素的家庭农场适度规模进行测算，指出适度规模的家庭农场的生产效益远高于农业整体生产效益的平均水平，我国应促进小农经营普遍向适度规模的家庭农场转变，同时指出当前城镇化发展所创造的空间远不能满足家庭农场对适度规模的要求，家庭农场不应盲目大规模经营，政府应降低物质与服务成本，增加农业补贴，地区农业发展情况应同城镇化发展相协调。

关键词：家庭农场；适度规模；劳动力；城镇化

0. 引言

2013 年中央一号文件提出，鼓励和支持承包土地向专业大户、家庭农场、农民合作社流转，发展多种形式的适度规模经营。其中，家庭农场作为新型农业经营主体的重要组成部分，促进了中国农村经济的发展。但同时也要看到，家庭农场在全国各地的经营效果差异较大，难以在全国范围内大面积推广。我国人多地少，地区差异较大，随着城镇化进程的加快，如何因地制宜，探索家庭农场适度规模成为学者们关注的重点。Manevska-Tasevska 等对欧洲家庭农场进行研究指出，农场规模不是影响农场生产效

① 基金项目：成都市科技局软科学项目“基于都市需求的成都农业产业转型升级研究”（编号：13RKY035ZF－041）的阶段性研究成果。作者简介：丁静（1969—　），女，山东潍坊人，硕士研究生，副教授。E-mail：jdingding@163. com。

率的主要因素，不同生产资料的利用程度才是决定因素[1]。张文齐、黄宗智指出，中国不能盲目追求高水平城镇化及大规模农业经营，小型适度规模的家庭农场才符合中国当前的发展阶段[2]。苏昕等认为，资源禀赋约束下的家庭经营矛盾越来越明显，土地生产经营规模过小、农业机械化水平低、农业生产效率低等问题有待通过培育家庭农场等新型农业经营主体和发展农业适度规模经营加以解决[3]。韩长斌认为，从我国的国情来看，当前和今后一个相当长的时期内，小规模经营与适度规模经营将共同构成我国现代农业经营体系的基础[4]。郭庆海认为，由于中国的国情，土地规模经营政策应当建立在多维价值坐标之上，既要考虑规模效率，更要考虑社会公平，既要考虑整体水平的提高，又要考虑区域之间的差异[5]。陆文荣等认为，村庄强大的集体制传统、基于村落成员权的土地福利分配、形式平等与事实平等兼顾的村庄大公平观和政府、市场一起，共同建构了家庭农场适度规模[6]。郭熙保认为，我国农民收入和劳动力生产率低的原因在于土地经营规模小，当家庭农场的规模在 100～300 亩时，农场可以获得较好的收入[7]。郭熙保指出，家庭农场规模扩大的原因是工农业部门之间工资差距拉大，吸引农村劳动力向城市非农业部门转移，导致农民数量减少，农户耕种的土地面积增加，农业生产机械化程度不断提高，其结果是农地向种植大户、家庭农场和其他新型经营主体集中，最终土地经营规模不断扩大[8]。同时，郭熙保认为，农户土地经营规模除受经济因素的影响外，还特别受到制度的制约，中国城乡二元管理体制和现行土地制度制约着农户经营规模的扩大[9]。何秀荣认为，要把农场规模扩大到具有农场经济可持续性的底线之上，而这种适度规模是因时因地存在差异的，要根据当时当地条件采取适当的方式和途径[10]。黄新建等通过对江西省的研究，认为 71～150 亩是家庭农场种植水稻的适度规模[11]。罗艳、王青通过计算，得出安徽省某地家庭农场适度规模为 120 亩左右，要达到这样的规模，当地 90% 的农村劳动力都需要转移到其他产业[12]。综上所述，对家庭农场适度规模的测算既要考虑劳动力、农业技术水平、土地市场等微观因素，又要考虑我国当前国情及不同地区的客观条件等宏观因素。

以往对家庭农场适度规模的研究多为理论上的探讨，学者虽认为家庭农场的规模受各方面制约因素的影响，但却没有直观上的数理说明，即使得出具体规模也只是通过对农户的走访总结出的经验数据，对城镇化发展程度与家庭农场的适度规模也没有进行比较分析。因此，本文结合我国当前国情，通过建立家庭农场适度规模的函数表达式，得出现阶段在不同因素的影响下，家庭农场应达到的适度规模。意义在于：一是从理论层面解析并梳理家庭农场规模的推动因素与限制因素，为家庭农场的健康发展寻找可行的路径；二是为地方政府提供探索性建议，从而促进家庭农场的良性发展。

1. 我国国情下家庭农场适度规模的测算

1.1 家庭农场适度规模的界定依据

当前，判断土地适度规模的研究角度有两个：一是将要素利用率作为衡量家庭农场适度规模的标准，即保证生产要素的充分利用，家庭农场的生产效率达到最高；二是以收入作为土地适度规模的判断标准，以规模经营农户获取与城镇居民（或打工农户）同等收入为目标，衡量土地经营适度规模。

本文选取收入作为土地适度规模的界定依据。一是因为我国农村人口基数大，人均土地面积有限，土地供给缺乏弹性，同时家庭农场在农业生产中，农业资本投入欠缺，要素投入受限，难以保证生产要素的充分利用。二是国内外相关学者通过托达罗模型等对我国农村劳动力转移的方向、特点、成因进行了研究，表明影响我国农村劳动力转移的最主要原因是农民外出务工收入。

综上，结合我国农村人口向城市转移的基本现实，本文选取收入作为家庭农场适度规模的界定依据。

1.2 家庭农场适度规模测算的基本公式推演

根据2006年和2016年的全国农业普查数据公报，种植业的劳动力数量占农、林、牧、渔大农业总劳动力数量的比例超过93%①，因此本文将研究范围确定为种植业角度下的家庭农场适度规模研究。假定农村劳动力

① 国家统计局《全国农业普查主要数据公报》。

可以自由迁移，忽略迁移成本。

设一个家庭农场拥有的劳动力为 l，其中，从事生产经营活动的劳动力为 λl [$\lambda l \in (0,1)$]，外出务工的劳动力为 $(1-\lambda)l$，务工获得的人均收入为 w。家庭农场自有土地为 h，租用土地地租均价为 r。令农产品的单位土地产量为 q，农产品市场价格为 p。将除劳动力成本与地租成本之外的直接成本（包括种子、化肥、农药、机械、维修、技术服务等）和间接成本（包括管理、销售、折旧、税费等）统称为物质和服务成本，生产中消耗的物质和服务成本为 c。单个劳动力的适度规模为 s。因此，适度规模下的家庭农场收益 TR 表示为

$$TR = \lambda lspq - \lambda lsc - (\lambda ls - h)r + w(1-\lambda)l \tag{1}$$

即家庭纯收益等于适度规模下家庭农场的劳动力经营总收入，加上家庭外出务工劳动力获得工资收入，减去家庭农场经营中的物质与服务成本、农场的地租成本。对 λ 求导得

$$\frac{\partial TR}{\partial \lambda} = lspq - lsc - lsr - wl \tag{2}$$

令式（2）等于0，得到

$$s(pq - c - r) = w \tag{3}$$

即家庭农场的劳动力通过经营适度规模 s 所获得的收入与外出务工所获得的劳动价值（工资）相等。

当单位劳动力通过经营适度规模的土地获得的收益大于外出务工时，劳动力会选择经营家庭农场获得收益，此时 $\lambda=1$；当劳动力外出务工时获得的收益较多时，劳动力会选择外出务工，此时 $\lambda=0$。λ 在区间（0，1）取任意值时，当家庭农场中的单个劳动力通过经营适度规模 s 所获得的收入与外出务工所获得的劳动价值（工资）相等时，家庭农场的总收益达到最优状态。

对式（3）进行整理并得到单个家庭经营农场的适度规模表达式

$$\lambda ls = \frac{\lambda lw}{pq - c - r} \tag{4}$$

式（4）表示，城镇务工工资水平、农产品市场价格、农产品单位土地产量、物质与服务成本及土地租金是家庭农场适度规模的影响因素。其中，

城镇务工工资水平、物质与服务成本、土地租金与家庭农场适度规模呈正向关系，农产品市场价格和单位土地产量与家庭农场适度规模呈反向关系。

2. 不同影响因素下我国家庭农场适度规模测算分析

在现实中，家庭农场适度规模受家庭劳动力数量、农业补贴等因素的影响。同时，从长期来看，农产品种类及种养方式、区域人地因素等也会影响家庭农场的适度规模。

2.1 带有雇工情况的家庭农场适度规模理论测算

考虑到家庭农场的实际经营模式，本文引入带有雇工情况下的家庭农场适度规模。假设家庭拥有的劳动力数量为 l_1 ，家庭劳动力的分配系数为 λ ，家庭成员外出务工所获得的工资为 w_1 ，单个家庭农场雇工人数为 l_2 ，雇工的工资水平为 w_2 ，农场家庭劳动力的劳均适度规模为 s_1 ，农场雇工的劳均适度规模为 s_2 ，适度规模下的家庭农场收益 TR 表示为

$$TR = (s_1\lambda l_1 + s_2l_2)(pq - c - r) + hr - w_2l_2 + w_1(1 - \lambda)l_1 \tag{5}$$

对式（5）中的 λ 和 l_2 求导，得到

$$\frac{\partial TR}{\partial \lambda} = l_1s_1(pq - c - r) - w_1l_1 \tag{6}$$

$$\frac{\partial TR}{\partial l_2} = s_2(pq - c - r) - w_2 \tag{7}$$

令式（6）、式（7）等于0，据此得到劳动力工资和劳均适度规模的关系函数

$$s_1(pq - c - r) = w_1 \tag{8}$$

$$s_2(pq - c - r) = w_2 \tag{9}$$

与家庭农场的家庭劳动力相似，只有当雇佣工人在家庭农场所创造的效益与工资的净收益完全相等时，家庭农场才能达到最大收益下的农场规模。然而，一方面由于家庭农场雇工多来源于周边务农农户，另一方面由于雇工在工作过程中存在激励问题，在家庭农场的生产经营中，雇工的表现和投入很难与家庭成员完全等同。当雇工获得的工资低于或等于其创造的收益时，雇工可能通过自己的土地自营农场。当雇工创造的收益低于其获得的工资时，雇工生产则变得低效率且没有意义。同时，雇佣方又存在

监督成本，因此家庭成员的劳均适度规模与雇工的劳均适度规模并不相同，即 $s_1 \neq s_2$ 。这也验证了我国家庭农场倡导以家庭成员作为主要劳动力从事生产经营的原因。

2.2 包含政府补贴的家庭农场适度规模理论测算

我国为家庭农场提供不同程度的政府补贴。在我国家庭农场的实际生产中，政府为了发展高附加值农业产业，鼓励规模化经营，为家庭农场发放鼓励金或对农业基础设施购置进行补贴，典型的如上海松江农场。因此，在上文讨论的基础上，对包含政府补贴的家庭农场适度规模进行测算。从理论推衍来说，家庭农场的政府补贴，可以有效缓解雇佣工人缺乏经济动力的问题，政府的补贴也会在一定程度上影响家庭农场的适度规模。当额外补贴与土地面积成比例时，在其他假设条件不变的情况下，补贴的临界规模为 S ，即当家庭农场规模超过 S 时，政府将予以额外的农业补贴。农业补贴金额每亩为 t ，农业补贴系数为 θ ，则家庭的总收益 TR 为

$$TR = (s_1\lambda l_1 + s_2l_2)(pq - c - r) + hr - w_2l_2 + w_1(1 - \lambda)l_1 + t\theta(s_1\lambda l_1 + s_2l_2) \tag{10}$$

当 $s_1\lambda l_1 + s_2l_2 \geqslant S$ 时，$\theta = 1$ ；当 $s_1\lambda l_1 + s_2l_2 < S$，$\theta = 0$ 。

令 $\theta=1$，分别对 λ 和 l_2 求偏导，得到

$$s_1 = \frac{w_1}{pq - c - r + t} \tag{11}$$

$$s_2 = \frac{w_2}{pq - c - r + t} \tag{12}$$

式（11）表示当存在农业补贴时，农场家庭成员的劳均适度规模与雇工数量无关，农业补贴可以通过增加土地收益使劳均适度规模相对减小。因此，在城镇化进程中，政府可以通过对家庭农场进行农业补贴的方式来弥补适度规模不足的问题。式（12）表示的是，在有农业补贴时雇工有动力受雇于家庭农场的平衡条件，然而，家庭农场有动力雇用劳动力从事生产的条件是从 $\theta=0$ 到 $\theta=1$ 的变化的过程，即家庭农场额外补贴的实现问题。令 $\theta=1$，用式（10）减去式（5）得到

$$\Delta TR = t(s_1\lambda l_1 + s_2l_2) \tag{13}$$

农场选择雇用工人从事家庭农场生产，实现家庭农场规模扩大，获得

的净收益的增加额为

$$\Delta TR = s_2 l_2 (pq - c - r) + (s_1 \lambda l_1 + s_2 l_2) t - w_2 l_2 \tag{14}$$

当 $\Delta TR \geqslant 0$ 时，家庭农场可以通过雇工招募实现规模扩大和收益提升。依据前文可知，雇工是否选择受雇于家庭农场的临界条件为式（9）。因此，当雇工的工资范围处于以下条件时，

$$s_2 (pq - c - r) \leqslant w_2 \leqslant s_2 (pq - c - r + t) + s_1 \lambda \frac{l_1}{l_2} \tag{15}$$

家庭农场的雇工行为是切实可行的。一方面，农场可以通过雇佣来扩大规模和提高收益，另一方面，潜在雇工有相应的经济动力受雇于家庭农场。此时，政府的规模补贴既能促进家庭农场规模的扩张，又能实现农场收益的提升。政府补贴与雇工工资的直接联系，为有效适度规模提供了依据。

2.3 城镇化背景下的家庭农场适度规模理论测算

当前，我国家庭农场发展水平和我国城镇化进程密不可分。一个地区的城镇化进程会通过地区农村劳动力转移、城乡收入差距、农地挤占等因素，影响家庭农场的运营情况。基于此，本文引入城镇化进程影响因素，探讨城镇化对我国家庭农场适度规模的影响。

令 S 表示地区总耕地面积，L 表示从事农作物种植的劳动力总人数，s' 表示家庭农场中的实际劳均规模。假设地区种植业生产均采用家庭农场形式，则

$$s' = \frac{S}{L} \tag{16}$$

设一个地区的人口总量为 N，城镇化率为 R，则农村人口数为 $N(1 - R)$。设农村人口中从事种植业生产的劳动力比例为 β，则种植业从业人数为 $L = \beta N(1 - R)$。代入式（16）得到

$$s' = \frac{S}{L} = \frac{S}{\beta N(1 - R)} \tag{17}$$

式（17）表示，劳均规模和城镇化率正相关。依据前文，家庭农场单个劳动力的适度规模为 s。当 $s < s'$ 时，意味着在城镇化的影响下，家庭农场的劳均适度规模比 s' 小，这说明将家庭农场作为农业生产经营模式，将存在土地闲置和荒废现象。这种情况在我国当前阶段并不常见。

当 $s > s'$ 时，分为两种情况。第一，当 s 略大于 s' 时，说明家庭农场规模存在一定的扩张力，当城镇化进程加快时，劳动力部分向城镇转移，在该规模条件下，劳动力的转移对推进城镇化进程、农业人口合理有序流动和农业整体发展均具有促进作用；第二，当 s 远大于 s' 时，说明家庭农场的发展会使农村劳动力需求减少，大量农民走入城镇，如果进城务工人员无法在城镇获得可观收入，就可能出现大量农民工闲散、失业现象，不利于社会稳定和城乡差距缩小。因此，家庭农场的规模应与城镇化进程下的劳均土地规模相适应。

2.4 区域因素下的家庭农场适度规模理论测算

我国地域广阔，区域自然条件和社会经济条件差异较大，除上述分析的因素外，家庭农场的适度规模同样受农业生产自然条件、农业作物种类、种养方式等多方面的影响。因此，人地因素、种植内容也是影响家庭农场适度规模的重要因素。

2.4.1 区域人地因素的影响

一个地区的人口密度、地质地貌、经济发展水平都制约着家庭农场的适度规模。例如，东部地区经济发展较快，土地稀缺，机械化水平相对较高，因此家庭农场可能会受土地成本的影响，更多采用精耕细作的经营方式。在平原地区，土地资源丰富且易于机械化作业，因此家庭农场规模普遍较大。

2.4.2 作物种植内容的影响

2.4.2.1 作物种类对家庭农场适度规模的影响

就全国范围而言，不同地域条件适种农作物各不相同，如北麦南稻。生产不同农作物，p 、q 、c 变量会改变，规模就会不同。

2.4.2.2 地区熟制特点对家庭农场适度规模的影响

不同区域，受温度和土壤环境的影响，作物的熟制有所差别，这会对家庭农场适度规模产生影响。在我国东北地区，作物多为一年一熟；在华北地区和河西走廊一带，作物多为两年三熟；南方地区多为一年两熟；滇粤台南部和海南等地甚至为一年三熟。假设家庭农场种植某种农作物为一年 n 熟，那么家庭农场收益 TR 为

$$TR = n\lambda lspq - n\lambda lsc - (\lambda ls - h)r + w(1 - \lambda)l \tag{18}$$

对 λ 求偏导并令结果等于0，得到

$$s = \frac{w}{n(pq - c) - r} \tag{19}$$

将种植不同植物的农场适度规模差异与不同植物的熟制差异进行比较可得

$$\frac{s_1}{s_2} = \frac{\dfrac{w}{n_1(pq - c) - r}}{\dfrac{w}{n_2(pq - c) - r}} = \frac{n_2(pq - c) - r}{n_1(pq - c) - r}$$

$$= \frac{n_2}{n_1} + \frac{n_2 - n_1}{n_1[n_1(pq - c) - r]}r > \frac{n_2}{n_1} \tag{20}$$

因此，植物熟制的差异可以引致种植作物的农场适度规模的更大差异。

2.4.2.3　不同种植方式对家庭农场适度规模的影响

我国现有家庭农场的生产经营方式多样，包含单一种植类、种养结合类。家庭农场的种植方式选择通过影响土地的成本和产值导致收益和规模的变化。农场的种植方式不同，其适度规模也不相同。例如，当某农场单独种植一种农作物 A 时，土地的单位产出与成本分别为 $p_1 q_1$ 、c_1 ，相应的适度规模就会改变，而当某家庭农场均采用 A、B 两种作物混种的方法生产时，土地的产出和成本也变为 $p_1q_1 + p_2q_2$ 、$c_1 + c_2$ ，此时家庭农场适度规模变为

$$s_1 = \frac{w}{p_1q_1 + p_2q_2 - c_1 - c_2 - r} \tag{21}$$

3. 以成都为例的家庭农场适度规模测算结果

成都作为西南农业大省四川的省会，是重要的商品粮油、蔬菜水果生产基地，且其家庭农场经过十几年的发展，也取得了一定成绩，本文以成都为例分析家庭农场的规模经营情况，有一定的现实意义。由于雇工具有季节性，且难以观测，故本文仅讨论没有雇工，即没有农业补贴的情形。本文采用前文中的劳均适度规模基本公式（3）。

基于成都的地域特点，本文将成都农作物种植种类的影响考虑在内。

成都种植的农作物主要包括水稻、小麦、玉米3种粮食作物，花生、油菜籽2种油料作物，以及蔬菜、甘蔗、烟叶。由于烟叶与甘蔗的种植面积太小，故只考虑3种粮食作物和2种油料作物。考虑到农作物的种植结构，对基本公式进行必要调整，引进复种比例①，得到包含反映种植结构的劳均适度规模公式

$$s = \frac{w}{\sum_{i=1}^{m} \delta_i (p_i q_i - c_i - r_i)} \tag{22}$$

其中，m 表示当前种植结构的农作物种植种类；i 表示第 i 种农作物；δ_i 表示复种比例。为了便于计算，以第 i 种农作物的单位土地收益表示 $p_i q_i - c_i - r_i$ 整体。

对于式（22）中的工资水平，本文选择有代表性的成都市历年全行业从业人员的平均工资水平。由于数据的可获得性和代表性，其余数据采用历年《全国农产品成本收益资料汇编》中的四川省数据，主要包括单位土地产值、物质与服务成本和土地成本。成都市历年全行业平均工资水平数据如表1所示。

表1　2011—2015年成都市全行业平均工资数据

年份	2011	2012	2013	2014	2015
平均工资（元）	26877	30515	34008	38221	48358

数据来源：《四川统计年鉴》（2012—2016）。

加总各农作物单位种植面积的收益与其复种比例的乘积，得到准确的该地区当前种植结构下单位土地面积的总收益。根据测算，几种主要农作物的复种比例如表2所示，单位土地面积上获得的总收益如表3所示。

表2　2011—2015年成都市代表农作物复种比例

分项	2011年	2012年	2013年	2014年	2015年
耕地总面积（万亩）	502.05	534.75	488.25	485.25	482.25
水稻面积（万亩）	327.90	321.30	305.10	291.30	280.20

① 指单个农作物的种植面积与耕地面积之比，反映了该地区在当前种植结构下单位土地面积上各农作物单个周期内的种植面积比例。

续表

分项	2011 年	2012 年	2013 年	2014 年	2015 年
水稻复种比例	0.65	0.60	0.62	0.60	0.58
小麦面积（万亩）	141.45	137.85	128.25	118.35	114.30
小麦复种比例	0.26	0.26	0.26	0.24	0.24
玉米面积（万亩）	70.05	71.40	72.75	73.95	74.55
玉米复种比例	0.14	0.13	0.15	0.15	0.15
蔬菜面积（万亩）	238.05	238.65	243.60	241.50	237.90
蔬菜复种比例	0.47	0.45	0.50	0.50	0.49
花生面积（万亩）	13.20	13.20	12.90	13.20	12.75
花生复种比例	0.03	0.02	0.03	0.03	0.03
油菜面积（万亩）	155.25	154.65	153.15	151.50	152.70
油菜复种比例	0.31	0.29	0.31	0.31	0.32

数据来源：根据《四川统计年鉴》（2012—2016）与成都市统计局数据整理。

表 3　2011—2015 年单位土地总收益

（单位：元/亩）

分项	2011 年	2012 年	2013 年	2014 年	2015 年
水稻产值	912.12	1100.28	1274.79	1378.98	1417.62
水稻物质与服务成本	223.01	253.91	287.79	321.34	336.61
水稻土地成本	58.94	87.09	92.72	99.14	102.49
水稻收益	630.17	759.28	894.28	958.50	978.52
小麦产值	409.63	468.56	551.64	601.90	536.54
小麦物质与服务成本	182.65	186.13	204.25	227.11	232.01
小麦土地成本	50.68	82.39	88.11	89.12	94.63
小麦收益	176.30	200.04	259.28	285.67	209.90
玉米产值	653.71	867.81	981.40	1070.47	1097.99
玉米物质与服务成本	267.00	238.37	267.74	280.93	287.19
玉米土地成本	51.34	78.06	82.89	89.11	90.03
玉米收益	335.37	551.38	630.77	700.43	717.77
蔬菜产值	4398.29	5475.41	5537.15	6099.72	6903.21
蔬菜物质与服务成本	1078.29	1131.01	1231.29	1365.49	1421.51
蔬菜土地成本	225.42	231.13	251.07	312.08	352.69
蔬菜收益	3094.58	4111.27	4054.79	4422.15	5129.01

续表

分项	2011 年	2012 年	2013 年	2014 年	2015 年
花生产值	960.66	988.41	987.60	1233.19	1155.49
花生物质与服务成本	210.49	206.91	209.28	279.42	334.40
花生土地成本	44.26	69.58	73.82	72.60	77.22
花生收益	705.91	711.92	704.50	881.17	743.87
油菜产值	532.92	629.27	724.16	828.97	799.72
油菜物质与服务成本	178.32	180.03	189.02	211.21	236.41
油菜土地成本	50.98	75.44	79.55	83.80	87.82
油菜收益	303.62	373.80	455.59	533.96	475.49
土地总收益	2075.68	2551.97	2906.24	3151.76	3413.27

数据来源：根据《全国农产品成本收益资料汇编》（2012—2016）、《四川统计年鉴》（2012—2016）和成都市统计局数据整理。

将表 3 中的单位土地总收益数据与成都市全行业平均工资数据结合整理，得到成都市家庭农场劳均适度规模，如表 4 所示。

表 4　2011—2015 年成都市劳均适度规模

分项	2011 年	2012 年	2013 年	2014 年	2015 年
平均工资（元）	26877	30515	34008	38221	48358
土地收益（元/亩）	2075.68	2551.97	2906.24	3151.76	3413.27
劳均适度规模（亩/人）	12.92	11.96	11.70	12.13	14.17

数据来源：根据《全国农产品成本收益资料汇编》（2012—2016）、《四川统计年鉴》（2012—2016）整理。

成都市统计局数据显示，截至 2015 年年底，成都市总人口为 1210.74 万人，常住人口为 1442.8 万人，城镇化率为 70.37%。全市拥有耕地 477.75 万亩，大农业的从业总人数为 130.42 万人，其中种植业从业人数约占 93%，为 121.29 万人，种植业劳均耕地为 3.94 亩。具体数据如表 5 所示。

表 5　2011—2015 年成都市劳均耕地面积

分项	2011 年	2012 年	2013 年	2014 年	2015 年
城镇化率（%）	65.51	67.00	68.44	69.40	70.37
种植业人数（万人）	140.20	132.27	129.54	125.38	121.29
耕地总面积（万亩）	534.75	488.25	485.25	482.25	477.75

续表

分项	2011 年	2012 年	2013 年	2014 年	2015 年
劳均耕地面积（亩）	3. 81	3. 69	3. 75	3. 85	3. 94

数据来源：根据《四川统计年鉴》（2012—2016）与成都市统计局数据整理。

汇总成都各区（市）县农业部门的统计数据，2015 年，家庭农场达到农业部规定的统计标准的，有 833 家。这些家庭农场总共经营着 50167 亩耕地，耕地面积只占全市耕地面积的 1. 05%，劳动力总人数 3747 人，占全市种植业劳动力数量的 0. 31%，劳均占有 13. 39 亩耕地，经营总收入为 2. 49 亿元，劳均收入为 6. 65 万元。

2015 年，成都市家庭农场劳均耕地面积为 13. 39 亩，超过 2015 年以前的适度规模水平，与 2015 年的劳均适度规模接近，远远大于成都市劳均耕地面积。同时，家庭农场人均收入 6. 65 万元，大于成都市平均工资。以成都市适度规模水平的耕地，获得了高于平均工资的收入，说明家庭农场的收益远高于全市农业生产效益，即把劳均耕地面积提高到劳均适度规模水平会获得更多收益。因此，促进全市范围内的小农经营向适度规模的家庭农场转变，会促进成都农业的发展，增加农户的农业收入。

在大力发展家庭农场的同时，也要看到，目前家庭农场的收入是建立在全市 1. 05% 的耕地面积和 0. 31% 的种植业劳动力数量基础上的。2015 年，全市劳均耕地面积仅为 3. 94 亩，而劳均适度规模却超过了 10 亩。在 2015 年耕地总面积为 477. 75 万亩的情况下，若劳均耕地面积变为 10 亩，则种植业劳动力仅需 47. 78 万人，即需要转移 73. 51 万种植业劳动力，转移人数占到全市总人口的近 7%。2015 年，成都市城镇化率为 70. 37%，而成都市城镇化的规划是 2025 年城镇化率达到 80%。城市人口的增加落后于适度规模的农业发展需要转移的农村人口，因此成都市家庭农场的发展应稳步前进，与成都市的城镇化进程相适应。农业部在 2015 年对全国家庭农场现状的调研显示，2015 年年末，全国家庭农场为 87. 7 万个，总共经营 1. 76 亿亩耕地，占全国耕地的 8. 68%，家庭农场平均规模为 200. 2 亩，而全国户均耕地面积仅为 7. 5 亩。在全国城镇化率仅有 60% 的情况下，适度规模的农业发展带来的农村劳动力转移将是一个严峻的现实问题。

4. 结论与建议

本文通过构建家庭农场收益函数，对家庭农场的适度规模进行测算，并以成都市为例，分析了劳均适度规模与实际规模的差距及城镇化对家庭农场适度规模的影响。研究发现，从效益来看，适度规模的家庭农场的生产效益远高于农业整体生产效益的平均水平，因此，促进小农经营普遍向适度规模的家庭农场转变，会大大推动我国的农业现代化发展，也会大大增加全国农民的务农所得。从制约因素来看，当前城镇化发展所创造的空间远不能满足家庭农场对适度规模的要求。我国城镇化水平较低，若想达到家庭农场的适度规模，需转移的农村劳动力数量将是巨大的，因此，家庭农场的发展要与城镇化水平相适应，切忌盲目追求大规模发展。

当前，我国城镇化处于稳步发展阶段，城镇化水平的提升决定了土地的进一步缩减，然而农村人口仍占多数，土地的劳均规模有限。为了让家庭农场的适度规模和土地劳均规模相契合，使劳动力合理有序转移、维护农业持续发展、维护社会稳定，首先，应促进城镇化的稳健快速发展。从式（17）可以看出，在其他条件不变的情况下，城镇化的提高有利于劳均实际规模的提高，城镇化的发展可以缩小劳均实际规模与劳均适度规模的差距，减少由城镇化发展程度决定的劳均实际规模不足对家庭农场适度规模发展的阻碍。

其次，家庭农场应该在提高单位土地面积收益上下功夫，不能盲目追求大规模经营。在现今农村劳动力不能快速有序转移的情况下，家庭农场的适度规模要有所控制。根据式（11）可以得出结论：因工资具有黏性，加之社会经济发展、工资水平上升，必须通过式（11）中的分母对规模进行控制。地租具有稳定性，且受地域的经济发展状态影响，因此主要通过产量、价格、服务成本和补贴进行调控。第一，降低物质与服务成本。如促进农技水平的发展与进步，推动其在农业生产上的应用，提升农业生产的服务化水平，以降低农业生产成本与农产品交易费用等，进而提升单位面积收益。第二，增加农业补贴。在其他条件不变的情况下，政府可以将农业补贴作为调整家庭农场适度规模的重要手段。通过增加农业补贴，缩小家庭农场适度规模，发挥其调控和引导家庭农场的重要作用。农业补贴在促进家庭农场发展方面大有可为。

参考文献

[1]Manevska - Tasevska G, Hansson H, Latruffe L. Evaluating the potential effectiveness of rural development programme targets on farms in FYR Macedonia - An efficiency study of grape - growing family farms [J]. Food Economics - Acta Agriculturae Scandinavica, 2011, 8(3): 161 - 172.

[2]张文齐,黄宗智."家庭农场"是中国农业的发展出路吗[J].开放时代,2014(2):38 - 41.

[3]苏昕,王可山,张淑敏.我国家庭农场发展及其规模探讨——基于资源禀赋视角[J].农业经济问题,2014,35(5):8 - 14.

[4]韩长赋.积极推进新型农业经营体系建设[J].南方农业,2014(11):80 - 94.

[5]郭庆海.土地适度规模经营尺度:效率抑或收入[J].农业经济问题,2014,35(7):4 - 10.

[6]陆文荣,段瑶,卢汉龙.家庭农场:基于村庄内部的适度规模经营实践[J].中国农业大学学报(社会科学版),2014,31(3):95 - 105.

[7]郭熙保."三化"同步与家庭农场为主体的农业规模化经营[J].社会科学研究,2013(3):14 - 19.

[8]郭熙保,冯玲玲.家庭农场规模的决定因素分析:理论与实证[J].中国农村经济,2015(5):82 - 95.

[9]郭熙保.市民化过程中土地退出问题与制度改革的新思路[J].经济理论与经济管理,2014,34(10):14 - 23.

[10]何秀荣.关于我国农业经营规模的思考[J].农业经济问题,2016,29(9):7 - 13.

[11]黄新建,姜睿清,付传明.以家庭农场为主体的土地适度规模经营研究[J].求实,2013(6):94 - 96.

[12]罗艳,王青.基于小农户制现状探索家庭农场制及其规模[J].湖北农业科学,2012,51(6):1281 - 1284.

ESTIMATION ON THE MODERATE SCALE OF FAMILY FARMS BASED ON DIFFERENT INFLUENCING FACTORS

DING Jing, MEI Yi-tong

Abstract: Based on a moderate scale model of family farms, this paper took consideration and estimated the appropriate scale of family farms. It pointed out that the production efficiency of moderately - sized family farms is much higher than the average of overall agricultural production. Therefore, Chinese government should promote the transformation of small - scale farms to moderate - scale family farm. At the same time, it also found that the current urbanization development could not meet the requirements of moderate - scale family farm development. Family farms should not be operated blindly on a large scale. Thence, government should reduce the cost of materials and services, increase agricultural subsidies. Regional agricultural development should be coordinated with urbanization.

Key words: Family farm; Moderate scale; Labor force; Urbanization

绿色广告诉求对消费者绿色消费和信息分享意愿的影响研究①

郝辽钢　朱晋仪

摘　要： 本文研究了绿色广告诉求与消费者绿色消费之间的关系。基于差序格局理论将社会网络关系分为家人圈、朋友圈，基于环境态度理论将环境态度分为生态环境态度、非生态环境态度，并通过情景实验的方法探究绿色广告诉求对消费者绿色消费和信息分享意愿的影响。实验结果表明，相对于非绿色导向广告，绿色导向广告会给消费者带来更强的感知价值和购买意愿。若消费者的生态环境态度强，绿色导向广告会使消费者的感知价值、购买意愿和信息分享意愿增强；生态环境态度强的消费者更愿意将绿色导向广告的产品推荐给社会关系距离更远的消费者，将非绿色导向广告的产品推荐给社会关系更近的消费者。而针对生态环境态度弱的消费者这种效应将消失。

关键词： 广告诉求；差序格局；购买意愿；环境态度

0. 引言

随着社会经济的快速增长，产生了一系列生态失衡、大气污染等环境问题，人类的生存环境和生命安全受到了严重威胁。人们开始意识到保护环境的重要性，逐渐培养并建立良好的环保意识和消费观念，积极推崇绿

① 基金项目：教育部人文社科项目“消费者促销框架效应研究心理认知和电生理反应视角”(17YJC630036)。第一作者：郝辽钢（1978—　），男，博士，副教授。E-mail：haoliaogang@home.swjtu.edu.cn。第二作者（通讯作者）：朱晋仪（1991—　），女，硕士。E-mail：jinyiz128@126.com。联系方式：18810603362。

色出行、绿色消费等绿色行为。为了激发消费者绿色消费的积极性，企业迎合市场发展的需求，在宣传产品时着力宣扬产品具有的环保、生态属性，以达到最佳的营销效果，实现稳定的收益。企业通常将广告作为传播产品绿色信息的媒介，向消费者推荐产品所具备的优势和特征，以期准确地引导消费者产生绿色消费行为。

国内外学者有关绿色消费行为的研究主要集中在绿色消费的态度行为上，具体包括教育背景、个人收入、社会伦理、所处的社会环境等因素对绿色消费的影响，但是少有学者将消费者环境态度作为调节变量考察其对消费者绿色消费过程的影响[1]。本研究将绿色广告诉求分为绿色导向广告和非绿色导向广告两类，探讨在这两种导向广告的作用下，消费者对产品的感知价值和绿色消费行为是否存在差异；消费者绿色消费行为、对产品的感知价值是否会因为消费者持有不同的环境态度而有所差异；消费者在进行绿色消费时，不同的环境态度是否会对信息分享意愿产生不同的影响；在信息分享意愿上，是否存在将不同产品推荐给不同圈层的现象。本研究通过情景实验的方法对提出的假设进行验证并得出结论，为当前关于广告诉求对消费者绿色消费和信息分享意愿的研究提供了崭新的视角。

1. 文献综述

1.1 绿色广告诉求

消费者环保意识的增强、政府部门出台的低碳政策、市场营销同质化问题的出现，增加了企业对生态环保的关注程度。为了在竞争中取得领先地位并占领市场，越来越多的企业开始进行产品技术革新，纷纷推出以环保、低碳、消费者健康为主题的“绿色广告”[2]。李景东[3]在研究绿色消费、绿色营销、绿色广告三者的关系时提到，绿色广告诉求是企业在进行绿色信息传递过程中始终贯彻绿色理念的一种方式。汪青云和李婉青[4]将绿色广告诉求定义为，在广告内容的宣传上保持真实性，在表现形式上符合绿色原则。Lin 等[5]在对绿色广告诉求的研究中指出，广告商为了增加消费者对广告的兴趣，将一些有吸引力的要素放到广告中，这些有吸引力的要素就是诉求，当广告诉求中加入了“绿色”的元素，就是绿色广告诉求。

而对于绿色广告诉求的分类，不同学者有不同的分类原则。Banerjee 和 Iyer[6]在剖析绿色广告时，对绿色导向广告、非绿色导向广告作出了定义。他们认为，绿色导向广告着重描述产品的环境友好属性，非绿色导向广告着重描述产品能为消费者提供的健康等利益。黎光明等[7]在研究广告诉求方式与产品偏好的匹配效应时发现，广告有两种诉求方式，一种是能给消费者带来实际利益的，以强调产品性能、质量等为主的理性诉求，另一种是通过使用产品能提升消费者自我形象的感性诉求。毛振福等[8]基于绿色购买意愿形成的机制，发现了人们只有对广告的内容进行信息处理后，才能形成最终的消费者绿色消费行为和购买意愿，而“广告的内容”即是广告诉求。同时他们认为，在绿色广告的诉求形式中，理性诉求关注的是绿色产品的自身特质，感性诉求更多关注产品用环保的方式所带来的愉悦、快乐的情感。

1.2　绿色消费

学者们关于绿色消费的研究多为定性分析，大多是基于不同地域的相关人口统计变量进行探究。龚继红和孙剑[9]研究发现，绿色消费是传统消费行为的演变，其本质是鼓励消费者减少不必要的消费行为并选择购买环境污染程度低的产品。李景东[3]在研究初期提出，绿色消费包含的内容是多方面的，不仅是消费者购买绿色产品或享受绿色服务的基本行为，还是消费者在消费过程中自发拥有的反对购买对环境有害的产品的一种积极意识。同时他指出，绿色消费是一种为人与自然和谐相处提供最有力的保护措施的消费方式，能够反映出消费者具有良好的生态意识和环保态度。黎建新[10]从消费者购买绿色产品的动机、绿色产品的自身属性出发，根据经济外部效应理论和归因理论将绿色产品分为自利型绿色产品和利他型绿色产品两类。王建明和吴龙昌[11]采用四维度纳入阶层式结构方程模型，通过实验法研究绿色购买情感中自豪、愧疚、赞赏对绿色消费的影响。他们认为，绿色消费中的自豪效用是培养消费者绿色消费意识最有利的因素。通过阅读有关绿色消费的文献发现，国内外学者对绿色消费的研究主要集中在 3 个方面：绿色消费的支付意愿、绿色产品的购买行为、对绿色产品的认知。

1.3 环境态度

消费者对环境的态度是有差异的，目前，由 Schultz 等[12]提出的环境态度的定义被广泛接受。他们认为，环境态度是指个人对与环境有关的活动、问题所持有的信念、情感、行为意图的集合。不同的学者对环境态度的划分有所不同，学界普遍认同 Stern 和 Dietz[13]对环境态度的划分标准，即环境态度是由个人自身整体价值观所决定的，按照不同的价值观可将环境态度分为利己环境态度、利他环境态度和生态环境态度。持利己环境态度的人往往从自身利益或者与个人有关的利益角度出发考虑环境问题，更多的是关心与自身利益相关的部分；持利他环境态度的人往往是从社会整体利益的角度来考虑环境保护问题；持生态环境态度的人则认为自然环境具有内在价值和权利，人类没有权利破坏环境以满足自身的需求。Schultz[14]提出基础价值观理论，认为个体的自我概念中包含着他人和自然概念。这就反映了个体不同的环境态度：个体与他人、自然相对独立，则环境态度为利己环境态度；个体与他人存在相互联系，则环境态度为利他环境态度；个体与所有生物都是相互联系的，则环境态度为生态环境态度。3 种环境态度虽然都表示个体对环境的关心程度，但却反映了个体的不同认知结构。

1.4 差序格局理论与社会网络关系

人类的生产、生活和经济活动会受到社会各方面因素的影响，包括生存环境的变动、关系网络的变化等。费孝通在《乡土中国》中提到，中国是具有“关系本位”特征的社会，这种社会网络关系是不同于西方欧美国家的。他借该理论来说明中国社会的关系结构和关系网络的特点。费先生提出了“差序格局”理论概念，即中国的社会结构是以自身为中心，和亲戚、朋友之间产生远距离和近距离关系的社会关系现象，中国是一个典型的具有“圈子”的国家，“圈子”主要是指人们在日常生活中社会交往的关系和个体间打交道的频率。他在社会网络关系的研究中，运用结构分析的方法探索了差序格局的本质，对“关系本位”的中国社会存在亲密、疏远关系的格局进行了阐述，这种关系格局好像水面上泛起的波纹，以自己为中心向外延伸，波纹所涉及的范围都属于和自己有关的“圈子”，距离自己越近社会关系越亲密，距离自己越远社会关系越疏远。与此同时，罗家德[15]在研究中也提到，中国社会是一个以关系导向为主的差序格局社会，他把中国人的社会网络自内向外细分成3个部分，即家人连带关系、熟人连带关系、生人连带关系。家人连带关系通常遵循生活生存的需求法则，熟人连带关系是基于人情世故的基本原则，而生人连带关系则遵循公正公平的原则。翟学伟[16]在研究中将社会网络关系按照强弱程度进行分类，人际关系紧密则社会网络关系为“强关系”，人际关系疏远则社会网络关系为“弱关系”。他认为，“强关系”和“弱关系”是分辨群体与个体之间关系远近的一种重要形式。已有研究运用差序格局理论，研究了企业家的社会网络关系对企业家行为的影响以及消费者对此的反应[17,18]。就目前的研究而言，运用差序格局理论研究消费者社会网络对消费者行为的影响的还很少。

1.5 研究内容

因此，本研究探讨在绿色广告诉求下，消费者环境态度和社会网络关系对消费者绿色消费和信息分享意愿的影响。通过研究模型回答以下3个问题：一是绿色广告诉求在进行绿色传播时所突出的产品内容对消费者的购买意愿是否有影响；二是消费者绿色消费感知价值是否是绿色广告诉求影响消费者购买意愿的中介变量；三是环境态度、社会网络关系是否是绿色广告诉求影响消费者绿色消费和信息分享意愿的调节变量。

2. 研究假设

绿色广告诉求是企业为了增强消费者对绿色产品的购买意愿，在对产品进行广告宣传时向消费者所传达的产品具备的绿色特征的过程[19]。现有研究中有学者指出，广告诉求、产品属性、消费者特征三者之间存在相互匹配的现象，只有当广告诉求传递出的产品信息符合消费者的特征时，广告诉求才能给消费者带来深刻的体验价值，从而达到企业营销的最佳效果。绿色产品的属性分为两类，一类是绿色产品具有的绿色功效等特殊属性，另一类是绿色产品和普通产品一样具有的基本属性[20]。绿色广告诉求通常被分为绿色导向广告和非绿色导向广告两类，绿色导向广告重在描述产品具有的生态环保、对环境友好的属性；非绿色导向广告重在描述产品具有的基本功能属性[6]。感知价值是消费者将自身需求与产品或服务的价值进行比较，权衡其感知利益与感知成本，最终对产品或服务进行价值评价的过程[21]。Zeithaml[22]认为，由于个体认知等差异，不同的消费者会对同一事物产生不同的感知价值，同时正面情感对感知价值的影响会更为持久。本文认为，绿色导向广告倾向于对产品生态环保、绿色属性的描述，能够有效地提高消费者对产品绿色价值的感知和购买意愿。基于以上理由，本文提出了如下假设：

H1：与非绿色导向广告相比，绿色导向广告会产生更高的消费者感知价值。

H2：与非绿色导向广告相比，绿色导向广告会产生更高的消费者购买意愿。

关于感知价值和购买意愿的关系，目前学术界研究较多。如 Dodds 等[23]认为，感知价值通常是作为一个中介变量间接影响消费者的购买意愿。Chen 和 Chang[24]在研究消费者对产品的重复购买意愿时发现，消费者的产品感知价值会正向影响其重复购买意愿。郭萍[25]构建结构方程模型，研究得到消费者的绿色感知价值会在一定程度上影响消费者对绿色产品的抉择，而这种影响是积极的正向作用，即消费者的绿色感知价值会正向影响其购买意向。国内外的大量研究都表明，感知价值会对消费者行为意愿产生重要影响。据此，本文推测，在绿色广告诉求下，消费者对产品的购买意愿是通过感知价值作为中介变量来实现的，且感知价值正向影响消费者的购买意愿。因而本文提出了如下假设：

H3：消费者感知价值对消费者购买意愿具有正向影响。

H4：消费者感知价值在绿色广告诉求对购买意愿的影响中起中介作用。

不少学者在探寻绿色消费的内在机制时发现，影响消费者绿色消费的因素是多方面的，环境态度是影响消费者进行绿色消费的一个不可忽视的因素[26]。如王国猛等[27]认为，绿色消费会受到消费者的价值观、消费者的态度、社会的道德约束和准则等多方面的影响。劳可夫和王露露[28]在对消费者行为的研究中，已经证实了环境态度会影响消费者对绿色产品的选择和购买。Biswas 和 Roy[29]把绿色感知价值按照不同的价值属性分为绿色货币感知价值、绿色条件感知价值、绿色认知感知价值和绿色社会感知价值，研究结果显示，环境态度能够正向影响这四个维度。黎建新和詹志方[30]的研究中也提到，中国传统文化中天人合一的理念、集体主义、环境情感对消费者绿色消费存在正向影响，而绿色环境态度又进一步影响消费者的绿色购买意向。因此，本文推测，在绿色广告诉求下，当消费者持有较强的生态环境态度时，会对具有的生态环保等绿色属性的产品产生更高的感知价值，即消费者的感知价值会受到消费者环境态度的调节作用。基于以上理由，本文提出如下假设：

H5：环境态度在绿色广告诉求对消费者感知价值的影响关系中起调节作用；具体而言，消费者生态环境态度越强，绿色导向广告对消费者感知价值的正向影响越大。

Eagly 和 Chaiken[31]从心理学的角度对购买意愿进行了探索性研究，认为购买意愿是一种行为动机，而这种行为动机会受个体态度的影响。吴剑琳等[32]认为，消费者的绿色购买意愿会受多方面因素的影响，其中消费者对产品的认识和消费者所持有的环境保护意识的影响是最为明显的。由此，本文认为，消费者的环境态度是一个重要因素，它的存在会对消费者的购买意愿、信息分享意愿产生一定的影响。基于以上理论，本文提出了如下假设：

H6：环境态度在绿色广告诉求对消费者购买意愿的影响关系中起调节作用。具体而言，消费者生态环境态度越强，绿色导向广告对消费者购买意愿的正向影响越大。

H7：环境态度在绿色广告诉求对消费者信息分享意愿的影响关系中起调节作用。具体而言，消费者生态环境态度越强，绿色导向广告对消费者信息分享意愿的正向影响越大。

H8：绿色广告诉求对消费者信息分享意愿具有正向影响。

胡宁[33]对差序格局进行了具体的描述和解释：在人际交往过程中，离“己”近的即“圈内人”，关系会更亲密，行为上表现出讲仁义、尽义务；而离“己”远的即“圈外人”，关系会更疏淡，行为上则循礼而言利。阎云翔[34]采用一个全新的视角去探讨关系强度与信息分享意愿二者之间的内在联系，得出了如果社会网络关系是联系紧密的强关系，那么人们在信息处理的过程中会产生更强的推荐和分享的意愿。基于此，本研究将探讨消费者在对产品的信息分享意愿上，是否会将环保、绿色属性的产品推荐给离“已”远的“圈外人”，将健康等拥有基本功能属性的产品推荐给离“已”近的“圈内人”。从绿色广告诉求的划分标准来看，Medeiros 等[21]研究了具体的绿色广告诉求和抽象的绿色广告诉求二者对消费者绿色消费行为的作用效果，发现在产品利益属性和情境要素的共同调节作用下，不同的绿色广告诉求类型会对消费者的绿色消费行为产生不同的影响，其中消费者持有的对环境的态度和消费者的社会网络关系无疑是两类重要的情境要素。因此，本文认为，绿色广告诉求与信息分享意愿之间的关系不仅受到消费者的环境态度的影响，社会网络关系也会在此关系中起到调节效应。本文将家人作为“圈内人”、朋友作为“圈外人”，根据胡宁等学者之前的研究结论，猜想消费者生态态度越强，越愿意将绿色导向广告的产品推荐给社会网络关系更远的朋友圈，当消费者持有的生态环境较弱时这种影响效果会消失。基于以上理论，本文提出如下假设：

H9：环境态度对绿色广告诉求与信息分享意愿之间关系的调节受社会网络关系的调节作用影响。具体而言，生态环境态度强的消费者更愿意将绿色导向广告的产品推荐给社会关系更远的消费者，将非绿色导向广告的产品推荐给社会关系更近的消费者。而针对生态环境态度弱的消费者，这种效应将消失。

综合上述研究假设，本文的研究框架如图 1 所示。

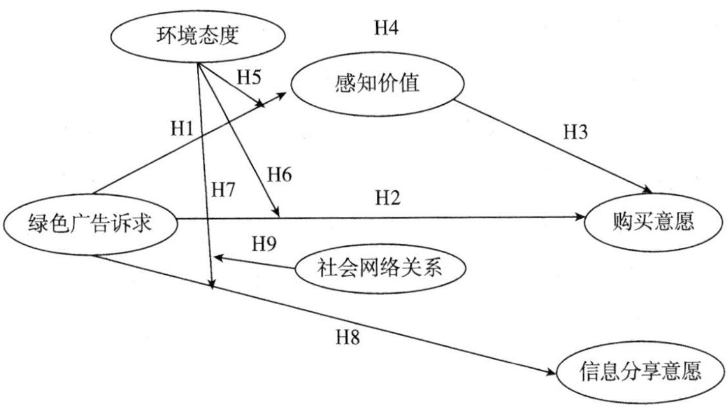

图 1　研究框架

3. 研究设计与统计分析结果

3.1 研究设计

本研究采用2（绿色广告诉求：绿色导向广告、非绿色导向广告）×2（环境态度：生态环境态度、非生态环境态度）的组内设计实验，共有两个实验组。实验样本为四川某高校的176名在校大学生，受试者被随机分配到A、B两个实验组中的一组，A组浏览绿色导向广告，B组浏览非绿色导向广告。阅读前被分配到A、B两组的受试者均不知道广告内容有所不同。阅读后让受试者根据广告内容对绿色广告诉求的类型进行判断，接着对受试者进行购买意愿、感知价值、环境态度、信息分享意愿的问卷调查。剔除回答不完整问卷，最终回收有效问卷169份，其中男性98名、女性71名。

下面列示了本研究使用的两个实验情境：

假如您家的鸡蛋已经吃光了，现在打算去超市购买，正好发现有一种鸡蛋在做广告，广告内容是："该鸡蛋是遵照自然规律与生态学原理生产，全程纯天然、无污染、无添加，在天然农场环境中由非生物工程育鸡自然产出的不含激素、农药及各种重金属物质的有机鸡蛋。"（实验情境：绿色导向广告）

假如您家的鸡蛋已经吃光了，现在打算去超市购买，正好发现有一种鸡蛋在做广告，广告内容是："该鸡蛋是富含卵磷脂、维生素，营养价值丰富，具有健脑益智、保护肝脏、防治动脉硬化等功效的普通鸡蛋。"（实验情境：非绿色导向广告）

为了保证绿色广告诉求内容的有效性，本研究对广告诉求的内容进行了操控性检验，操控性检验的题项为："您觉得该绿色广告诉求属于□绿色导向广告 □非绿色导向广告。"共有176名受试者对两条广告诉求的内容进行判断，受试者均认为第一条绿色广告诉求的内容属于绿色导向广告，第二条绿色广告诉求的内容属于非绿色导向广告，充分表明实验对绿色广告诉求的内容操控成功。

本研究的实验量表均来源于成熟的量表，以保证变量测量的信度和效度。因变量的测度包括：测度购买意愿"我希望/很想/很强烈地想购买该产品"[35]，其信度系数为0.779；测度感知价值"该产品提供了高价值/很有吸引力/很划算"[36]，其信度系数为0.731；测度环境态度"我很关心环境破坏对植物/海洋生物/兽类/鸟类造成的影响"，其信度系数为0.732；测度信息分享意愿"我更愿意向我的家人/朋友推荐此产品"[12]，其信度系数为0.701。所有量表信度系数均大于0.7，说明本文的实验量表具有较高的可信度。受试者被要求根据自己的真实想法就题项进行李克特七级量表评分，"1"代表"非常不同意"，"7"代表"非常同意"。

3.2 统计分析结果

3.2.1 绿色广告诉求主效果方差分析

首先，本文把绿色广告诉求分为绿色导向广告、非绿色导向广告两个实验组，分别对消费者感知价值和购买意愿进行比较。实验将绿色广告诉求作为自变量，消费者感知价值、购买意愿作为因变量，方差分析结果显示，消费者感知价值、购买意愿均受到绿色广告诉求的显著影响，如表1所示。

表1 绿色广告诉求对消费者感知价值、购买意愿的方差分析

因变量	Ⅲ型平方和	自由度	均方值	F值	P值
消费者感知价值	16.909	1	16.909	6.904	0.009
购买意愿	33.318	1	33.318	13.475	0.000

从统计分析的结果来看，消费者感知价值、购买意愿在不同的绿色广告诉求之间具有达到统计显著性水平的差异。具体而言：针对消费者感知价值，绿色导向广告比非绿色导向广告能产生更高的消费者感知价值，研究假设H1得到验证。针对购买意愿，绿色导向广告比非绿色导向广告能产生更高的购买意愿，研究假设H2得到验证。

绿色广告诉求对消费者感知价值、购买意愿的影响如图2所示。

接着，本文将消费者感知价值与购买意愿的关系进行回归分析。结果表明，消费者感知价值正向显著影响消费者购买意愿，研究假设H3得到验证，如表2所示。

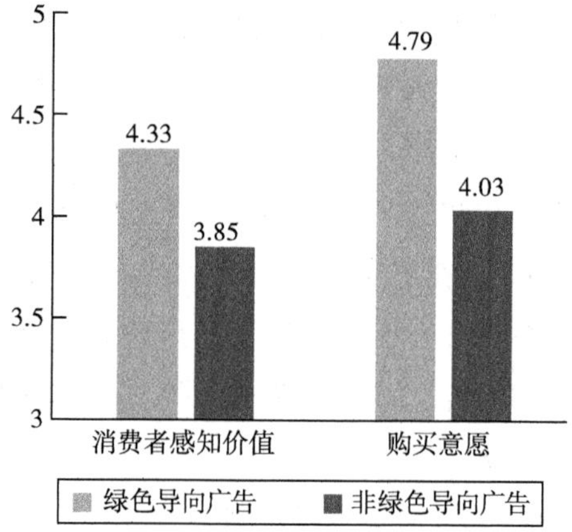

图2　绿色广告诉求对消费者感知价值、购买意愿的影响

表2　消费者感知价值与购买意愿之间的关系

变量	非标准化系数		标准系数	t值	P值
	估计值	标准误	Beta值		
常数项	0.696	0.161	—	4.333	0.000
消费者感知价值	0.908	0.037	0.887	24.859	0.000

3.2.2　中介变量分析

为了进一步探究绿色广告诉求、消费者感知价值对购买意愿的影响，以及消费者感知价值在绿色广告诉求和购买意愿间的中介作用，本文根据Kenny等[37]的方法，将“绿色广告诉求”这一分类变量转换成哑变量，0代表“非绿色导向广告”，1代表“绿色导向广告”，作了如下回归分析。首先，以绿色广告诉求为自变量、感知价值为因变量进行回归分析，结果如表3所示。

表3　绿色广告诉求对消费者感知价值的分析

变量	非标准化系数		标准系数	t值	P值
	估计值	标准误	Beta值		
常数项	3.731	0.184	—	20.232	0.000
绿色广告诉求	0.640	0.243	0.199	2. 628	0.009

其次，以绿色广告诉求为自变量、购买意愿为因变量进行回归分析，

然后加入消费者感知价值，以绿色广告诉求、消费者感知价值为自变量，购买意愿为因变量进行回归分析，结果如表4所示。

表4 绿色广告诉求与消费者感知价值、购买意愿的回归分析

模型	变量	非标准化系数		标准系数	t值	P值
		估计值	标准误	Beta值		
1	常数项	3.903	0.185	—	21.061	0.000
	绿色广告诉求	0.898	0.245	0.273	3.671	0.000
2	常数项	0.590	0.162	—	3.650	0.000
	绿色广告诉求	0.330	0.117	0.100	2.815	0.005
	消费者感知价值	0.888	0.037	0.867	24.300	0.000

回归结果显示，在模型1的基础上将消费者感知价值纳入回归模型，拟合优度显著提高，与研究假设一致，消费者感知价值在绿色广告诉求对购买意愿的影响中起中介作用，研究假设H4得到验证。

综合表3、表4所列示的分析结果，可以发现：①消费者感知价值对购买意愿具有正向影响；②消费者感知价值在绿色广告诉求对购买意愿的影响中起中介作用。

3.2.3 环境态度、社会网络关系的调节作用分析

前文就绿色广告诉求的绿色导向广告和非绿色导向广告两个实验组对消费者感知价值和购买意愿的影响进行了主效果方差分析，接下来，本文将探寻环境态度在绿色广告诉求中对消费者感知价值、购买意愿、信息分享意愿的调节作用，社会网络关系在环境态度对绿色广告诉求与信息分享意愿关系中的调节作用，以验证假设H5、H6、H7、H8、H9。

以消费者感知价值、购买意愿为因变量，绿色广告诉求为自变量，方差结果显示，绿色广告诉求、环境态度对这两个因变量的交互作用均达到了统计显著性水平。根据绿色广告诉求的不同广告诉求，将其分为绿色导向广告组、非绿色导向广告组，在组内对消费者感知价值、购买意愿、信息分享意愿进行统计分析。统计分析结果显示：

针对消费者感知价值，调整 R^2 的值为0.141，F值更改 = 21.913，P值 < 0.05，即调节效应存在，H5成立，如表5所示。具体而言，环境态度

越强，绿色导向广告对消费者感知价值的正向影响越大。在绿色导向广告中，生态环境态度的消费者感知价值为5.17，非生态环境态度的消费者感知价值为3.55；在非绿色导向广告中，生态环境态度的消费者感知价值为4.1，非生态环境态度的消费者感知价值为3.43，如图3所示。

表5　环境态度、绿色广告诉求和消费者感知价值之间的关系

模型	R	R^2	调整 R^2	标准估计误差	更改统计量				Sig. F 更改	Durbin - Watson
					R^2 更改	F 值更改	自由度1	自由度2		
1	0.199	0.040	0.034	1.56497	0.040	6.904	1	167	0.009	—
2	0.389	0.152	0.141	1.47532	0.112	21.913	1	166	0.000	1.962

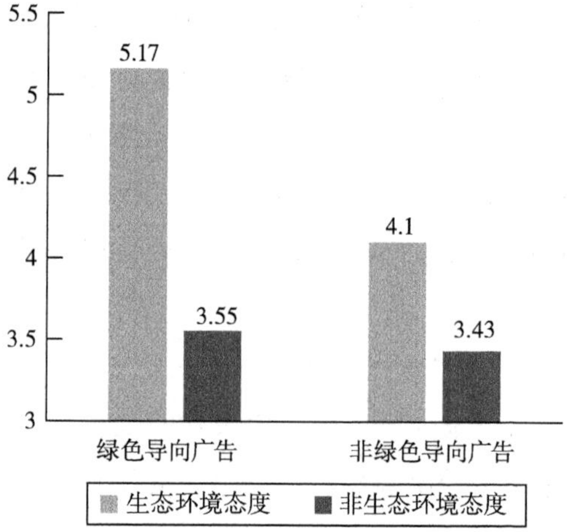

图3　不同绿色广告诉求的感知价值比较

针对购买意愿，R^2更改的 $P<0.05$，即调节效应存在，H6成立，如表6所示。具体而言，环境态度越强，绿色导向广告对消费者购买意愿的正向影响越大。即在绿色导向广告中，生态环境态度的购买意愿为5.63，非生态环境态度的购买意愿为4.00；在非绿色导向广告中，生态环境态度的购买意愿为4.23，非生态环境态度的购买意愿为3.86，如图4所示。

表 6　环境态度、绿色广告诉求和购买意愿之间关系的模型分析

模型	R	R^2	调整 R^2	标准估计误差	更改统计量					Durbin - Watson
					R^2 更改	F 值更改	自由度 1	自由度 2	Sig. F 更改	
1	0.273	0.075	0.069	1.57242	0.075	13.475	1	167	0.000	—
2	0.418	0.175	0.165	1.48927	0.100	20.169	1	166	0.000	2.202

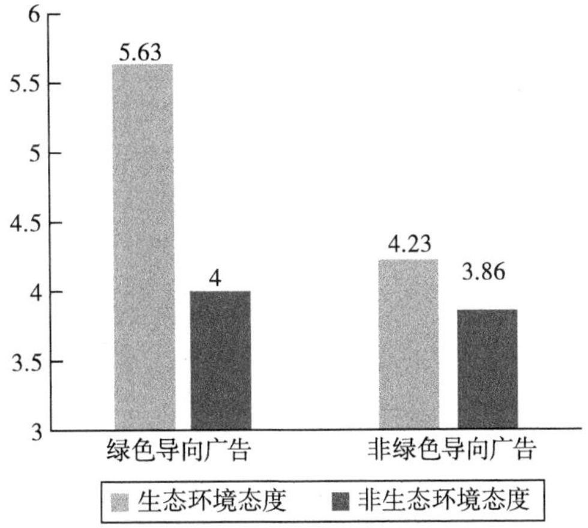

图 4　不同绿色广告诉求的购买意愿比较

针对信息分享意愿，模型 1 没有加入消费者环境态度，即自变量为绿色广告诉求，因变量为信息分享意愿；模型 2 加入消费者环境态度，R^2 更改的 P 值 <0.05，即调节效应存在，H_7 成立，如表 7 所示。具体而言，环境态度越强，信息分享意愿越大。即在绿色导向广告中，生态环境态度的信息分享意愿为 4.91，非生态环境态度的信息分享意愿为 3.71；在非绿色导向广告中，生态环境态度的信息分享意愿为 4.35，非生态环境态度的信息分享意愿为 3.82，如图 5 所示。在绿色广告诉求中，设 0 为“非绿色导向广告”，1 为“绿色导向广告”，将绿色广告诉求和信息分享意愿作回归分析，得到绿色广告诉求的系数为 0.825，P 值 <0.05，H8 成立，即绿色广告诉求对信息分享意愿产生正向影响，如表 8 所示。

表 7 环境态度、绿色广告诉求和信息分享意愿之间关系的模型分析

模型	R	R^2	调整 R^2	标准估计误差	更改统计量					Durbin - Watson
					R^2 更改	F 值更改	自由度 1	自由度 2	Sig. F 更改	
1	0. 136	0. 019	0. 013	1. 42531	0. 019	3. 157	1	167	0. 077	—
2	0. 334	0. 111	0. 101	1. 36038	0. 093	17. 320	1	166	0. 000	2. 356

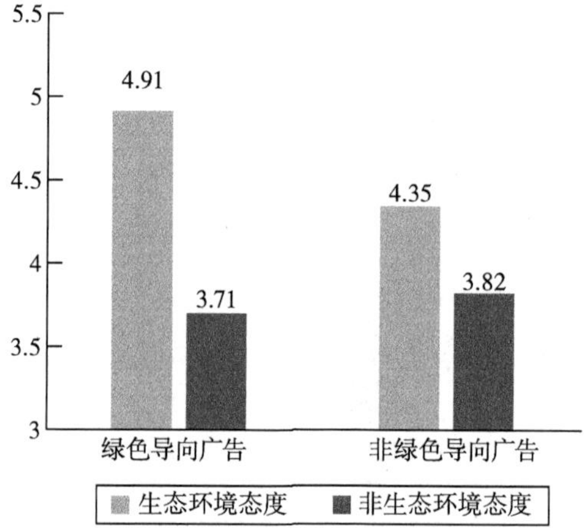

图 5 不同绿色广告诉求的信息分享意愿比较

表 8 绿色广告诉求和信息分享意愿之间关系的回归分析

变量	非标准化系数		标准系数	t 值	P 值
	估计值	标准误	Beta 值		
常数项	3. 778	0. 203	—	18. 630	0. 000
绿色广告诉求	0. 825	0. 268	0. 232	3. 083	0. 002

针对社会网络关系，环境态度对绿色广告诉求与信息分享意愿之间关系的调节受社会网络关系的调节作用影响（F 值 = 27. 605，P 值 < 0. 05），如表 9 所示。根据表 10 显示的结果可知，消费者生态环境态度越强，越愿意把绿色导向广告的产品推荐给关系远的朋友，越愿意把非绿色导向广告的产品推荐给关系近的家人，但是当消费者生态环境态度较弱时影响则消失（F 值 = 0. 658，P 值 = 0. 419 > 0. 05），即验证了 H9。

表 9　绿色广告诉求、环境态度与社会网络关系主体内对比的检验

源	信息分享意愿	Ⅲ型平方和	自由度	均方值	F 值	P 值
绿色广告诉求 × 环境态度 × 社会网络关系	线性	38.876	1	38.876	27.605	0.000
误差（社会网络关系）	线性	232.368	165	1.408	—	—

表 10　绿色广告诉求、环境态度与社会网络关系间的关系

环境态度	绿色广告诉求	社会网络关系	均值	标准误	95% 置信区间	
					下限	上限
非生态环境态度	非绿色导向广告	家人	3.692	0.251	3.196	4.188
		朋友	3.590	0.261	3.075	4.105
	绿色导向广告	家人	4.039	0.220	3.605	4.473
		朋友	3.686	0.228	3.236	4.137
生态环境态度	非绿色导向广告	家人	4.818	0.273	4.279	5.358
		朋友	3.818	0.284	3.258	4.378
	绿色导向广告	家人	4.130	0.231	3.674	4.587
		朋友	5.630	0.240	5.156	6.105

4. 结论与启示

4.1　结论

本文通过问卷调查的方法收集数据，实验结果表明：相比于非绿色导向广告，绿色导向广告会给消费者带来更强的感知价值和购买意愿。消费者感知价值在绿色广告诉求对购买意愿的影响中起中介作用。同时，消费者的环境态度在绿色广告诉求对消费者感知价值、购买意愿、信息分享意愿的影响中起调节作用。环境态度对绿色广告诉求与信息分享意愿之间关系的调节受社会网络关系的调节作用影响，具体表现在：消费者生态环境态度越强，绿色导向广告对消费者的感知价值、购买意愿和信息分享意愿的影响会增强；生态环境态度强的消费者更愿意将绿色导向广告的产品推荐给社会关系更远的消费者，将非绿色导向广告的产品推荐给社会关系更近的消费者，而针对生态环境态度弱的消费者这种效应将消失。除此之外，本文还证实了消费者感知价值对购买意愿、绿色广告诉求对信息分享意愿

均有正向的影响，进一步证明了黎光明等[7]的相关观点，即消费者在推荐及信息分享意愿上，持生态环境态度的消费者关注社会地位与外在形象的树立，乐于将绿色产品推荐给朋友，而在向家人进行产品信息传递和分享时，则注重的是产品的功效和实用性。

4.2 启示与展望

本文具有一定的理论意义。研究结论丰富了目前关于绿色广告诉求的相关研究，尤其弥补了对环境态度、社会网络关系下消费者绿色消费和信息分享意愿研究的不足。较多学者在分析消费者绿色消费行为时，关注的是受教育水平、收入、年龄等个人特征对绿色消费的影响，很少有学者环境态度作为一个变量来探究。因此，本文将环境态度引入绿色广告诉求对消费者绿色消费和信息分享意愿的影响的研究中具有重要意义，为继续深入研究奠定了理论基础。同时，本文还将社会网络关系引入研究模型，证实环境态度对绿色诉求与信息分享意愿之间关系的调节会受社会网络关系的影响，与黎光明等的观点不谋而合。不仅如此，本文从数据分析的结果中发现了绿色广告诉求、环境态度、绿色消费与信息分享意愿的最佳匹配效果，即消费者生态环境态度越强，其绿色消费和信息分享意愿越强；绿色导向广告会促进消费者的绿色消费。

本文的结论对企业进行绿色营销具有一定的实践意义。首先，本文通过实证研究证实了绿色导向广告与非绿色导向广告相比，能带来更高的消费者感知价值和购买意愿，因此企业在产品宣传过程中可以多考虑采用绿色导向广告，重点将具有绿色、生态环保属性的产品传达给消费者，提高消费者的感知价值和购买意愿。其次，本文结论表明，消费者感知价值在绿色广告诉求对购买意愿的影响中起中介作用，消费者感知价值将正向影响其购买意愿，因此企业应在广告宣传过程中结合产品的特点增强产品的可感知性，提升消费者对绿色产品的整体感知价值，进而增加消费者的购买意愿。再次，企业应在进行绿色营销之前，通过市场细分对目标客户进行识别，要针对不同的细分市场和目标人群实施不同的营销策略，尤其是针对生态环境态度强的消费者，更要采取绿色导向广告的宣传。最后，企业在让消费者进行产品推荐的过程中，要注意消费者会将不同导向的广告产品推荐给社会关系距离不同的消费者，因此企业在关注消费者社会网络关系的同时，还可在产品宣传中对产品属性进行标识，使消费者更加清晰地了解产品特点，方便消费者对产品进行推荐和信息分享。

但是，本文仍存在一些不足之处。第一，刺激物的选择。有关广告诉求对消费者绿色消费影响的研究，学界多选择绿色食品作为实验刺激物，本文在情境设置时选择大家熟知的鸡蛋作为刺激物仍存在一定的局限性，利用单一的刺激物进行实验可能会对结果产生偏差。因此，今后的研究可以拓宽刺激物的范围，选择不同的食品作为实验刺激物进行研究，可以更全面、深入地研究绿色广告诉求下消费者的绿色消费意愿和信息分享意愿。第二，样本的容量。本文采用问卷调查的方式，样本选择的是四川某高校大学生。虽然取样操作简单，但因为样本个体均是大学生且具有较高的同质性，会在一定程度上对研究结果产生影响。后续的研究可以采用线上、线下发放问卷的形式，这样既能扩大样本容量，又能从样本的个体特征出发，分析绿色广告诉求对消费者绿色消费和信息分享意愿的影响，使结论更加真实可靠。第三，由于研究视角所限，仅讨论了消费者环境态度、社会网络关系与绿色消费、信息分享意愿之间的关系，而绿色广告诉求对消费者绿色消费和信息分享意愿的影响是一个较为复杂的过程，今后可探讨价值观、社会环境差异、绿色产品涉入度等因素的影响作用，从而完善研究结论。

参考文献

[1]杨德锋，宋倩文，胡丽丽．绿色产品诉求对消费者绿色购买意愿的影响研究[J]．消费经济，2017(1):63－69.

[2]刘扬，郭建斌，左小珊，等．城市郊野公园建设及生态效益评估探析[J]．安徽农业科学，2009，37(9):4029－4031.

[3]李景东．绿色消费、绿色营销和绿色广告[J]．广播电视大学学报(哲学社会科学版)，2000(1):70－72.

[4]汪青云，李婉青．绿色广告兴起的必然性与发展策略探析[J]．新闻知识，2012(10):69－70.

[5]Lin L, Zhou C, Vittayapadung S, et al. Opportunities and challenges for biodiesel fuel[J]. Applied Energy, 2011, 88(4):1020－1031.

[6]Banerjee B, Iyer E. Anatomy of green advertising [J]. Advances in Consumer Research, 1993(20).

[7]黎光明,王幸君,蒋欢,等.广告诉求方式与品牌偏好匹配效应的实验研究[J].心理研究,2015,8(6):60-65.

[8]毛振福,余伟萍,李雨轩.绿色购买意愿形成机制的实证研究——绿色广告诉求与自我建构的交互作用[J].当代财经,2017(5):79-88.

[9]龚继红,孙剑.绿色购买行为中的绿色信息影响效应的实证研究——基于武汉、济南和成都三市538份问卷调查[J].华中农业大学学报(社会科学版),2012(4):11-16.

[10]黎建新.消费者绿色购买研究:理论、实证与营销意蕴[M].长沙:湖南大学出版社,2007.

[11]王建明,吴龙昌.绿色购买的情感—行为双因素模型:假设和检验[J].管理科学,2015,28(6):80-94.

[12] Schultz P W, Shriver C, Tabanico J J, et al. Implicit connections with nature [J]. Journal of Environmental Psychology, 2004, 24(1):31-42.

[13] Stern P C, Dietz T. The value basis of environmental concern [J]. Journal of Social Issues, 1994, 50(3):65-84.

[14] Schultz K A. Democracy and coercive diplomacy [M]. Cambridge University Press, 2001.

[15]罗家德.中国人的信任游戏[J].中国汽摩配,2007(7):74-75.

[16]翟学伟.人情、面子与权力的再生产——情理社会中的社会交换方式[J].社会学研究,2004(5):48-57.

[17]郝辽钢.家族企业如何激励非家族成员的经理人员[J].经济管理,2005(3):31-34.

[18]童泽林,黄静,张欣瑞,等.企业家公德和私德行为的消费者反应:差序格局的文化影响[J].管理世界,2015(4):103-111.

[19]Carlson L, Grove S J, Laczniak R N, et al. Does environmental advertising reflect integrated marketing communications? An empirical investigation[J]. Journal of Business Research, 1996, 37(3):225-232.

[20]王大海,段坤,张驰,等.绿色产品重复购买意向研究——基于广告诉求方式的调节效应[J].软科学,2018(2):134-138.

[21]Medeiros J F D, Ribeiro J L D, Cortimiglia M N. Influence of perceived value on

purchasing decisions of green products in Brazil[J]. Journal of Cleaner Production, 2016, 110: 158 - 169.

[22] Zeithaml V A. Consumer perceptions of price, quality, and value: A means - end model and synthesis of evidence [J]. Journal of Marketing, 1988, 52(3):2 - 22.

[23] Dodds W B, Monroe K B, Grewal D. Effects of price, brand, and store information on buyers' product evaluations [J]. Journal of Marketing Research, 1991, 28(3):307 - 319.

[24] Chen Y S, Chang C H. Enhance green purchase intentions: The roles of green perceived value, green perceived risk, and green trust [J]. Management Decision, 2012, 50(3): 502 - 520.

[25]郭萍.绿色感知价值、绿色信任和绿色购买意向关系实证研究[J].江苏商论, 2016(9):15 - 20.

[26] Barr S. Strategies for sustainability: Citizens and responsible environmental behaviour [J]. Area, 2003, 35(3):227 - 240.

[27]王国猛,黎建新,廖水香.个人价值观、环境态度与消费者绿色购买行为关系的实证研究[J].软科学,2010(4):135 - 140.

[28]劳可夫,王露露.中国传统文化价值观对环保行为的影响——基于消费者绿色产品购买行为[J].上海财经大学学报,2015,17(2):64 - 75.

[29]Biswas A, Roy M. Leveraging factors for sustained green consumption behavior based on consumption value perceptions: Testing the structural model [J]. Journal of Cleaner Production, 2015(95):332 - 340.

[30]黎建新,詹志方.消费者绿色购买研究述评与展望[J].消费经济,2007,23(3): 93 - 97.

[31] Eagly A H, Chaiken S. The psychology of attitudes [J]. Harcourt Brace Jovanovich College Publishers, 1993, 34(2).

[32]吴剑琳,王茜,古继宝.导师自主性支持对研究生创造力影响机制研究[J].科研管理,2014,35(7):154 - 160.

[33]胡宁.家族企业创一代离任过程中利他主义行为研究——基于差序格局理论视角[J].南开管理评论,2016,19(6):168 - 176.

[34]阎云翔.差序格局与中国文化的等级观[J].社会学研究,2006(4):201 - 213.

[35]江明华,董伟民.价格促销频率对品牌资产的影响研究[J].管理世界,2003(7): 144 - 146.

[36]Grewal D, Munger J L. The effects of alternative price promotional methods on con-

sumers' product evaluations and purchase intentions [J]. Journal of Product & Brand Management, 2001, 10(3).

[37] Kenny S, Baron D, Roelfs B, et al. A comprehensive packaging solution for next generation IC substrates [C]. Microelectronics and Packaging Conference, IEEE, 2012:1 -4.

RESEARCH ON THE EFFECTS OF GREEN ADVERTISING ON CONSUMER GREEN CONSUMPTION AND INFORMATION SHARING INTENTION

HAO Liao - gang, ZHU Jin - yi

Abstract: This paper studies the relationship between green advertising and consumers' green consumption. Based on the difference order pattern theory, the social network relationship is divided into family and friend. Based on the environmental attitude theory, the environmental attitude is divided into ecological environment attitude and non - ecological environment attitude. The results show that compared with non - green - oriented advertisement, green - oriented advertisement will bring stronger perceived value and purchase intention to consumers. If consumers' ecological environment attitude is strong, green - oriented advertisement will enhance consumers' perceived value, purchase intention and information sharing intention. Green - oriented advertising products are more likely to be recommended to consumers with further social relationship, non - green - oriented advertising products are more likely to be recommended to consumers with closer social relationship, and this effect will disappear when consumers have a weak attitude towards the ecological environment .

Key words: Advertising appeals; Difference order pattern; Purchase intention; Environmental attitude

新媒体时代“SCGQTT”微信公众号营销策略探析

武　俊　贾　佳

摘　要：随着互联网技术的日趋成熟、新媒体平台的层出不穷，新媒体营销模式也在进一步普及。微信公众号凭借其社交分享优势成为兼具信息传播和社交双重属性的媒介平台，也成为部分政府机关、企事业单位或个人的营销传播工具，是极其重要的新媒体传播核心渠道。微信公众号在网络营销方面的优势也与共青团“引导青年，服务青年”的角色定位很契合。因此，在共青团传统工作的基础上，主动适应新媒体时代，运用好“SCGQTT”微信公众号做好网络宣传，是摆在共青团眼前的重要课题。

关键词：新媒体时代；共青团；微信营销；内容营销；营销策略

0. 引言

互联网时代，随着大众对新媒体接受程度的提高，新媒体平台的影响力、权威性也日益提高，在内容的撰写、信息的发布上甚至超越了一些传统媒体，具有更高的传播效益[1]。在新媒体时代，对于共青团工作来说，微信强大的社交优势和在年轻人中的普及程度无疑和共青团思想引领青年的定位非常契合。

面对这种新趋势，2013 年，共青团中央开通了“共青团中央”公众号，将平台的内容定位为共青团工作、活动信息和青年关注的热点信息。“SCGQTT”也在 2013 年响应号召开通了。在团中央的基础上，各级团组织进行了平台功能的探索和开发。到现在，各共青团的微信公众号已从简单的信息分享平台完善成了集信息发布、活动策划、政务办理、舆论引导、互动联系等功能于一体的综合平台。

随着新媒体平台的作用越来越被重视，共青团微信公众号也从最开始的试点创新发展成为常态化平台，微信公众号的运营情况被团中央纳入了年终考核，每个月都会对各省级微信公众号的运营情况进行梳理，公布整体排名。此举一方面有利于各省级公众号相互学习、交流经验，另一方面也带来了各省级公众号间越来越激烈的竞争追赶。“SCGQTT”微信公众号想要在众多公众号中杀出重围，传统的行政手段已经远不能实现目的，运用科学的方法进行微信公众号的营销势在必行。

本文将以“SCGQTT”微信公众号为研究对象，在国内外微信营销研究的基础上，运用内容营销、网络营销等相关理论，对“SCGQTT”微信公众号的运营现状、经典案例、营销模式等方面进行分析。针对存在的问题和不足，应用AISAS模型并提出营销策略建议，以提升“SCGQTT”微信公众号的实际营销效果，使其能够在各省级共青团公众号乃至其他政务官微中突出重围，成为青年人爱看并愿意与朋友分享的“网红”公众号。

1. AISAS模型

AISAS模型描述的是消费者购买心理的全部过程，在AIDMA模型的基础上发展而来。AIDMA模型由美国广告学家E. S. 刘易斯于1898年提出。该模型认为，消费者在接触信息和达成购买这一过程中，会经历5个阶段：引起注意（Attention）、产生兴趣（Interest）、唤起欲望（Desire）、留下记忆（Memory）、购买行为（Action）[2]。随着互联网的普及、网络时代的到来，该理论已经不能对消费者行为进行准确的分析。随后，日本电通广告公司提出了AISAS模型，更适用于分析互联网时代背景下的消费者行为[3]。AISAS模型也分为5个阶段：引起注意（Attention）、激发兴趣（Interest）、信息搜索（Search）、产生行动（Action）、信息分享（Share）。在去掉AIDMA模型中唤起欲望和留下记忆的基础上，增添了信息搜索和用户分享。AISAS模型理论大致可描述为消费者被产品信息吸引，关注后产生兴趣并产生主动搜索信息的行为，购买后把信息分享给周围的人[4]。AISAS模型突出了信息搜索和信息分享环节的重要性，这与微信社交优势非常契合。分享是社交的基础，而微信营销的核心是分裂式推广，若能和用户建立起良好的互动关系，就可以建立起营销的良性循环，用户的分享即是二次营销的过程。

2. “SCGQTT”微信公众号概况

“SCGQTT”是共青团四川省委员会（以下简称“四川省共青团”）开通的官方微信公众号。有别于共青团工作的传统方式，2013 年，四川省共青团在省级团委中第一个成立新媒体中心，新媒体中心由四川聚力青年网络传媒中心（团省委主管的民非企业）负责具体运营，采用“1 + 3 + N”模式，微博采用代管运营方式，由四川媒话说传媒有限公司运营，其余各平台均由中心负责运营。近年来，四川省共青团利用新媒体手段，特别是微信平台在推动青年思想政治引领上取得新突破，微信公众号的营销效果已经追赶上了微博，并且还在发挥着自己独特的优势。

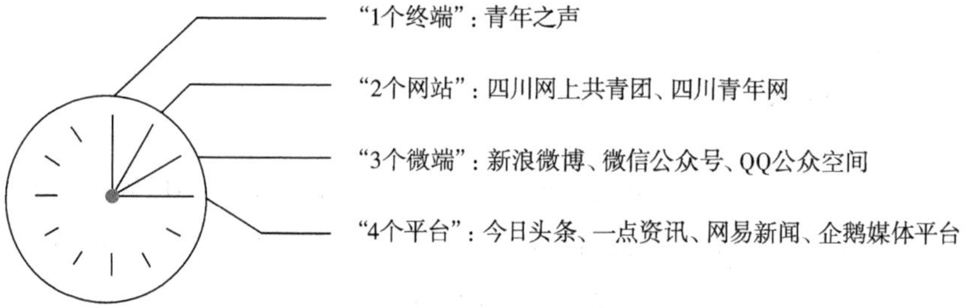

图 1　传统媒体与新媒体结合的“1234 工程”示意

在公众号性质方面，微信公众平台有 3 种，分别为订阅号、服务号和企业号。本文的研究对象“SCGQTT”微信公众号是订阅号，目前“SCGQTT”微信公众号推送图文消息的频率为每天 2 次，以单条图文消息为主。部分工作要求必发的帖子，因为其工作属性太强，内容的可读性和趣味性不足，为了不影响阅读量和点赞量，只单发一张图片，不再进行图文消息的推送。

“SCQGTT”微信公众号本质上仍然属于政务微信公众号，代表共青团官方发声表态，在内容的策划和推送上，仅仅考虑吸引用户是不够的，还必须对主流意识形态进行正确的把控和引导，把握好“官方权威性”和“贴近青年心”的度，做到二者的平衡。

在公众号运营特征方面，“SCGQTT”微信公众号结合了青年特性和微信平台的特点，选取适合微信公众号的营销方式，针对用户群体图片化、碎片化、小众个性化的阅读需求，尽量减少长篇累牍的帖文，更多地将图文进行结合，针对不愿阅读大段文字的用户群体，适时制作“一图读懂”类消息，正视了信息快餐化、碎片化背景下新媒体时代的用户特征，并在一定程度上投其所好[5]。

3. “SCGQTT”微信公众号内容营销案例分析

为了确保研究有调研、有数据，保证本文研究的真实性，笔者在AISAS模型的基础上，将AISAS模型中的5个阶段和“SCGQTT”微信公众号的运营相结合进行分析，为实证研究提供依据。

3.1 引起注意（Attention）阶段

新媒体时代也是信息爆炸的时代[6]，在该环境下，微信公众号用户群体可以选择关注的公众号范围很广，如果公众号在试运作阶段不能有效吸引用户群体的注意力，后续工作也很难良好开展。因此公众号运营主体必须在引起注意阶段投入足够的精力，赢得潜在用户群体的关注。

要通过推送有价值、有趣味、有意义的消息来吸引目标用户群体的目光，让用户认为“SCGQTT”微信公众号是一个值得关注的平台，慢慢培养目标用户群体每日看消息的习惯，将点开帖子变成常规性动作，甚至发展成自发转载，进一步吸引潜在的日标用户。

一般而言，总用户数和微信公众号开通的时长有关系，正常情况下，公众号的用户数会持续上升。用户数的变化能反映公众号运营的整体情况。微信公众号的用户数在一定的运营时期内，只要整体趋势是增加的，都不影响公众号的整体运营。反之，如果在一段时间内，用户数持续减少，就说明微信公众号的运营出现了问题，运营整体情况不理想。笔者对“SCGQTT”微信公众号用户在2018年5月1日—5月31日的变化进行了统计。在这一段时间内，从整体上看，该微信公众号的已关注人数呈上升趋势，5月底有个“涨粉”小高峰。总体看来，足以说明“SCGQTT”微信公众号运营情况良好。消息推送等因素会对用户总量造成影响。用户量会随推送消息内容的延时发生变化。

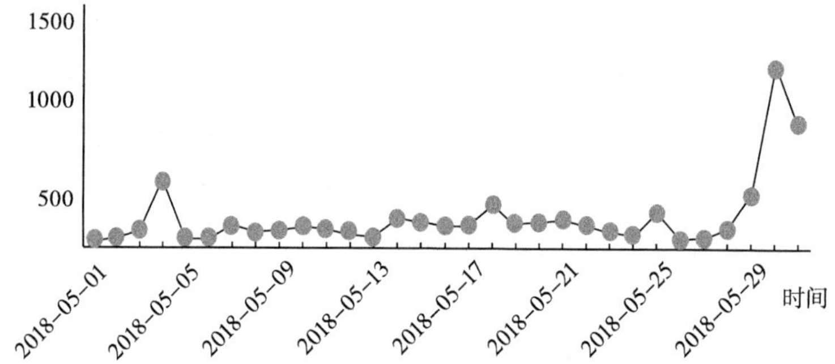

图2 “SCGQTT”2018年5月新关注人数变化

3.2 激发兴趣（Interest）阶段

吸引用户之后还需要持续激发用户的兴趣。激发兴趣阶段分为两个小阶段，一是激发新用户关注的兴趣，二是激发老用户接收阅读的兴趣[7]。能够让用户在某一方面找到共鸣、激发兴趣，才有可能进行下一步。在这一阶段，推送的消息类型对阅读量有很大的影响。

3.2.1 与青年生活方式息息相关的社会新闻类图文信息优于普通社会新闻热点

经过长期的摸索，社会热点新闻具有推送的价值，公众号一般也会紧跟社会热点，注意价值引导。但并不是所有的社会热点青年都喜欢关注，与青年息息相关的社会新闻的关注度会远远高于普通社会新闻热点[8]。例如，《曝光！网红饮品店你爱喝的这种饮料，店员自己都觉得恶心!》《乖乖女竟感染艾滋病、梅毒！竟然是因为“爱美”》这两个消息，与青年喜欢买“网红”饮料、喜欢文眉等生活方式有很大的关系，在推送后24小时之内阅读量飙升至2万以上。而《最担心的事发生了！公交车上，男子背包突然爆炸！这东西你也有》《周末足迹地图刷屏！排位结果准吗？真想竟是》等消息也都紧跟社会热点新闻，然而阅读量却都只有寥寥几千。

3.2.2 原创活动类图文信息好于简单转载信息

通过对“SCGQTT”微信公众号推送的图文信息的各项指标进行分析，与共青团开展的原创特色活动相关的图文信息阅读量和点赞量均优于转载的活动帖。比如与“四新”活动、美好校园随手拍有关的系列消息阅读量均保持在平均水准，而转载的《震后十周年，青春成长季十年之后，这有一份来自四川的寻人启事……》等“震后十周年”系列消息阅读量均未破万。

3.2.3 原创类图文消息的质量对阅读量的影响极大

“SCGQTT”微信公众号原创类图文信息的阅读量可能出现两种极端情况。一种是热度火爆，能够在一定范围内引发讨论，另一种则是无人问津。原创消息都站在同一起跑线上，质量才是取胜的关键。质量既包括标题、正文的质量，更包括选题的质量。以5月的消息为例，原创消息中有5个帖阅读量超过2万，如《高级狗粮了解一下？高校街拍 pick up!》等选题将目标群体锁定为高校学生，这一群体本就是公众号关注者中最为活跃的群体，热度自然较高。

3.3 信息搜索（Search）阶段

引起注意（Attention）和激发兴趣（Interest）阶段后，便是信息搜索（Search）阶段。这一阶段说明，如果在微信公众号中存在对用户有价值的信息，部分用户就会主动搜索并关注公众号。例如，在“逐梦计划”推出期间，许多在暑假有实习需求的大学生会主动搜索公众号并进行关注（见图3）。“逐梦计划”上线的短期内公众号的关注人数涨幅较大，这是需求推动、信息搜索的结果。在用户群体有明确需求时，对公众号推送的信息或者提供的服务都会持续关注[9]。在这个阶段，用户的需求得到满足，公众号也能通过增加关注人数来实现更好的运营。

图 3 “逐梦计划”板块和“爱＋婚恋”平台

3.4 产生行动（Action）阶段

这一阶段是用户群体主动行为的阶段。如果公众号推送的内容能够强烈吸引用户的关注，激发用户的好奇心理，用户层面的反馈就会增多，他们会有更强烈的意愿参与同公众号的互动中，例如，在公众号的推文下留言就是一种能体现用户积极性的主动行为。用户的留言需要公众号管理者筛选后才能展示给其他用户，因此公众号管理者要严格把控筛选后的评论质量，这样才能提高用户继续参与评论、转发、点赞的积极性，也能增强用户的体验感。当优秀评论被展示出来时，其他用户也会受到相应的激励进而产生参与评论的想法，形成良性循环。

3.5 信息分享（Share）阶段

信息分享（Share）是微信营销中极为重要的一环。它表示目标用户关注并阅读了微信公众号推送的图文消息，对推文中的内容产生强烈的认同感，并愿意将图文消息进行分享。微信公众号能够提供的分享方式是比较多样的，无论是点对点的分享，还是分享到微信群、朋友圈，这一行为都为微信营销提供了极为重要的路径。在分享中，微信本身强大的社交优势可以得到淋漓尽致的发挥，能激发更多潜在的目标用户转化为关注用户。信息分享贯穿于微信公众号营销的整个过程。微信公众号的分享阶段正是分裂式推广模式中一个关键的环节。一次营销过程中的分享环节可能引起新用户的消息注意—消息接收—互动参与—分享转发。

4. "SCGQTT" 微信公众号营销策略

4.1 "线上+线下"，扩大工作覆盖面

4.1.1 力推文化产品，扩大用户覆盖

一是倾力打造口碑栏目。坚持青年导向，除推送当下时政热点、青年聚焦信息、四川特有活动等信息外，多设立青年喜欢的固定栏目。二是精心制作网络文化产品。突出时代感，注重大题材与青年之间的关联，实行大视野、小切口、大纵深，做到立意高、落脚低、形式活、有创意[10]。

4.1.2 线上线下融合，增进情感交流

一是积极深化线上互动。把握新媒体发展规律，结合各类重大活动契机和重要时间节点，主动策划受青年关注、喜爱的网络主题活动，努力扩大对青年的影响力。二是不断探索线下活动机制。通过不定期组织联谊交流活动、青年之家活动、机关开放日，派送电影票、文化产品福利等方式，不断激发青年的参与热情，培养粉丝黏性。三是加快融合平台的建设。基于微信端开发，实现在"四川共青团"微信公众号菜单栏进入，使用手机号码注册。实现"三个一"功能，即一键登录、一个平台了解所有信息、一个平台参与所有活动。

4.2 矩阵建设，形成聚合效应

整合地市级微信新媒体。加强对 21 个市（州）、183 个区（县）的团属微信新媒体监管，促进市（州）新媒体工作发展，培育公众号运营团队后备力量。

整合高校新媒体。联合团省委学校部和省学联，积极推进四川高校新媒体联盟建设，以投稿、约稿、派发工作任务的方式，与高校建立稳定、

深入的联系。积极关注、介入四川高校舆情事件，建成高校新媒体可信赖、可使用的朋友圈资源。

整合青年新媒体。持续发掘青年喜欢的新媒体账号及团队，通过不定期走访、交流与合作，借助社会化青年新媒体团队的资源，以市场化模式与它们共创、共制、共享新媒体文化产品，形成宣传合力。

联动其他新媒体。以各类活动为载体，积极与网信办、教育厅、文化厅、工会、妇联等厅局新媒体账号开展业务合作、工作联动。常态化维护好与川报观察、四川发布、封面新闻等传统媒体的新媒体账号的合作关系，努力形成工作合力。

4.3 增加新用户关注量，扩大用户基数

总体上，"SCGQTT"微信公众号用户数是持续上升的，图文消息的阅读量、点赞量与关注用户量息息相关。在利用现有影响力和用户的基础上，"SCGQTT"微信公众号应持续推出特色产品，通过各类活动拓宽"涨粉"渠道。

4.4 优化图文消息的推送

4.4.1 调整推送消息频率和时间

根据对微信公众号的检测，关注的用户数量会随着推送时间的推移产生延迟性变化。在一则消息推送后的2~3天，取消关注的用户数量会由多变少，并在下一次推送到来时降到最少。因此，要控制消息推送的时间段和推送的频率，具体来说，就是推送的时间段应该固定，推送的频率不能太过频繁。"SCGQTT"微信公众号保持每日推送的频率，严格控制每日推送的条数，除非有特殊紧急任务。这样在控制推送频率的同时，也提高了对内容质量的要求。

4.4.2 优化图文消息的内容

抓好固定栏目。紧扣青年成长需求，围绕社会热点和青年关注焦点，日常性制作高质量、有内涵的微信、微博信息[11]。以高校头条、共青头条等既有品牌栏目为依托，继续抓好栏目深耕，努力扩大在青年群体中的影响力和传播力。

开发优质栏目。逐步提高活动策划能力，打造一批具有四川特色和一

定影响力、传播力的栏目，努力增加粉丝黏性。

力推文化产品。根据工作需要，在重大时间节点和重要活动时段，动员和利用好市（州）、高校和社会力量，制作一批微视频、MG 动画、H5 等迎合青年需求和爱好的网络文化产品，以优秀文化产品感召青年、凝聚青年。

4.5 加强运营团队的建设

做好微信公众号的营销、打造共青团特色品牌是一项长期的工作，面临激烈的竞争，要吸引更多、更优秀的擅长微信营销的人才。

人才合作输送。着力打通人才输送渠道，在中心设立市（州）、高校、互联网企业新媒体从业人员实习岗位。

加强人员培训。常态化开展业务能力培训，促进中心工作人员朝“一技多能”方向发展。利用好团中央及省外学习调研机会，安排相关人员前往学习、考察，并将所学所见进行分享，促进共同进步。

健全体制机制。加强对“两微”平台发布内容、发布规律的研究，将发布工作量化、固化。落实每日选题机制和每周工作总结机制，针对日常工作中经常出现的问题，组织大家及时开展纠错反思，扬长避短。加强对舆情应对机制、重大突发事件应急处置机制的研究，并形成成熟方案，最大限度地降低和消除负面影响，做正面声音的“放大器”和负面声音的“消音器”[12]。综合运用“团团福利”、知识竞赛等手段，努力提升平台用户流量。

5. 结语

“SCGQTT”微信公众号是四川省共青团的官方微信公众号，为“网上共青团”建设搭建了交互平台，扩大了共青团在互联网方面的营销影响力，提升了青年工作效果，对共青团来说非常重要。受行政方面的局限和其他因素的影响，共青团微信公众号的运营模式也在不断调试，不能一成不变。

本文的创新之处在于：一是研究的选题比较新颖，有一定的创新性。微信公众号是应用广泛的新媒体平台，是内容营销的渠道之一。二是研究有针对性，具有现实操作意义。由于选题和本职工作十分贴近，在数据收集上具有一定优势，数据准确性很高，并且笔者在一定程度上参与了微信公众号的运营，对实际情况掌握得比较清晰，能够对症下药进行分析梳理，通过深度访谈收集到极具价值的素材。在此基础上得出的研究结果及提出的建议，对今后提升共青团工作具有指导意义，对提升“SCGQTT”微信公众号的影响力和传播力具有指导价值和实践意义。由于时间和能力的限制，本文依然存在不少不足和局限。例如，对相关理论的熟悉度还需要提高；由于时间不足和其他各省级团委公众号内部数据不外传等，没有对其他省级团委公众号进行分析，得出的结论具有片面性。

参考文献

[1]Aaker D A. Brand extensions: The good, the bad and the ugly[J]. Sloan Management Review, 2012: 28 – 30.

[2]Barreda A, Nusair K, Bilgihan A, et al. Developing a brand structure pyramid model for travel – related online social networks [J]. Tourism Review, 2013, 68(4): 49 – 70.

[3]Pulizzi J, Barrett N. Get content get customers: Turn Prospects into buyers with content marketing [J]. Journal of Women s Health,2009.

[4]Vaughan P. Questions to evaluate if that new social network is worth your company's time [EB/OL],[2012]. http://blog. hubspot. com/blog/tabid/6307/bid/33213/8 – Questions – to – Evaluate – if – That – New – Social – Network – is – WorthYour – Company – s – Time. aspx.

[5]Tanton S. What is valuable content? The key to producing valuable content that sticks [EB/OL],[2013]. http://www. zemanta. co m/blog/producingvaluable – content.

[6]宋阳,黄亚勤.微信营销模式的优势、劣势及发展分析[J].经济研究导刊,2015(19).

[7]杜茜.微信营销模式探究[J].企业导报,2014(16).

[8]樊友恒.“互联网+”时代的营销创新[J].中国商论,2016(1).

[9]孙玉敏.企业微信营销探讨[J].中国市场,2015(49).

[10]谷岩.移动端媒体营销背景下微信的精准营销策略探讨[J].财经界(学术版),2016(2).

[11]曹月菲.微信营销的方式、误区和优化[J].电子商务,2016(4).

[12][美]亨利·阿塞尔.消费者行为和营销策略[M].北京:机械工业出版社,2000.

[13][美]亚瑟.大数据营销[M].北京:中信出版社,2014.

[14]黄刚.基于AISAS模式的微信公众号影响力研究[D].北京:北京化工大

学,2015.

[15]曹芳华. 基于 AISAS 模式的网络整合营销传播模型建构与个案研究[D]. 厦门:厦门大学,2009.

[16]田原. 企业微信公众订阅号的运营策略及有效性研究[D]. 兰州:西北大学,2014.

[17]张姝. 微信成功的原因及其意义分析[D]. 上海:华中师范大学,2013.

[18]冀芳,张夏恒. 微信公众平台传播效果评价研究[J]. 情报理论与实践,2015(12).

[19]付振珍. 微信公众订阅号的内容营销研究[J]. 新闻研究导刊,2015(13).

[20]郎清平. 日趋理性成熟,泛媒体化和商业化并存——微信公众号发展现状、问题及趋势[J]. 新闻战线,2016(9).

"SCGQTT" WECHAT OFFICIAL ACCOUNT MARKETING STRATEGY IN THE NEW MEDIA ERA

WU Jun, JIA Jia

Abstract: Internet technology is becoming more and more mature, as a result, more and more new media platforms appear. As the WeChat platform gradually improve its function, with its strong social advantage, it becomes a business or personal marketing tool. People can publish voice, graphics, short video and other forms of content to users and friends. WeChat platform and its perfect combination of mobile Internet technology provide users a convenient way of communication. The "SCGQTT" WeChat account has played an important role in youth work. It tries to build a circle for youth. New media has greater impact on young people's thinking and behavior. Therefore, it is an important task for the Communist Youth League to make good use of the "SCGQTT" WeChat account to do network marketing.

Key words: New media era; Communist Youth League; Content marketing; WeChat marketing; Marketing strategy

组织与人力资源篇

政治战略性企业社会责任行为研究

——基于地方市委书记更替情景①

沈中华　金燕超　郭　岚

摘　要： 文章选取2008—2015年的上市公司为研究样本，利用地方市委书记更替情景验证企业社会责任行为选择的政治战略性。研究结果显示，在地方市委书记更替情景下，企业社会责任行为具有政治战略性，有助于企业获得更多的政府补贴。进一步研究发现，相比于国有企业，非国有企业更热衷于将企业社会责任作为政治战略决策；相比于本地上任的地方市委书记，空降和异地上任的市委书记更能激发企业社会责任的政治驱动力。

关键词： 企业社会责任；政治补贴；政企关系；地方市委书记更替

0. 引言

从本源上来讲，责任的动因就是责任主体为何需要、为何愿意履行行为及承担结果。企业社会责任动机可以被归纳为三类：第一，纯粹的利他动机。企业社会责任被认为是企业考虑利益相关者后自发的、慈善的和伦理的行为，带有浓烈的社会性[1]。第二，企业“漂绿”动机[2]。市场信息不对称和正式制度不完善致使企业存在空间进行“漂绿”。第三，企业利润

---

① 本文受国家社会科学基金西部项目“政府行为与企业社会责任嵌套机制研究”（15XGL009）、国家自然科学基金青年项目“社会关系网络、外部治理环境与企业并购行为”（71602178）、教育部人文社科研究项目“大股东社会关系网络、关联交易与企业价值”（15YJC790090）支持。作者简介：沈中华（1960.1—　），男，台湾彰化人，教授，教育部长江学者，四川省百人计划教授，博士研究生导师，主要研究方向：公司财务、金融市场、金融机构管理等。金燕超（1993.5—　），女，汉族，浙江绍兴人，西南交通大学硕士研究生。郭岚(1981.5—　)，女，汉族，四川峨眉人，副教授，硕士研究生导师，主要从事企业社会责任、产业组织与绩效研究。

最大化动机[3]。当公众议题和企业战略存在契合，并且社会责任项目长期有效时，企业可以利用社会责任行为达到利润最大化的目标。

正处于转轨经济体制下的中国，经济社会发展模式从唯 GDP 增长转向经济、人文、生态并重，政府在企业社会责任建设过程中承担起了规则制定者、推动者和监督者的三重角色，成为中国企业社会责任行为探讨中不可忽视的重要利益相关者。与此同时，作为机制末端受众者的企业，其应对政府推进社会责任发展的反应可以被划分为两类：第一，应激性反应。企业在相关法律或政策压力下被动履行社会责任。在履行过程中企业自身的主观意愿薄弱。第二，战略性应对。企业自发主动协助政府承担社会责任。肖红军和张哲（2016）指出，战略性的企业社会责任打破了社会性目标和经济性目标此消彼长的定律[4]，是未来的发展趋势。然而，现阶段对自愿性、战略性的企业社会责任的实证研究显得尤为匮乏，追根溯源可以发现，最主要的原因就是企业的主观意愿很难被外界辨析。因此，政治战略性企业社会责任的实证研究具有极大的研究空间和创新性。

本文以企业社会责任与政府利益之间的内在逻辑关系为视角，试图验证中国企业社会责任的政治战略性。本文的创新性在于：第一，沿用目前国外研究企业社会责任最新的视角，从企业和社会之间存在相互依赖关系的理念入手[5]，将战略性企业社会责任为企业创造价值是通过关系资产作为中间载体发挥作用作为研究的切入点，得出“政治战略性的企业社会责任行为理论上应具有强化政企关系的效应，企业借助于更紧密的政企关系获得政治收益”的研究假设。第二，采用了情景研究法。贾明和张喆（2010）[6]指出，中国社会难以分割的政企关系是削弱企业社会责任“社会性”的重要因素。本文绕过政企关系难以衡量的困境，试图找到致使现有政企关系全面破裂的外生事件。当政企关系面临重新洗牌时，政企关系网络中的利益相关者将失去对现有政治资源的使用权和支配权。无论之前是否存在政企关系、存在何种政企关系，在政企关系重构的时间窗口，辖区内所有渴望政企关系的企业都将站在同一起跑线上去争夺有限的政治资源。中国特定的地方市委书记更替制度为本文的研究提供了一个天然的实验场景。

目前，我国现代企业社会责任的理论体系仍处于追踪前沿阶段，国内学者一直沿用国外企业社会责任的相关理论体系，如利益相关者理论或企业公民理论，由此提出的相关措施对我国企业来说缺乏针对性和适用性。企业社会责任的日益完善反映了社会发展的需求。国内学者不能一直使用“黑板理论”，应该进一步完善更系统、更适合中国国情的企业社会责任理论体系。深入认识企业社会责任情景化特征，对企业而言，可以通过分析企业社会责任的价值，帮助企业正确认识企业社会责任在现实生活中的重要意义，有助于企业建立正确的企业社会责任观；对政府而言，能够在某种意义上以合理的方式引导和帮助企业积极响应责任号召，实现政府“使其主动履行责任”的管理目的，积极推进企业社会责任的发展和兴盛。

本文的研究丰富了地方市委书记更替对企业行为影响的微观研究，拓展了政治的不确定因素影响经济发展的研究领域。此外，本文为基于政治干预盛行的制度特征下的地方政治权力转移对企业社会责任的研究提供了经验证据，对其他政府干预较强的国家（如马来西亚、芬兰等）的企业社会责任研究具有政策意义。

1. 理论分析与研究假设

在我国，作为垂直权力机构第三阶层的地级市政府对企业行为的影响强度远大于其他层次[7]。从表面上看，中国是一个行政体制高度集权的国家，但是属地化管理基础上的“行政逐级发包制”使市级地方政府实质上拥有大量的事权和自由裁量权，尤其是分税制改革后，市级地方政府成了当地经济战略的制定者和实施者，控制着地方企业的税收优惠、财政补贴、信贷资本等资源的配置。从实质上看，由于经济管制政策真正的制定与实施必须由官员来执行，在这种情况下，政府行为根本上凸显的是官员的利益动机。当政府官员掌握了过多的经济和政策资源，而且自由裁量权和资源分配权难以监督时，这些极具诱惑力的关键资源就成为企业制度和调整政治战略的“诱饵”。在现实生活中，我国实行的是“一把手”负责制，基于“条块化”管理模式，地方市委书记在地方政府中享有独特地位，是上级政府发包所有行政权力的“总承包方”和第一行政责任人，必须对所有承包的任务承担全部和最终的责任，相对应地，也被上级政府授予了全局的权力。具有绝对话语权的地方市委书记不再只是一个计划经济体制下的单纯的中央政策实施者，而转变为市场经济体制下的政治经理人，成为政企关系网络中的“中心节点”[8]。本文参考徐业坤等（2013）[9]和戴亦一等（2014）[10]的研究，采用地方市委书记的更替来代表地方政治权力的转移，政企关系网络中的利益相关者将失去对现有政治资源的使用权和支配权，政企关系面临重新洗牌。

地方市委书记更替对辖区内企业的影响主要体现在人事和政策两个方面：首先，地方市委书记的更替往往会引起更多地方政府官员的人事变动，造成企业政治环境的不稳定[11]；其次，“新官上任三把火”，先不论新任市委书记的个人背景、能力、偏好等因素，仅仅为了突破前任市委书记的政绩“标杆”，在政绩考核中获得“相对优势”，前任市委书记的政策都很难被延续。这种政策不连续性将加剧企业的经营风险[12]。

为了进一步了解地方市委书记更替特征，本文通过择城网、政府网站和百度百科等各种信息渠道和媒介，收集了23个省、5个自治区的334个地级市以及4个直辖市2007—2014年连续8年的市委书记变动数据，内容包括市委书记的年龄、学历、籍贯、党龄、参加工作时间、任职期间、上任途径、离任事由。地方市委书记更替特征总结如下：第一，更替次数频繁。8年间共发生了674次市委书记变更，平均每年发生87次变更。地方市委书记的平均任职年限为3.83年。《中华人民共和国地方各级人民代表大会和地方各级人民政府组织法》第五十八条规定，地方市委书记的任期为5年，但是研究结果显示，往往不到5年，地方市委书记就会收到中央政府的人事调动命令。从企业的角度来说，地方市委书记更替这一事件是企业无法干预也无法预料的，对企业现有的政企关系具有强烈的外生冲击力。第二，更替程度不剧烈。同年市委书记更替2次的概率非常小，8年间仅有4个地级市在同一年发生2次市委书记变更。这说明，在地方政权更替后，企业与新任地方市委书记构建政企关系后获得的未来回报期限至少超过一年。地方市委书记更替程度平稳无疑增强了企业与新任地方市委书记构建政企关系的动机。第三，更替的市委书记普遍年轻化。2007—2014年，我国地方市委书记发生更替的平均年龄为51.34岁，这意味着地方市委书记离退休至少还有两届任期。年轻化的市委书记在事业和仕途上具有更长远的打算，职业前景相对广阔，面对政治锦标赛的激励设计制度将会作出更大的反应。

显然，地方市委书记更替情景导致的政治生态环境变化会直接影响企业政治策略的部署。无论是为了维系现有政治资源，还是为了规避企业的经营风险，地方市委书记更替后的“政策空白期”都将成为企业构建政企关系最为迫切的时期[13]。在政企关系重构的时间窗口，辖区内所有渴望政企关系的企业都将站在同一起跑线上去争夺有限的政治资源。在地方政府权力交接的过渡期，满足新任地方市委书记的政治利益无疑是强化政企关系最为有效的途径。需要注意的是，地方市委书记与企业之间的陌生感会促使双方在“磨合期”选择更为安全的途径构建政企关系。企业社会责任行为恰好可以为此发挥自身独特的“开路”作用：首先，企业社会责任可以满足新任市委书记的政治利益需求。2006年中央政府颁布的《体现科学发展观要求的地方党委领导班子综合考核评价试行办法》中明确规定，辖区内企业社会责任水平被纳入地方官员的政绩考核指标，这使得辖区内企业社会责任水平成为地方官员政绩的“新亮点”。地方市委书记上任后急需政绩，为了在政治锦标赛中脱颖而出，作为“政治人”的地方市委书记渴望利用管制权实现自身利益最大化，这使得地方市委书记有充分的动机接受企业利用企业社会责任进行寻租，达成利益联盟（张川等，2014）[14]。其次，企业社会责任作为企业的政治手段对双方来说均具有安全边际性。贾明等（2015）[15]指出，在政企关系重构过程中，慈善捐款可以挤出商业腐败行为。对企业而言，在不了解新任市委书记的执政理念时，相比于直接对官员进行行贿等过于冒险的方式，出于谨慎原则和试探心理，往往会采用最具有安全边际的途径去迎合新任市委书记。而且在企业看来，新任市委书记在尚未熟悉新的工作环境的前提下，为了规避不必要的法律风险，相比于受贿等“黑色”政治手段，也更容易接受企业的“红色”政治手段。最后，企业社会责任的“声誉效应”可以充分引起新任市委书记的关注，向新任市委书记传达积极示好的信息，体现企业对新任市委书记到任的支持。

本文认为，在地方市委书记与企业的不断博弈中，企业作为理性的经济人，寻租行为必然是为利而来、为利而去。企业社会责任行为若能成为企业构建政企关系、实现政治战略的有效途径，则能为企业带来回馈，企业就会沿用这种途径；若这种构建政企关系的方式不够有效，企业便会最终放弃或抵制这种行为[16]。在实务中，政企关系不仅可以帮助企业应对不完备的制度所带来的压力，保护企业资产，还可以帮助企业获得满足自身偏好的规制政策，为企业获得额外的经济收益，如税收优惠、财政补贴、信贷资源等[17]。其中，像政府补贴这种单方面的无偿转移的经济回馈能够快速直接地反映出政府与企业间的关系，与政府关系越紧密的企业，会获得越多的政府补贴，余明桂等（2010）[18]将这种效应称为政治关系的财政补贴效应。如果企业社会责任可以作为企业政治战略的有效途径，辖区内企业社会责任水平就会明显地非理性系统性提升[19]。由此，本文通过考察地方市委书记更替情境下，积极履行企业社会责任的企业确实可以获得更多的政府补贴来验证战略性企业社会责任的存在性。由此，文章提出研究假说：

H1：地方市委书记更替情境下，企业社会责任水平高的企业将获得更多的政府补贴。

2. 数据来源和研究设计

2.1 研究样本

本文选择2008—2015年在我国沪深两市上市的公司作为研究样本，共4664个原始样本。在剔除了306个金融行业样本和765个控制变量有缺失值的样本后，最终得到3593个有效样本。若是按照产权性质分类，可以将有效样本分为国有企业和非国有企业，其中国有企业占比67.01%（2408个）、非国有企业占比32.99%（1185个）。若是以市委书记是否发生更替为分类依据，则有效样本可以分为当年发生市委书记更替的企业和当年不发生市委书记更替的企业。其中，当年发生市委书记更替的企业占比

21.18%（761 个）、当年不发生市委书记更替的企业占比 78.82%（2832 个）。

2.2 研究模型

地方市委书记更替情景下，企业社会责任行为若能构建起有效的政企关系，基于政企关系的政府补贴效应，企业可以获得更多的政府补贴。显然，这将进一步激发企业履行社会责任。因此，企业社会责任与财政补贴之间可能存在逆向因果关系。本文试图采用两阶段最小二乘法解决内生性问题。俗话说，“有钱才能做善事”。Seifer 等（2004）[20] 指出，企业的社会责任活动存在成本门槛，企业持有的经营活动现金流量是企业进行社会责任的资源池，直接影响企业社会责任水平。因此，本文采用经营活动现金流作为企业社会责任的工具变量，得出企业社会责任的预期值。将企业社会责任的预测值代入式（1）进行两阶段回归分析。

参照 Lin 等（2016）[21]，地方市委书记变更对企业社会责任行为的影响存在一定的滞后性。在现实生活中，政企关系构建并非一蹴而就，而是需要一定的时间。企业利用企业社会责任构建政企关系的动态过程可以细分为以下 5 个步骤：企业接收市委书记更替信息—企业进行企业社会决策—企业履行社会责任—地方市委书记接收信息并给予回应—双方构建政企关系。因此，本文选取企业社会责任评价指标前一期的官员更替数据作为更恰当的研究变量。综上所述，为了检验假设，本文构建模型 1 如下：

$$Sub_{it} = \beta_0 + \beta_1 CSR_{it} + \beta_2 Turnover_{i,t-1} + \beta_3 CSR_{it} \times Turnover_{i,t-1} + \beta_4 Growth_{it} + \beta_5 ROA_{it} + \beta_6 Scale_{it} + \beta_7 Lev_{it} + \sum_{j=1}^{16} \alpha_j Industry_j + \sum_{k=1}^{7} \lambda_k Year_k + \varepsilon_{it} \quad (1)$$

2.3 主要变量来源及说明

2.3.1 地方市委书记变更指标

通过择城网和政府网站等信息渠道，本文手工收集了 23 个省、5 个自治区共计 334 个地级市以及 4 个直辖市 2007—2014 年连续 8 年的市委书记变动数据。参考戴亦一等（2014）[10] 相关文献，用上市公司注册地的地级市发生市委书记变更作为地方市委书记更替指标。在本研究中，地方市委书记更替指标是一个虚拟变量，若发生变更则取值为 1，否则为 0。

2.3.2　企业社会责任评价指标

本文的企业社会责任指标来源于润灵环球企业社会责任报告评价数据库。该数据库依据企业自愿披露的社会责任报告，基于特定MCTI的评价标准对企业社会责任质量进行评价。

2.3.3　政府补贴指数

本文的政府补贴数据来源于企业年度财务报表附注，由手工收集得到。参考贾明和张喆（2010）[6]的研究，本文将政府补贴定义为政府补助扣除增值税返回额再除以企业的营业收入。在此基础上将数值乘以100，在不改变数据结构的基础上避免了指标数值过小的缺陷。唐清泉和罗党论(2007)[22]指出，增值税返回政策一般由中央制定，市级政府可操作空间很小，扣除增值税返回额后的政府补贴可以更清晰地反映出市级地方政府自由分配的主观性。

表1　变量的含义及计算方法

变量类型	变量名称	变量符号	含义
被解释变量	政府补贴	*Sub*	（政府补助额－增值税返回额）÷营业收入×100
解释变量	企业社会责任	*CSR*	企业社会责任评价得分÷100
	地方市委书记更替	*Turnover*	虚拟变量，当年发生地方市委书记更替取值为1，否则取值为0
控制变量	企业成长性	*Growth*	营业收入增长率＝（当年营业收入－上年营业收入）÷上年营业收入
	盈利能力	*ROA*	资产收益率＝净利润÷平均总资产
	企业规模	*Scale*	年末总资产的自然对数
	财务杠杆	*Lev*	资产负债率＝年末负债÷总资产
	行业	*Industry*	虚拟变量，按照证监会2012版行业分类标准，对涉及的17个行业设置16个虚拟变量
	年度	*Year*	虚拟变量

3. 实证结果与分析

3.1 描述性统计与相关性分析

为了克服异常值的影响，本文对主要变量进行了Winsorized上下1%的缩尾处理。表2为全样本下所有变量的描述性统计。经过分析可以发现，企业社会责任评价得分的平均值仅为0.376，这说明我国企业社会责任仍处于较低水平。尽管企业社会责任的思想已经被认同，每年颁布企业社会责任报告的企业也越来越多，但是中国企业对企业社会责任的认识仍浮于表面，有些企业甚至直接将慈善捐赠等同于企业社会责任。在现实中，对绝大多数企业而言，正是因为缺乏对内部驱动力的认知，很多企业才试图逃避社会责任实践和持续性改进，我国企业社会责任的实践发展和理论研究存在极大的进步空间。

表3为全样本变量的Pearson相关性系数。经过分析可以看出，大部分变量之间的相关性系数值小于0.2，说明变量之间存在多重共线性的概率并不大，减轻了变量之间受到多重共线性的影响而出现的伪回归现象。

表2　全样本变量描述性统计分析

变量	样本量	极小值	极大值	均值	标准差
Sub	3593	0	10.542	0.188	4.078
CSR	3593	0.151	0.878	0.376	0.118
Turnover	3593	0	1	0.212	0.396
Growth	3593	-0.711	1.828	0.076	0.389
ROA	3593	-0.594	0.668	0.054	0.058
Scale	3593	19.540	28.510	23.043	1.449
Lev	3593	0.008	0.975	0.501	0.201

表3　全样本Pearson相关性系数

	Sub	*CSR*	*Turnover*	*Growth*	*ROA*	*Scale*	*Lev*
Sub	1						
CSR	0.189**	1					
Turnover	0.028	0.140	1				
Growth	0.026**	0.017	0.070***	1			

续表

	Sub	CSR	Turnover	Growth	ROA	Scale	Lev
ROA	-0.036	0.002*	0.001	0.053**	1		
Scale	0.006**	-0.067	0.123**	0.080	-0.017	1	
Lev	-0.023**	0.008	-0.125	0.009	-0.346	0.493,	1

注：＊＊＊表示在0.01的水平上显著，＊＊表示在0.05的水平上显著，＊表示在0.1的水平上显著。

3.2 实证结果分析

3.2.1 企业社会责任构建政企关系有效性分析

基于式（1），本文实证检验了在地方市委书记更替的情景下，企业社会责任行为与政府补贴之间的关系。实证结果如表4所示。地方市委书记更替指标与企业社会责任指标的交互项与企业获取的财政补贴的回归系数在5%的水平上显著为正，回归系数为0.024，也就是说，在地方市委书记更替后，每增加1个单位的企业社会责任水平，企业会增加0.024个单位的政府补贴，实证结果支持了H1。在地方市委书记更替情景下，企业社会责任水平越高的企业会获得越多的政府补助。

表4 地方市委书记更替后企业社会责任与政府补贴影响回归结果

变量	系数
CSR	0.148** (0.033)
Turnover	0.118 (0.269)
CSR × Turnover	0.024** (0.026)
Growth	0.019* (0.068)
ROA	0.036 (0.311)
Scale	0.036** (0.037)

续表

变量	系数
Lev	-0.110 * (0.061)
Industry	控制
Year	控制
样本量	3593
调整 R^2	0.125
P 值	0.000

注：括号内为 sig 值，＊＊＊表示在 0.01 的水平上显著，＊＊表示在 0.05 的水平上显著，＊表示在 0.1 的水平上显著。

3.2.2 稳健性检验

3.2.2.1 改变企业社会责任计量方式的稳健性检验

在前文研究中，企业社会责任数据来源于润灵环球企业社会责任数据库，但并非所有企业都会自愿披露企业的社会责任报告，因此，润灵数据库中的企业社会责任数据样本并不完全。截至 2016 年年底，该数据库内企业社会责任指标数量仅为 4664 个，本研究在剔除核心变量缺失的样本后，研究样本仅剩 3593 个。为了扩大研究样本的规模，加强本实证结果的稳健性，本文采用内容研究法和社会责任赋值法，对我国上市公司履行社会责任的现状进行评价。

首先，将企业社会责任分成维系员工权益、守法经营、环境保护、可持续发展、社区建设、慈善捐赠和社会责任管理 7 个维度，将样本公司年报中的社会责任信息进行等级划分。按照评分表对"量化且较上年比例有较大改进"的赋值 3；"量化信息前后两年无变化"的赋值 2；"非量化简单信息"的赋值 1；"无信息"的赋值 0。其次，若在互联网上搜索到某企业的负面消息，则直接将对应项目的社会责任评分记为 0 分。最后，通过将各项分值除以各项评价指标满分并求和，得到各行业的社会责任指数。

为了验证以上建立的分行业社会责任评价指标的可靠性，本文采用靳小翠（2014）[23]的方法，选取 2009—2016 年润灵社会责任指数前 100 强企业相同代码的上市公司的企业社会责任指数，对研究样本进行 Spearman 等级相关性检验。结果显示，社会责任指数与润灵社会责任指数相关系数为

0.689，且在10%的水平上显著，说明社会责任指数具有一定的可靠性。

确定社会责任数据的可靠性后，本文选取2008—2015年的沪深上市公司作为研究样本，剔除了金融行业和核心研究变量缺失的样本，最终得到10186个研究样本。利用式（1）进行两阶段回归，回归结果如表5第2列所示。地方市委书记更替指标与企业社会责任的交互项与政府补贴之间的回归系数为0.289，且在5%的水平上显著，得出的结论并没有发生实质改变。

3.2.2.2　删除直辖市的稳健性检验

在国内，直辖市市委书记的行政级别与省级官员相同，因而可能会对研究结果造成一定的偏差。为了更好地观察地方市委书记更替对企业社会责任寻租行为的影响，本文在选取2008—2015年的沪深上市公司作为研究样本后，进一步剔除了4个直辖市的样本，最终得到2672个研究样本。使用式（1）对其作回归分析，回归结果如表5第3列所示。地方市委书记更替指标与企业社会责任的交互项与政府补贴之间的回归系数为0.019，且在1%的水平上显著，回归得出的结论并没有发生变化。

表5　稳健性检验回归结果

变量	(1)	(2)
CSR	0.165*	0.009*
	(0.087)	(0.087)
Turnover	0.203	0.032
	(0.169)	(0.169)
CSR × *Turnover*	0.028***	0.019***
	(0.001)	(0.001)
Growth	0.019*	-0.010
	(0.068)	(0.613)
ROA	-0.044	-0.044
	(0.682)	(0.682)
Scale	0.004*	-0.014
	(0.098)	(0.577)

续表

变量	(1)	(2)
Lev	-0.116*** (0.001)	0.029 (0.224)
Industry	控制	控制
Year	控制	控制
样本量	10186	2672
调整 R^2	0.208	0.316
P 值	0.000	0.000

注：括号内为 sig 值，＊＊＊表示在 0.01 的水平上显著，＊＊表示在 0.05 的水平上显著，＊表示在 0.1 的水平上显著。

4. 进一步研究

4.1 企业产权异质性影响分析

李维安等（2015）[17] 的研究结果表明，政治关联越强的企业，越可能积极履行企业社会责任，但产权性质会改变政治联系对企业社会责任的影响程度。由此，我们可以预见，在政企关系重构的过程中，企业产权的异质性也可能会影响企业的社会责任行为决策。依据产权不同，企业可以分为国有企业和非国有企业，两者存在以下区别：第一，政企关系需求强度不同。国有企业高管一般具有行政职位，天然与政府存在密切的“血缘”联系。在实际生活中，政府规制行为选择中存在明显的“所有制歧视”[24]，“出身”的缺陷导致非国有企业为了在政府规制中获得更强的“政治弹性”，更加看重与地方政府的关系，有些企业甚至将与政府之间的关系视为重要的企业战略。在地方政府换届的政策真空期，非国有企业为保全优势地位以在新一轮的资源配置中尽力消除所有制歧视，理应具有更强的动机。第二，政企利益联盟关系网的抗压性存在差异。基于国有企业高管半企业家半官员的隐性组织架构，其政治利益联盟的关系网更加稳固。相比于国有企业，非国有企业与政府之间“后天”“人为”形成的关系则显得较为脆弱。地方市委书记变更对国有企业的冲击相比之下更小。第三，政府对企业的控制权不同。除行政管理外，国有企业还受到政府的股权控制。国有企业与地方政府之间的利益相比于非国有企业更加一致，两者之间利益交易活动并不会那么活跃。依据以上分析，我们可以进一步猜想，在地方市委书记更替的情景下，相比于国有企业，非国有企业的需求更为强烈。由此，本文提出研究假说：

H2：地方市委书记更替情境下，非国有企业更热衷于将企业社会责任作为政治战略决策。

依据产权性质的不同，本文将研究样本分为国有企业和非国有企业两个子样本，分别进行两阶段最小二乘法回归分析。从表6的回归结果可以看出，地方市委书记更替时，非国有企业的地方市委书记更替与企业社会责任的交互项与企业当年的财政补贴指标在5%的水平上正相关，回归系数为0.030，表明在政府权力过渡期，非国有企业每增加1个单位的企业社会责任水平可以多获得0.030个单位的政府补贴。国有企业的地方市委书记更替与企业社会责任的交互项与企业当年的财政补贴指标不显著相关。为了得出更可靠的结论，本文进一步进行了Chow检验。从输出结果来看，在0.01的水平上拒绝了模型稳定原假设，说明分组回归后两组系数存在显著性差异。这一实证研究结果支持了H2。

表6　企业产权异质性影响回归结果

变量	国有企业	非国有企业
CSR	0.126* (0.085)	0.144** (0.013)
Turnover	0.156 (0.198)	0.230 (0.324)
CSR × *Turnover*	0.018 (0.176)	0.030** (0.049)
Growth	0.097*** (0.001)	0.068** (0.022)
ROA	-0.082* (0.058)	0.035 (0.518)
Scale	0.051 (0.135)	0.072 (0.859)

续表

变量	国有企业	非国有企业
Lev	0.042** (0.030)	-0.204* (0.091)
Industry	控制	控制
Year	控制	控制
样本量	2408	2408
调整 R^2	0.128	0.243
P 值	0.000	0.000

注：括号内为 sig 值，＊＊＊表示在 0.01 的水平上显著，＊＊表示在 0.05 的水平上显著，＊表示在 0.1 的水平上显著。

4.2 市委书记来源异质性影响分析

在政企关系重构过程中，作为参与者的地方市委书记的来源特征也是重要的影响因素。周黎安（2007）[7]指出，权力和市场的结合使政企关系很容易演变为“官商勾结”，中央政府为了限制地方官员在同一个辖区内享受的租金规模过大而经常倾向于选择在原先政治利益联盟以外的人事任命。对企业而言，空降和异地调入的市委书记在任职之初就在原有利益格局之外，“政策的空白期”和“资源的重新配置”将在短时间内给辖区内企业带来更多的竞争机会[25]。因此，相比于本地上任的市委书记，异地或空降的市委书记更有可能激发企业强烈的寻租冲动。最重要的是，本地上任的市委书记或多或少与地方企业已有过不同程度的接触，而空降或异地调入的新任市委书记出于对企业和工作环境的陌生感，更倾向于接受企业的“红色”政治手段。由此，本文提出研究假说：

H3：相比于本地上任的地方市委书记，空降和异地上任的新市委书记更能激发企业社会责任的政治驱动力。

依据市委书记来源的不同，将研究样本分为空降或异地上任的市委书记和本地上任的市委书记两个子样本，分别进行两阶段最小二乘法回归分析。表 7 的研究结果显示，空降或异地上任的市委书记更替与企业社会责任的交互项与政府补贴在 5% 的水平上显著正相关，回归系数为 0.044，而本地上任的市委书记更替与企业社会责任的交互项与政府补贴不显著相关。为了得出更可靠的结论，本文进一步进行了 Chow 检验。从输出结果来看，在0.01的水平上拒绝了模型稳定的原假设，说明分组回归后两组系数存在显著性差异。这一研究结果支持了H3。

表7　市委书记来源异质性影响回归结果

变量	本地上任	空降或异地上任
CSR	0.031* (0.060)	0.045** (0.011)
Turnover	0.225 (0.360)	0.158 (0.245)
CSR × *Turnover*	0.031 (0.181)	0.044** (0.014)
Growth	0.102** (0.043)	0.264** (0.037)
ROA	-0.056* (0.075)	-0.044 (0.164)
Scale	0.231 (0.260)	0.152* (0.058)
Lev	0.265* (0.087)	-0.125** (0.033)
Industry	控制	控制
Year	控制	控制
样本量	223	583
调整 R^2	0.123	0.164
P值	0.000	0.000

注：括号内为sig值，***表示在0.01的水平上显著，**表示在0.05的水平上显著，*表示在0.1的水平上显著。

5. 结论与启示

本文尝试通过实证的方式来探讨转轨经济体制下企业社会责任的“自利性”和“战略性”，有助于进一步探讨地方政府权力转移与政企关系重建的逻辑关系。本文研究结果表明，在地方市委书记更替的情景下，企业社会责任行为具有政治战略性，有助于企业获得更多的政府补贴。进一步研究发现，相比于国有企业，非国有企业更热衷于将企业社会责任作为政治战略决策；相比于本地上任的地方市委书记，空降或异地上任的新市委书记更能激发企业社会责任的政治驱动力。

本文验证了企业社会责任在高度自由的市场经济体制下和政府干预强烈的转轨经济体制下具有不同的发展路径。在西方，企业社会责任是企业考虑利益相关者后自愿的、慈善的行为，而在中国，企业社会责任在政府由上而下的推动下，慈善性被大大地削弱，更多地体现出背后的经济性和战略性。

本文的启示主要有以下两点：

第一，要在全社会鼓励有远见的企业先行一步，从战略的角度将企业社会责任作为长期战略任务。正如迈克尔所说，只有通过战略地承担企业社会责任，企业才能对社会实施最大的积极影响，同时收获丰富的商业利益。若缺乏战略性，企业履行社会责任往往只能增加成本和负担。通过转变企业对企业社会责任的认知，将企业履行社会责任从原先来自社会各阶层的压力，转变为企业自我认知的行动需求。企业需要意识到，政府压力往往意味着尚未被充分满足的政治利益需求，对此视而不见或者消极应对必然会影响企业的生存和发展前景，相反，只有积极应对才能创造出那些既能推动增长又能解决当今社会问题的战略思想。企业社会责任属于企业经营活动的组成部分，企业社会责任就应该是企业通过自由决定的商业实践和企业资源的捐献来改善社区福利的一种承诺。

第二，本文的研究结果显示，依据所有权性质的不同，相比于国有企业，非国有企业利用企业社会责任进行政治寻租的倾向更明显。这表明国有企业和非国有企业对企业社会责任作出响应的直接动因存在极大差异，政府需要用不同的方式推动企业社会责任发展。简单来说，就是行政政策对国有企业更有效，经济回报对非国有企业更有效。

参考文献

[1] Carroll A B. A three - dimensional conceptual model of corporate social performance [J]. Academy of Management Review, 1979(4): 497 - 505.

[2]高勇强，陈亚静，张云均．“红领巾”还是“绿领巾”：民营企业慈善捐赠动机研究[J]．管理世界，2012(8)：106 - 114.

[3]Wickert C. “Political” corporate social responsibility in small - and medium - sized

enterprises: A conceptual framework [J]. Business & Society, 2016, 55(6): 792 - 824.

[4]肖红军,张哲.企业社会责任寻租行为研究[J].经济管理,2016(2).

[5]Gholami S. Value creation model through corporate social responsibility(CSR) [J]. International Journal of Business and Management, 2011, 6(9).

[6]贾明,张喆.高管的政治关联影响公司慈善行为吗? [J].管理世界,2010(4): 99-113.

[7]周黎安.中国地方官员的晋升锦标赛模式研究[J].经济研究,2007(7):36-50.

[8]郭岚,苏忠秦.地方保护、政治关联与企业社会责任——来自酒类上市公司的经验证据[J].软科学,2017(6).

[9]徐业坤,钱先航,李维安.政治不确定性、政治关联与民营企业投资——来自市委书记更替的证据[J].管理世界,2013(5).

[10]戴亦一,潘越,冯舒.中国企业的慈善捐赠是一种"政治献金"吗? ——来自市委书记更替的证据[J].经济研究,2014(2).

[11]王贤彬,徐现祥.地方官员晋升竞争与经济增长[J].经济科学,2010(6).

[12]李后建,马朔.官员更替、政府管制与企业贿赂[J].公共行政评论,2016(3): 125-149.

[13]曹春方.政治权力转移与公司投资:中国的逻辑[J].管理世界,2013(1).

[14]张川,娄祝坤,詹丹碧.政治关联、财务绩效与企业社会责任——来自中国化工行业上市公司的证据[J].管理评论,2014(1):130-139.

[15]贾明,向翼,张喆.政商关系的重构:商业腐败还是慈善献金[J].南开管理评论,2015(5).

[16]张敏,马黎珺,张雯.企业慈善捐赠的政企纽带效应——基于我国上市公司的经验证据[J].管理世界,2013(7).

[17]李维安,王鹏程,徐业坤.慈善捐赠、政治关联与债务融资——民营企业与政府的资源交换行为[J].南开管理评论,2015(1).

[18]余明桂,回雅甫,潘红波.政治联系、寻租与地方政府财政补贴有效性[J].经济管理,2010(3).

[19]Wei Z L, Shen H, Zhou K Z, et al. How does environmental corporate social responsibility matter in a dysfunctional institutional environment? Evidence from China [J]. Journal of Business Ethic, 2017, 140(2): 209-223.

[20]Seifer B, Morris S A, Barkus B R. Having, giving, and getting: Slack resources, corporate philanthropy, and firm financial performance [J]. Business Society, 2004(43):

135 – 161.

[21] Lin C Y, Ho P H, Shen C H, Wang Y C. Political connection, government policy, and investor trading: Evidence from an emerging market [J]. International Review of Economics and Finance, 2016(42): 153 – 166.

[22]唐清泉,罗党论.政府补贴动机及其效果的实证研究——来自中国上市公司的经验证据[J].金融研究,2007(6).

[23]靳小翠.制度背景、企业社会责任与社会资本研究[D].武汉:华中科技大学,2014.

[24]薛爽,洪昀,陈昕.股权性质、政治关系与地方政府拉闸限电——来自有色金属行业的经验证据[J].金融研究,2013(3):130 – 142.

[25]申宇,傅立,赵静梅.市委书记更替对企业寻租影响的实证研究[J].中国工业经济,2015(9):37 – 52.

STUDY ON POLITICAL STRATEGIC CORPORATE SOCIAL RESPONSIBILITY BEHAVIOR BASED ON THE TURNOVER OF MUNICIPAL PARTY SECRETARY

SHEN Zhong - hua , JIN Yan - chao , GUO Lan

Abstract: The article selects the listed companies from 2008 to 2015 as research samples, and uses the municipal party secretary turnover scenario to verify the political strategy of corporate social responsibility behavior. The research results show that under the local municipal party secretary turnover scenario, corporate social responsibility behavior is politically strategic, which helps enterprises to obtain more government subsidies. Further research finds that non - state - owned enterprises are more keen on making corporate social responsibility a political strategic decision than state - owned enterprises. Compared with local municipal party secretaries, the new municipal party secretaries who have been parachuted in and taken over from other places can stimulate the political driving force of corporate social responsibility.

Key words: CSR; Government subsidies; Government - enterprise relationship; Turnover of the municipal party secretary

在职专业学位研究生教育“三平台”混合式教学模式探索与实践①

何　鹏

摘　要：为解决在职专业学位研究生学习进修问题，基于慕课 SPOC、微课、翻转课堂和混合式教学原理，笔者所在学院引入了线上学习互动平台、直播教学互动平台和线下集中课平台相结合的“三平台”教学模式。通过将该模式应用到课程教学实践中，取得了良好的效果，为高校在职专业学位研究生教育教学提供了一种可参考借鉴的模式。

关键词：专业学位；在职研究生；混合式教学；直播；互动

0. 引言

随着“互联网＋”的推进和普及，教育界对教育信息化的探索一直在不断地推进和发展。所谓教育信息化，就是要把信息技术手段有效应用于教学与科研，注重教育信息资源的开发和利用。2012 年 3 月，教育部颁布了《教育信息化十年发展规划（2011—2020 年）》，指出教育信息化要以教育理念创新为先导，以优质教育资源和信息化学习环境建设为基础，以学习方式和教育模式创新为核心。2018 年 4 月 13 日，教育部正式发布《教育信息化 2.0 行动计划》，强调要坚持信息技术与教育教学的深度融合。这些文件为“互联网＋”环境下的教育信息化指明了方向和路径。为适应在职专业学位研究生教育新形势、新环境而进行的慕课、SPOC、微课、翻转课堂和混合式教学模式探索与实践，符合教育主管部门的要求，顺应了时代潮流，解决了教与学的实际需求。

---

① 作者简介：何鹏（1979—　），男，重庆人，硕士，讲师。E-mail：hepeng@swjtu.edu.cn。

慕课（Massive Open Online Course，MOOC），即大规模开放的在线课程，是“互联网+”背景下的网络教育教学产物，包含视频讲授、研讨互动、扩展阅读、作业、考试等内容，具有公开化、大规模、网络化等特点。在实践中发现，传统的慕课存在一定的局限性，如缺乏有效的教学组织和监督、缺乏有效的互动、缺乏规范的质量保障等[1]。

SPOC（Small Private Online Course），即小规模限制性在线课程，是基于慕课的、仅面向特定或者小范围群体开设的在线课程，在实际的教学组织中更具有针对性。

微课（Micro-lecture），将课程内容以片段化视频、资源课件、课程测验的形式呈现给学生，也包含教师与学生之间的教学互动和反馈，以情境化、碎片化、小而精、针对性强等为主要特点[2]，在实践中通常与其他教学形式配合使用。

翻转课堂（Flipped Classroom 或 Inverted Classroom）相对于传统课堂来讲是一种新的课堂教学组织形式，即在信息化环境中，授课教师提供以教学视频为主要形式的学习资源，在上课前，学生完成对教学资源的观看和学习，在课堂上，师生一起完成作业答疑、案例分析和互动交流等活动的一种教学模式。其形式颠覆了传统教学流程，本质是基于“以学生为中心”的理念[3]。简言之，翻转课堂是学生在课前完成自学，将课堂时间战略性地用于集体或个性化活动。翻转课堂的设计重点在于确定将哪些内容翻转到网络上进行课前自主学习，哪些内容放在课堂中进行。实践中也存在学生主动性欠缺、教师监督不足等原因内容导致的课前自我学习不足[4]，教师对翻转课堂教学设计的技能掌握不到位，课程设计不合理[5]，学生获得感欠缺等问题。

混合式教学（Blended Learning，B-learning）的概念最早由国外的培训机构提出，指的是线上与线下的混合。在网络教学的基础上，加入了线下面对面的教学，以此来弥补互联网教学的不足。这种教学模式于2003年被引进国内，成为课堂教学改革的一种模式。混合式教学结合了传统的课堂教学优势和网络化的学习优势，体现了老师启发、调动、监控学习进程的作用，也发挥了学生的积极性、主动性和创造性。教育工作者们在实践的过程中也逐渐认识到，混合式教学不是简单地将面对面式学习和在线学习进行机械组合，而是混合多种教学设备、多种教学方法、多种学习策略与评价方法、同步学习与异步学习、多种课程和学习资源等而开展的教与学的实践和互动，包括将慕课、SPOC、微课、翻转课堂、线下集中课等形式和载体有机融合的教学实践活动[6]。

近年来，国内外各级各类学校和教育培训机构进行的大量相关研究和实践，更多的是因时、因地制宜，采用慕课、SPOC、微课、翻转课堂以及混合式教学手段，均取得了一定的成效。在前人探索和实践的基础上，针对在职专业学位研究生教育教学中出现的新形势和新情况，结合这一学生群体的特点和实际需求，笔者所在学院设计了一种新形式的混合式教学模式，即线上学习互动平台、直播教学互动平台和线下集中课平台相结合的“三平台”混合式教学模式，并在实践中不断地改进、优化和发展。

1. 在职专业学位研究生教育特点

在职专业学位研究生是以在职人员的身份，在不脱产的情况下，利用周末、晚上或节假日等业余时间完成专业型研究生学习的学生。目前，以笔者所在院校为例，主要的在职专业学位研究生有 MBA、MPA、工程硕士、工程管理硕士、同等学力硕士等。部分在职研究生分散在全国各地，并且随着目前工作内容和形式的多元化，有部分本地学生长期出差，或被调动到外地的分支机构，甚至被外派到境外常驻，无法长期集中在校园内、课堂中学习。

另外，在职研究生都是工作多年之后重新回到学校完成学业。据统计，近些年来，在职研究生大部分处在 20 ~ 50 岁①。所以，其教育具有成人学习的特点。

1.1 时间精力有限

在职研究生利用工作之余的时间来完成学业，需要在完成本职工作的同时完成上课、作业、考试和毕业论文等环节。不少学生处在谈婚论嫁的年龄段，更多的人甚至处在“上有老，下有小”的人生阶段。从 Super 的

① 数据来源：中国在职研究生招生信息网。

职业生涯发展理论角度来分析，这个阶段是人所承担角色最多的一个时期，包括子女、父母、配偶、工作者、持家者、公民、休闲者、学生等，需要面对的事情也纷繁复杂。而人的精力毕竟有限，同时兼顾工作、学习、生活、家庭等方方面面，实属不易。因此，学习时间变得碎片化，传统的课堂学习方式变得不适配。

1.2 生理局限

随着年龄的增长，人的记忆力会逐渐衰退，学习能力会逐渐下降，体力、精力也逐渐变弱，会对学习效果产生一定的负面影响。并且，根据注意力集中曲线相关理论，成人注意力集中的时间也会随着年龄的增长而变短，传统的高强度知识传授式的课堂学习方式效果不佳。

1.3 应用导向

在职专业学位研究生学习具有应用导向，这是专业型学位自身特点决定的，教育的目的在于用学到的知识解决实际问题，而非单纯地掌握知识。所以，对于这一群体而言，知识、理论更多的是一种工具，不一定需要完全记忆在头脑中，重点在于对其的理解，并且掌握其实践、应用的方法。因此，近年来一直倡导的案例教学法，对于在职专业学位研究生而言，是符合其学习要求的。

针对在职专业学位研究生的客观特点和实际教育教学需求，需要改进教育教学的手段，创新教学体制、机制的设计，以契合在职学生的多样化学习需求，保证该群体的学习效果和培养质量。

2. “三平台”授课方案设计

基于慕课、SPOC、微课、翻转课堂、混合式教学的基本理念，利用越来越先进的网络信息化技术，针对在职专业学位研究生教学，本文设计出“三平台”授课方案，即线上学习互动平台、直播教学互动平台、线下集中课平台。该混合式教学模式如图 1 所示。

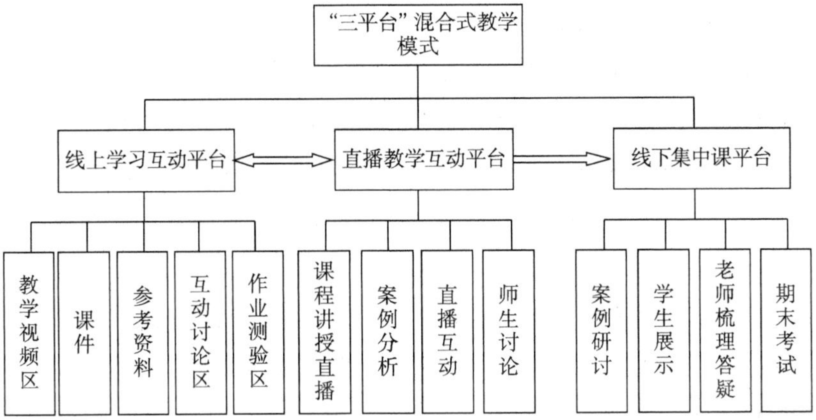

图 1　“三平台”混合式教学模式

2.1　线上学习互动平台

该平台基于 SPOC 的原理，却又不同于传统的 SPOC，其形式和内容相当于微课。线上教学资源包括教学视频区、课件、参考资料、互动讨论区作业测验区。该平台的教学视频、课件、参考资料只是对一些课程基础理论的解析，供学生在碎片化的时间中去学习和掌握。而互动讨论区则是学生与教师、学生与学生之间交流讨论的模块。作业测验则是检验“三平台”学习效果的一个客观考量，计入平时成绩。

2.2　直播教学互动平台

当前，网络直播互动是一个热点，关于直播的讨论也时常见诸各大媒体。事实上，直播教学已经被运用到各个学龄阶段、各种层次学生的教学实践活动中。结合当前网络直播互动的技术基础和优势，引入视频会议系统的解决方案，安排周末、晚上等在职学生的空余时间，由教师实时讲授，与学生进行实时互动，并实时进行案例研讨和分析，时间安排相对灵活机动。教师端和学生端可以使用笔记本电脑、平板电脑，甚至手机进行授课教学、听课学习和讨论互动，类似于正式的课堂教学组织，在老师的监督引导下学生在线实时学习和互动，不受空间和操作平台的限制，兼顾了灵活性、实用性和有效性。

2.3 线下集中课平台

在职学生经过前两个平台的学习、互动和作业测验，对课程的内容有了大体的理解。基于混合式教学的理念，还需要安排老师和学生在线下以面对面学习、交流讨论的方式来强化学习效果。利用节假日或年假，安排在线下由教师对学生进行集中面授、知识梳理、案例解析、答疑。最后，统一安排期末考试。

“三平台”教学模型针对在职专业学位研究生教育的特点，建立了多层次、多元化的学习、互动、考核、评价、监控体系，互相支持，互为补充，共同组成一个完整的教学体系。

3. 实践及效果

2014 年，笔者所在单位开始试点专业学位硕士研究生的线上课程建设，立项开发了 6 门课程，主要作用是为常规课堂补充一部分线上学习和交流互动的内容。随着在职专业学位研究生群体的不断壮大，分散在各地的在职学生的教育教学问题逐渐凸显。于是，2016 年下半年开始，学院着手研究并组织申报建设 SPOC 课程，并于 2017 年 9 月，针对部分新入学的在职专业学位研究生，采用了 SPOC 模式进行教学活动，即提供课程完整的教学视频，由学生在线上自主学习，完成作业和讨论互动等。但在实际应用中得到的反馈是，在职学生普遍无法静下心来很好地完成教学视频的学习，自主学习效果欠佳。并且，教学视频一旦录制，改动起来较为麻烦，相当耗费时间和精力。经济管理类的课程不同于数学、物理等课程内容相对固定的基础原理类学科课程，其知识、信息更新速度很快，需要不断地与时俱进，而事先录制的教学视频则很难做到这一点。因此，2018 年 3 月，经过充分的调研和论证之后，在 SPOC 的基础之上，基于微课、翻转课堂和混合式教学原理，学院设计出了专门面向在职专业学位研究生群体的“三平台”教学体系，针对在职研究生学习的局限，解决了时间、空间的矛盾，保证了教学工作的正常开展。

经过一年半的实践和改进，“三平台”教学模式逐渐为广大教师和在职研究生所接受。2017 级选择使用该方式学习的学生不到 50 人，2018 级选择使用该方式学习的学生近 120 人。教师的积极性也在逐渐提升，越来越多的老师参与到“三平台”教学资源的开发和教学工作中来。

为了进一步了解和掌握“三平台”教学模式的实施效果，学院对使用该模式教学的每一门课程都进行了问卷调查，调查内容包括教学内容与创新，启发性、知识面与生动性，理论联系实际程度，学生参与程度，教学案例使用效果，作业量程度，课程学习收获程度等方面。一共有 566 人次参与问卷调查，结果如表 1 所示。

表 1　教学效果调查结果　（%）

评价＼选项	教学内容与创新	启发性、知识面与生动性	理论联系实际程度	学生参与程度	教学案例使用效果	作业量程度	课程学习收获程度
好	95.41	96.29	96.11	95.58	95.94	95.76	95.58
较好	3.89	3.18	3.18	4.24	4.06	3.18	3.71
一般	0.53	0.53	0.71	0.18	0	1.06	0.71
较差	0.18	0	0	0	0	0	0
差	0	0	0	0	0	0	0

从教学效果的反馈来看，99.30% 的学生认为“教学内容与创新”好或较好，99.29% 的学生认为“课程学习收获程度”好或较好。综合对比来看，使用“三平台”教学模式班级的课程总体满意度为 4.95 分（总分 5 分），而普通在职专业学位研究生班级（如周末班）的课程总体满意度为 4.76 分。从学生满意度来看，“三平台”教学模式要明显高于常规教学形式。

4. 总结

随着互联网技术的飞速发展，教育教学信息化也在不断向纵深推进。基于时下流行的慕课、SPOC、微课、翻转课堂、混合式教学原理而衍生出来的“三平台”教学模式，在一定程度上解决了在职专业学位研究生教育中的痛点问题。同时也要看到，要有效地进行教学互动和知识共建，让在职研究生真正学有所得，让学生既知其所以然，又知其如何用。在充分调动学生学习的积极性和主动性等方面，需要教育工作者不断思考，完善教学过程的体制机制设计，加强课程资源建设，探索创新教学方式方法，如增加情景教学、实地教学等环节，以切实提升在职专业学位研究生的教学质量和教学效果。

参考文献

[1]周雨青."互联网+"背景下的课堂教学[J].中国教育信息化,2016(2):10-12.

[2]汤勃,孔建益,曾良才,等."互联网+"混合式教学研究[J].高教发展与评估,2018,34(3):90-99.

[3]于歆杰.以学生为中心的教与学——利用慕课资源实施翻转课堂的实践[M].北京:高等教育出版社,2015.

[4]易立铁.翻转课堂课前学习的思考[J].教育科学论坛,2014(11):24-26.

[5]熊珲.对高校翻转课堂建设的几点思考[J].商情,2016(45):192-193.

[6]乔纳森·贝格曼,亚伦·萨姆斯.翻转课堂与混合式教学:"互联网+"时代教育变革的最佳解决方案[M].韩成财,译.北京:中国青年出版社,2018.

EXPLORATION AND PRACTICE OF "THREE PLATFORMS" BLENDED LEARNING MODEL FOR PART - TIME PROFESSIONAL DEGREE POSTGRADUATE EDUCATION

HE Peng

Abstract: In order to solve the problem of part - time professional degree postgraduate students' further study, based on the principles of SPOC, micro - lecture, flipped classroom and blended learning, the "three - platform" learning model, which combines online learning interactive platform, live teaching interactive platform and off - line centralized course platform, has been introduced. By applying this model to the teaching practice, satisfying results have been achieved, which provides a reference for the part - time professional degree postgraduate education in colleges and universities.

Key words: Professional degree; Part - time postgraduate students; Blended learning; Live broadcasting; Interaction

高绩效团队的构建与管理①

白文杨

摘　要： 本文结合组织行为学的最新研究成果和管理实践，从团队的法则、规模、结构、人员技能构成、成员的异质性（多样性）和同质性、冲突管理、团队凝聚力等多个角度对高绩效团队的构建和管理中的关键问题进行了探讨，分析了团队高效运作的机理和提升团队绩效的途径。

关键词： 团队；绩效；心理安全；同质性；异质性；凝聚力

0. 引言

2017 年 7 月，习近平主席在 G20 德国汉堡峰会上引用德国谚语说："一个人的努力是加法，一个团队的努力是乘法。"英国《金融时报》一项针对雇主的调查发现，他们对 MBA 毕业生最为看重的三个能力分别是：在团队中的工作能力，与不同背景的人一起工作的能力以及建立、维持和拓展人际网络的能力；而那些实践技能，如会计、编程和应用微观经济研究则被认为是最不被雇主看重的技能。在日常工作中，有些团队有绩效，有些团队没有绩效，有些团队高效运作，有些团队摩擦不断。究竟是什么原因导致了团队绩效的巨大差异？如何提升团队的绩效？如何打造和管理一支高绩效的团队，使团队发挥乘法的作用？管理层可以采取什么举措来提高团队的工作效率？团队可以在哪里以及如何发挥最大的作用？这些都是时常困扰管理者的重要议题。

---

① 作者简介：白文杨（1966—　），男，重庆人，硕士，助理教授，E-mail：williambai@swjtu.edu.cn。

1. 分析

在讨论团队之前，首先要明确什么是团队，团队为何而存在。美国学者乔恩·卡岑巴赫和道格拉斯·史密斯在《团队竞争力》中对“什么是团队”作了经典的诠释：团队是具有相互补充技能的人组成的一个群体，他们致力于一个共同的业绩目标，相互承诺，并且共同对此负责[1]。诚如美国西北大学凯洛格商学院 Leigh Thompson 教授在“引领高绩效团队的 5 个策略”中指出的，团队不是一个“鸡尾酒会”[2]。团队存在的根本原因是它必须服务于且服从于团队的目标。出色的团队还会把自己的共同宗旨转化为具体的业绩目标。如果一个团队不能设定具体的业绩目标，或者这些具体目标与团队总的宗旨并不直接相关，团队成员就会感到困惑，变成一盘散沙，从而回落到平庸的业绩水平上。

团队奏效的 4 大元素是共同的承诺和宗旨、业绩目标、互补的技能和相互负责。团队共同负责是团队成员对自己和对他人作出的真诚承诺，这些承诺支撑了卓有成效的团队的两个重要方面：奉献精神和相互信任。

1.1 团队的规模与人员构成

团队是不是越大越好？团队成员是不是越多越好？团队的规模和人数应该取决于团队的目标，以实现这个目标需要多少人来决定团队的规模。管理者在团队构建过程中常常犯的一个错误就是团队规模过大，导致沟通成本上升、成员之间的摩擦增加、团队成员间难以达成共识、决策成本上升等问题。团队成员的人数多少是合理的呢？亚马逊的创始人和 CEO 杰夫·贝索斯提出了一个关于团队适度规模的“比萨理论”。他认为，如果午餐的时候，两个比萨饼还不够你的团队成员吃，就证明你的团队规模过大、团队成员过多。在美国的硅谷，很多高科技企业在组建团队时，都以“比萨理论”作为他们判断团队规模的依据。

团队成员的构成取决于团队成员技能的互补性。团队的各个成员不可替代，主要是因为他们技能互补，即每个人拥有的技能是可以帮助到整个团队、超乎个体的。在大部分情况下，团队的人不够好，是因为这些人都很相似。Leigh Thompson 教授认为，在组建团队的过程中，管理者经常犯的错误之一就是团队成员的同质化，团队成员拥有一样的技能和经验。在管理中遇到的最大挑战，其实不是团队核心成员之间的能力不同，反而是能力比较一致。为什么管理者喜欢比较一致的团队成员？因为这样比较容易沟通，易于形成共识。但这恰恰违背了团队构成的一个最重要的要求：技能互补。

团队成员的技能包括以下 3 种：①技术性或职能性专业技术或技能；②解决问题和作决策的技能：评估机会和风险、做出选择和取舍；③人际交往的技能：具有良好的倾听、反馈、解决冲突和人际沟通能力，承担风险，进行有益的批评，保持客观公正，把他人往好处想，以及承认他人的利益和成就。

美国海豹突击队提供了一个很好的样本。海豹突击队是美国最精锐的部队，专门执行最艰难的任务。海豹突击队形容自己执行任务的环境是，局面变化多端、不确定性、复杂性和模糊性。在这种环境下作战，不能像《战狼》系列电影里那样，指望什么孤胆英雄，海豹突击队讲的是团队配合。具体来说，海豹突击队的基本行动规则就是，你要和你前面的那个队友做不一样的事，自动分工，团队成员之间相互配合。

1.2 团队成员间的信任：心理安全

对于一个团队而言，绩效在很大程度上与他们如何合作有关。管理实践证明，使团队成员发挥影响最大潜能的关键因素是团队成员间的信任，而阻碍团队有效运作的最大障碍则是缺乏信任。1991 年，正在哈佛大学攻读组织行为学博士学位的 Amy Edmondson（现任哈佛大学商学院教授）选择了波士顿的两家医院开始了一项调查。该研究试图证明，优秀的护理团队和成功的治疗之间存在正相关的关系，即优秀的护理团队可以带来更加成功的治疗、更低的差错率[3]。

这项调查的数据结果令人吃惊，那些被认为拥有优秀的护理团队的科室出错更多。Edmondson 进一步进行比对研究，最终发现，并不是优秀的护理团队的差错率更高，而是在这样的团队中，护士更勇于承认自己的过错。互相帮助、互相检查，护士们更愿意主动承认错误，因为护士长会帮助他们改正。这意味着，优秀的护理团队营造了这样的团队氛围，即对错误的宽容。团队成员不会担心因为犯错而受到惩罚，这样的氛围对成员是否敢于承认错误产生了影响。在开放性环境中，团队成员可以从容地谈论过错，这很可能使差错率看上去很高；团队成员之间可以公开争论而不是尽可能避免冲突。

而在另一些业绩平平的护理团队中，成员不敢说话，当然也不存在互相帮助、互相检查的可能。这些小组的护士在承认错误后，感觉自己好像在受审；护士长通常会在一个护士承认错误后大发雷霆。

Edmondson 对护理团队的研究还发现，优秀护理团队和普通护理团队的成员在受教育程度、工作年限、工作技能和个性等方面并没有统计学意义上的区别。

Edmondson 将自己的发现总结为“心理安全”（Psychological Safety），并认为团队的包容度，即心理安全水平，会在很大程度上决定该团队的运作效率。也就是说，要提高团队的运作效率，就需要增强团队的包容度，鼓励团队成员发言，让团队成员可以安全地展示自己脆弱的一面，而不必担心受到惩罚。

《纽约时报》商业调查记者、普利策奖得主查尔斯·都希格在其所著的《高效的秘密》一书中引述了谷歌公司在团队效率方面开展的研究。谷歌公司的研究团队发现，要建立心理安全感，团队领导者需要作出表率，并为此列出了多达几十项的准则，如领导者不得打断成员发言、应承认自己的不足、应鼓励情绪低落的成员表达自己的困惑等[4]。

业界非常羡慕华为公司的研发团队，因为它带来了连续近 20 年占销售额 10% ~15% 的持续的研发投入。有人将其归功于任正非的战略眼光。对华为的深入研究表明，华为研发团队的成功应该主要归功于任正非对研发团队的高度信任、对探索的鼓励和对失败的宽容，并由此形成了华为企业文化中的包容性。另外，普华永道（PWC）对英国《金融时报》评选出的“100 家最具有创新能力的企业”的研究表明，在企业研发项目成功最关键的三个因素中，信任是排在第一位的。在以往的研发项目管理中，通常强调的是流程管理，通过科学系统的流程设计来保证项目研发的成功和高效。这套管理体系和思路，在数字化时代就显得有些僵化和过时。尤其是在公司的主体是工程师、科学家、高级技术人才等专家的时候，为了释放他们的活力和创造力，就需要企业回到“信任管理”。几年前，笔者在给一家外企做咨询项目时，发现这家公司有一整套规范的项目管理流程、严格的规章制度安排和奖惩办法（以惩罚为主），搞得研发团队畏首畏尾，研发人员生怕被罚而影响整个团队的考核业绩，团体的研发活动基本上是在低层次上运作，没有大的突破。笔者建议他们调整相关的制度安排，以比较粗线条的柔性化管理为主，构建以合作、共享和激励为指导思想的考核标准。实践表明，这些举措提高了员工的积极性和创造性，项目研发水平和质量都有所提升。

1.3 团队建设

为了增强团队成员间的默契和信任、巩固公司内部的合作精神和团队文化，管理者想出了各种团队建设的活动，如安排团队拓展等，但往往效果不佳。这样的团队活动往往对场地和活动组织有特殊的要求，而且也不能在日常工作中经常开展。有没有简单实用的团队建设方法呢？

美国康奈尔大学的 Kevin Kniffin 在走访了美国某中型城市的 13 个消防站，调查了 395 名消防警官后，得出了貌似简单的结论：团队成员应多多聚餐[5]。

他的研究表明，消防员一起吃饭和团队良好表现之间显著正相关。一起吃饭的消防队的合作程度大约是不在一起吃饭的消防队的 2 倍。一起吃饭是保持团队高效运转的关键环节之一，这能让团队成员感到家庭般的温暖，而且在不出警时也能保持注意力集中。虽然该市消防站配有厨房和餐厅，但不提供食物，所以消防员必须自行筹钱、作炊事计划、设计菜单并自己动手做饭。消防员在聚餐过程中的合作行为，包括凑钱、计划、讨论、清洁并一起大快朵颐等，都能提高团队表现。“在外人看来多余的行为对于组织的整体表现有很高的重要性。”一位在厨房里如鱼得水的新人，当他（她）在工作中表达自己的观点时会更加自然和自信，同时团队的其他成员也愿意倾听和接受他（她）的想法。

借鉴 Kniffin 教授的观点，笔者曾多次在给企业的培训中建议企业应不定期地以 AA 制的团队聚餐形式开展团队建设。近几年夏天火爆的小龙虾就是一个非常不错的选择。想象一下，团队成员无拘无束地围坐在一起，一边吃着小龙虾，一边畅饮啤酒，可以增强团队成员间的沟通和了解，以便日后工作中的相互合作。吃小龙虾还有一个好处，就是吃的时候需要两只手并用，不会被手机上的微信和朋友圈打扰，只能全身心地投入与周围人群的互动中。后来学员的反馈表明，这个做法非常有效且实用，对团队的建设起到了很好的促进作用。

除了一些特定的团队建设活动，员工在日常工作中的交流和沟通对团队合作，特别是跨部门的团队合作也是十分重要的。现在的企业，部门和部门之间很少交流，如果不开全体员工大会，不同部门之间的人基本上不交流甚至根本不认识。那么公司该如何来解决这个问题呢？

管理者需要在空间上给人们创造接触的机会。美国的一些建筑师和办公室设计师很注重构造人与人的“偶遇”空间，以增进协作。一个常被提及的例子是，乔布斯将皮克斯公司新总部的唯一一个卫生间设在中庭，这样各部门的人必然会在此相遇。再来看看谷歌公司的做法。谷歌公司以被认为是由世界上最聪明的工程师组成的团队，如何让这些自命不凡的顶尖人才相互交流、彼此合作呢？谷歌公司基于大数据分析，在设计餐厅时，有意让员工在领取食物时需要排比较长时间的队，同时，在就餐时，人们座位之间的间距非常小。这样的设计和安排无非是希望借此创造出更多的场景，让工程师们能够与同伴和同事多多交流和沟通，增进相互了解，而不是只关注于自己的项目。卡内基梅隆大学教授 Sunkee Lee 的研究表明，物理空间的相近能够进一步促进新成员间的相互信任和信息交流[6]。令人欣喜的是，现在一些传统科技企业（如 IBM）和制造业企业（如通用汽车）在设计研发中心时也纷纷引进谷歌、苹果和脸书等高科技企业的设计理念，通过宽敞、明亮、无拘束的工作和交流场景，舒适惬意的家具和陈设，创造一个合作的氛围，以鼓励以年轻人为主体的研发人员开放和随机的互动交流。

笔者在参与一家工业企业的营销团队管理咨询时发现，这家企业由于产品线很复杂且面对不同的客户群体，销售人员只关注自己的产品或者客户，而对其他销售人员的产品情况和客户情况毫不知情，而且彼此之间基本上都不认识，更不要说与市场部门的同事进行联系和沟通了。为了改变这种各自为战的局面，加强销售部门、市场部门和销售团队成员间的联系，笔者建议他们每隔 3 个月调整一下员工的座位，座位由抽签决定。这样完全打破了以往按产品来安排销售人员座位的安排，使原来不认识、不来往的不同的销售团队和市场团队充分融合，分享经验和信息，充分合作，取得了非常好的效果。

1.4 社会懈怠与社会助长

团队成员间的相互合作能够给企业带来绩效的提升，但不可否认的是，在团队中普遍存在一种无法回避的问题，就是社会懈怠。

所谓社会懈怠，就是人们常说的滥竽充数或“搭便车”现象。社会心理学家拉塔奈（1979）曾测查个体在独自和在不同群体规模的情况下鼓掌和欢呼的声音强度。他发现，与个体独自的情况相比，个体鼓掌和欢呼的声音强度是随着群体规模的增大而减弱的。

图 1 描述了社会懈怠的机理：由于个人努力被忽略，团队中的个体没有评价顾忌，个人努力无法被唤醒，从而产生社会懈怠。

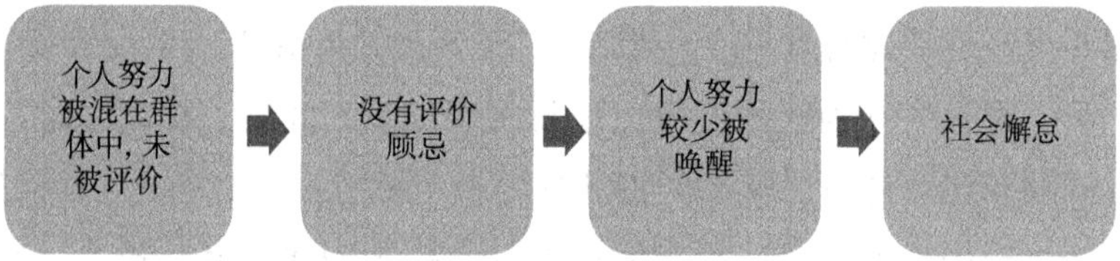

图 1　社会懈怠的机理

社会懈怠是如何产生的呢？主要有 3 点：某些成员认为他们的工作不重要或者他们的努力被低估了，从而降低了他们的工作动力；分工不清，任务不明，责任不具体；缺乏团队内的绩效反馈。了解了社会懈怠产生的原因，那么如何才能降低或消除社会懈怠呢？主要手段包括：控制团队规模；让每个人的贡献可识别；让每个人相信他们的贡献对团队是有价值的，他们的贡献对团队的成功是独一无二的和无可替代的；当任务具有挑战性强、吸引力大、参与度高等特点时，群体成员的懈怠程度会降低；让群体成员相信多劳多得，他们也会努力工作；对团体实施激励性措施；如果成员彼此都是朋友，或者成员都认同自己的群体、认为与群体不可分割，懈怠也会减少。

在看到团队中社会懈怠的同时，也应该认识到团队还会受社会助长的影响。社会心理学家特瑞普里特（N. Triplett）在1897年就通过实验证实了社会助长现象的存在。他的研究发现：个体在独自骑单车的情况下，时速是每小时24英里；在旁边有人跑步伴随的情况下，时速是每小时31英里；在与他人骑单车竞赛的情况下，时速是每小时32.5英里。

图2展示了社会助长的机理：团队成员中的个人努力可能被他人评价，产生评价顾忌，从而唤醒个人努力，导致社会助长现象。

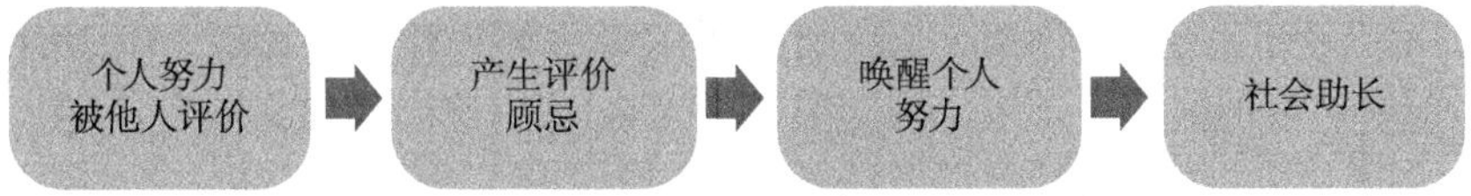

图2　社会助长的机理

美国哈佛大学教授泰勒·本·沙哈尔在其最受欢迎的幸福课中，提到了一项改变运动和饮食习惯的实验。该研究表明，在无亲戚、朋友和同事的支持的情形下，76%的人坚持了4个月；在过后的半年中，只有24%的人仍然在坚持；而在有亲戚、朋友和同事支持的情形下，95%的人坚持了4个月；在过后的半年中，仍有67%的人在坚持。

1.5　团队成员的多样性（异质性）和同质性：团队差异的重要性

在团队组建的过程中，管理者常犯的一个错误就是团队成员的同质性。人们往往喜欢与自己有相同教育背景、工作经历、兴趣爱好、生活习惯的人相处和共事。对面试环节的研究表明，面试官往往会对与自己经历相似的人或有一致性想法的人给予很高的评价，从而使这些人被招募的概率大大增加。由同质性成员组成的团队，成员间的异议和摩擦会减少，团队成员相处融洽，易于产生信任感。管理实践也证明，成员背景相似或性别相同的团队，在执行有现成解决方案的任务方面表现更为出色。也就是说，如果一项任务需要协调，同质化团队可能很有效。

但是，团队成员的信息来源和思维视角的相似性，会极大地影响团队决策的质量。团队成员“读的是同一份报纸、上的是同一所大学和中学、有着同样的偏见”。乔治华盛顿大学法学教授Lisa Fairfax发表于《威斯康星法律评论》（*Wisconsin Law Review*）的文章明确指出：“如果群体成员都采用同样的视角，就会限制他们所拥有信息和所考虑问题的范围。”[7]她的研究表明，由于背景迥异，异质性（也称多样性）的群体作出的决定质量更高。卡内基梅隆大学研究员 Anita Woolley 的研究进一步证明，集体智慧会超过团队成员个人智慧的平均值，由于集体智慧的力量，异质性团队的表现甚至可以超过由背景相似的优秀成员组成的团队[8]。

苹果公司的产品设计团队不仅包括用户体验专家和工业设计师，还包括触觉反馈专家和平面设计师等看似不相关的人员[9]。

表 1 列出了由同质性成员组成的团队和由异质性成员组成的团队的优势和特点。同质性团队一般团队成员相处融洽、成员间的摩擦和冲突比较少；而异质性（多样性）团队由于成员拥有不同的背景、经历，通常产生不同观点，引起争论，导致团队决策质量比较高。

表 1　同质性团队和异质性（多样性）团队的优势比较

同质性团队的优势	异质性（多样性）团队的优势
团队成员相似，彼此相处融洽	由于不同观点的表述，团队的决策质量较高
团队成员分享信息，冲突水平下降，需要协调的问题较少	由于团队成员拥有不同的资源，团队的绩效较高

团队的多样性对团队最大的影响是，当团队面临解决问题和决策任务的时候，多样性团队会产生有创造性的和独特的解决方案，而缺乏共同的观点和视角也意味着多样性团队常常花费更多的时间讨论议题，从而降低了选择一个糟糕选项的可能性。管理实践一再证明，对于创新性的工作或者复杂不确定的任务，异质性团队往往比同质性团队的效率更高。

可以这样认为，多样性冲突带来的最大的正面效应是创新。一团和气的氛围是无法实现创新的。所谓创新就是颠覆以往的经验和模式，突破固有的思想、习惯和理念，从而产生新思想、新主张、新方法、新模式。而这些新的东西往往是通过不同背景、经历、技能的人不断的思想碰撞和融合产生的。

美国学者对游戏开发团队进行的研究表明，那些在市场上最受欢迎的游戏往往是由那些合作气氛比较紧张的游戏开发团队研发的，因为每个团队成员的从业经历不同，设计理念也不一致，出现分歧时谁也不愿意妥协，在团队成员的冲突和辩论中研发出了新的创新型游戏。

当年笔者在新加坡工作时，同时管理着5个团队，其中3个团队全部由新加坡华人组成，而另外2个团队则由来自不同国家或地区的人员构成。有意思的是，由新加坡华人组成的团队往往很容易达成共识，效率也通常比较高，但是比较保守，做事情循规蹈矩多一些；而那些由不同国家或地区的人组成的团队，开会时往往意见很难统一，头脑风暴环节争论最激烈，但常常会有很多很新颖的想法和创意，视野更为开阔，虽然有些想法太过不切实际。当时，笔者决定作一个尝试，只保留1个全部由新加坡华人组成的团队，主要负责处理需要协调的行政事务，剩下的2个团队与另外2个由来自不同国家或地区的人组成的团队混合编组。实践证明，尽管成员间的磨合期和适应期比较长，但团队的创新项目在增加，尤其是欧美发达国家的同事与新加坡本土员工能在工作中发挥各自的优势，极大地提升了整个公司的绩效。

管理多元化团队所面临的最大挑战就是管控冲突和摩擦。Rich Karlgaard 和 Michael Malone 在所著的《团队天才》（*Team Genius*）一书中的研究表明："最成功的团队表现出成员多样性，但多样性的团队面临着与积极性、融合和协调相关的重大结构性挑战。"[10] 由于人们出生地、受教育程度、工作经历、年龄、文化等的不同，对人、对事的看法难免会有差异，团队中的各种矛盾、摩擦甚至冲突时有发生。

冲突的强烈程度可以被分成以下7个等级：无冲突 、轻度的意见分歧或误解 、公开的质问或怀疑 、武断的语言攻击 、威胁和最后通牒 、挑衅的身体攻击和公然试图毁灭对方。

冲突的内容通常表现为：①任务冲突：与工作内容和目标相关（what）；②关系冲突：侧重于人际关系（whom）；③程序冲突：与完成工作方式有关（how）。在这些冲突中，任务冲突主要涉及对工作目标的理解，可以通过明确目标和责任来化解；绝大多数关系冲突都是恶性的，关系冲突中人与人之间的敌意、矛盾和摩擦，会加剧彼此间的性格差异，阻碍组织目标的完成；程序冲突大多涉及对工作流程和方法的理解和认识，一般可通过培训、辅导、讨论和过程监督来化解。

斯坦福大学的学者研究了信息、人口统计学、价值目标的多样性会导致的不同冲突类型。信息的多样性导致建设性冲突，如团队成员间关于最佳行动方案的辩论；这种冲突往往是正面、积极的冲突，团队需要形成以数据和事实讨论问题的氛围。人口统计学的多样性导致人际冲突，如果不加以解决，就会破坏团队成员间的信任和合作；尤其需要注意的是，这种类型的冲突如果失控，会导致人身攻击。对团队最具威胁的冲突来自价值目标的多样性，如果团队成员无法就价值和目标达成一致，团队就无法工作，成为一盘散沙。

图 3 表明完成目标程度最高的团队，既不是高同质性的团队，也不是高异质性的团队，而是既有一定同质性又有一定多样性的团队。

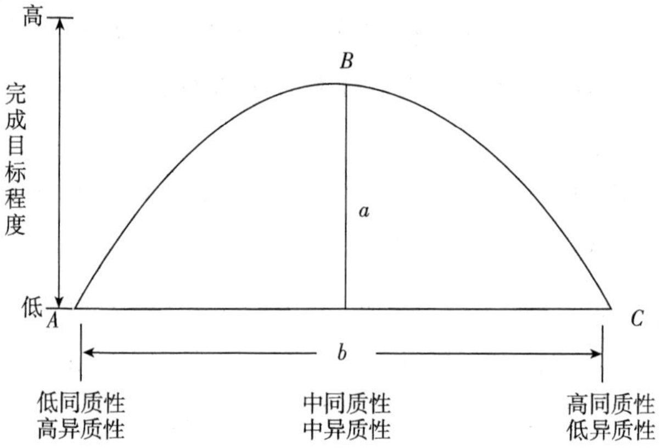

图 3　团队异质性和同质性对完成目标程度的影响

需要特别指出的是，团队成员的异质性和同质性是团队建设中不可避免的一对矛盾。异质性过高的团队往往伴随着团队成员间无休止的争论，甚至会导致不必要的冲突和摩擦，从而降低团队的凝聚力，使团队无法实现团队的目标；而过于单一的团队构成，尽管会大幅度降低沟通成本，但是这样的团队常常会因为小团体利益而抵制变革，尤其是当团队利益与组织利益发生冲突时，会将小团体利益置于组织利益之上，从而使组织目标无法实现。所以说，最理想的团队既要有一定的异质性和差异性，又要有一定的同质性和相似性，唯一确定的是团队成员对于团队所秉持的价值观的认同和遵循。

团队成员的性别构成对团队的高绩效运作是否有影响？麻省理工学院

的 Thomsa Malone 在其《超级思维》（*Superminds*）一书中指出，3 种因素决定着合作团队的集体智慧：社交智商、参与平等对话的程度和女性的人数。一个团队中这 3 项的评价值越高，团队的合作越好[11]。

他的研究还表明，女性在解决团队冲突中往往扮演着不可或缺的、非常重要的角色，这是因为女性通常比男性更善于倾听，更能够在冲突成员间起到桥梁的作用。同时，女性谦虚的本性使她们往往比男性更愿意承认自己“不懂”某些东西，这样也会有效地化解矛盾和冲突。

哈佛大学教授、行为经济学家 Iris Bohnet 在其著作《什么起作用》（*What Works*）一书中指出，集体解决问题可能需要一个异质性的团队，女性通常能够提供关键的倾听和搭建桥梁的技能[12]。她进一步认为，只有当少数成员达到一定比例时，或许至少要占到 1/3 时，混合团队才能发挥应有的作用。

1.6 团队凝聚力的利与弊

当人们谈到团队时，往往认为高凝聚力是成功团队的主要标志。凝聚力是指团队成员相互吸引并被激励留在该团队的程度。团队的凝聚力越强，对成员的影响力越大，实现目标的可能性越大。但是，过高的团队凝聚力也会带来负面影响，包括：团队成员花费太多的时间用于社交；一致性被强调，团队成员抵触变革；团队目标的实现变得比与其他团队合作以实现组织目标更加重要。

表 2 分析了高凝聚力团队的优势和劣势。高凝聚力团队的优势主要表现在团队成员的交流成本低、团队成员可控性高、易于实现目标；高凝聚力团队的劣势在于团队成员花费过多的时间和精力用于维系彼此的关系，容易形成小团体，导致抵制变革，并与其他团队不和睦。

表 2　高凝聚力团队的优势和劣势

高凝聚力的结果	优势	劣势
团队内部的交流和参与	团队内部信息交流迅速，成员离职率低	团队成员在工作中花费过多的时间用于社交和维系彼此的关系
对团队规范一致性的认可	团队成员行为可控	过度的一致性会导致对变革的抵制和小团体意识
团队目标完成效率	高效地实现团队目标	本团队成员与其他团队成员的不合作甚至冲突

最佳的团队是保持团队适中的凝聚力，适度的团队成员交流与参与；

拥有影响团队成员的能力以确保一致性，同时允许一定的差异性；强调完成团队目标的重要性，但是不能以牺牲其他团队和组织目标为代价。

在强调经常聚餐对团队建设的积极作用时，也需要提醒一下其可能产生的负面影响：小团队内部交流过多可能会导致其与组织整体脱节；新加入的员工可能会感到被迫“融入”团队，加入一个关系特别紧密的团队是一件比较恐怖的事情；容易助长小集团，排斥那些跟不上的团队成员。凝聚力强的团队是否必然会导致团队的高绩效呢？答案是否定的。图 4 清晰地展示了团队凝聚力、绩效规范和效率的关系。具体而言，高凝聚力和建立了高绩效规范的团队的效率是高的；但高凝聚力而低绩效规范的团队的效率是低下的，因为在这样的团队中，所有成员都一致性地认为追求效率与维护团队的利益相比，对高效率的追求是不重要的。相反，一个凝聚力低的团队，由于其对成员行为的影响力小，如果建立了高的绩效规范，反而会使团队的效率达到中等水平。

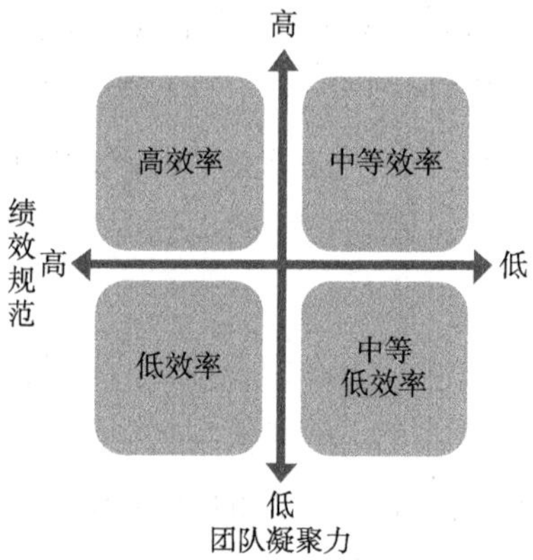

图 4　团队凝聚力、绩效规范和效率的关系

2. 结论

笔者依托国际著名组织行为学专家的最新研究成果与实践，结合自己的研究与思考，特别是近年来为数十家中外企业讲授团队管理课程的经验和体会，从团队规模、结构、人员技能、异质性(多样性)和同质性、冲突管理等多个角度对高绩效团队的构建和管理中的关键问题进行了探讨。大量的实证研究和管理实践都表明，在团队运作和管理中，特别需要团队领导者为团队成员提供一个能为团队成员发挥才干和技能的平台和空间，同时赋能给团队的伙伴们，只有这样，才能保持团队的持续高效运作。

参考文献

[1]乔恩·卡岑巴赫,道格拉斯·史密斯.团队竞争力[M].北京:中信出版社,2016.

[2]Thompson L L. Making the Team: A Guide for Managers [M]. 6th ed. New York: Pearson, 2017.

[3]Edmondson A. Psychological safety and learning behavior in work teams [J]. Administrative Science Quarterly, 1999, 44(4):350 - 383.

[4]查尔斯·都希格.高效的秘密[M].北京:中信出版社,2017.

[5]Kniffin K M, Wansink B, Devine C, Sobal J. Eating together at the firehouse: How workplace commensality relates to the performance of firefighters[J]. Human Performance, 2015, 28(4): 281 -306.

[6] Lee S. Why you should rotate office seating assignments [J]. Harvard Business Review, 2018(3): 22 -24.

[7] Fairfax L M. The bottom line on board diversity: A cost - benefit analysis of the business rationales for diversity on corporate boards [J]. Wisconsin Law Review,2005, 795(3): 795 -854,

[8]Woolley A W, Fuchs E R H. Collective intelligence in the organization of science [J]. Organization Science, 2011(22): 1359 -1367.

[9]Tetzeli R. Has Apple lost its design mojo? [J]. Fortune, 2017(12).

[10]Karlgaard R, Malon M S. Team Genius: The New Science of High - Performing [M]. HarperBusiness, 2015.

[11] Malone T W. Superminds: The Surprising Power of People and Computers Thinking Together [M]. Little, Brown and Company, 2018.

[12] Bohnet I. What Works: Gender Equality by Design [M]. Harvard University Press, 2016.

HIGH – PERFORMANCE TEAM BUILDING AND MANAGEMENT

BAI Wen – yang

Abstract: The paper has integrated the latest researches and management practices of organizational behavior into our study. Key issues related to high – performance team building and management have been addressed from variety perspectives of the law of team, team structure, team formation, personal skills, heterogenicity (diversity), homogeneity, conflict management, and team cohesiveness. In addition, mechanisms of developing high – impact teams and approaches to improve team performance have also been analyzed.

Key words: Team; Performance; Psychological safety; Homogeneity; Heterogenicity; Cohesiveness